人力资源管理案例集

主　编◎常志军　李晓连

副主编◎齐泽轩

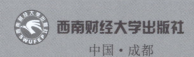

西南财经大学出版社

中国·成都

图书在版编目（CIP）数据

人力资源管理案例集/常志军,李晓连主编;
齐泽轩副主编.--成都:西南财经大学出版社,2025.4.
ISBN 978-7-5504-6659-3

Ⅰ.F243

中国国家版本馆 CIP 数据核字第 2025VS7657 号

人力资源管理案例集

RENLI ZIYUAN GUANLI ANLIJI

主　编　常志军　李晓连
副主编　齐泽轩

策划编辑:王甜甜
责任编辑:王甜甜
责任校对:雷　静
封面设计:墨创文化
责任印制:朱曼丽

出版发行	西南财经大学出版社（四川省成都市光华村街 55 号）
网　　址	http://cbs.swufe.edu.cn
电子邮件	bookcj@ swufe.edu.cn
邮政编码	610074
电　　话	028-87353785
照　　排	四川胜翔数码印务设计有限公司
印　　刷	成都金龙印务有限责任公司
成品尺寸	185 mm×260 mm
印　　张	16.375
字　　数	283 千字
版　　次	2025 年 4 月第 1 版
印　　次	2025 年 4 月第 1 次印刷
书　　号	ISBN 978-7-5504-6659-3
定　　价	39.80 元

人力资源管理案例集
编委会

前言

在当今瞬息万变的商业环境中，人力资源管理已经成为企业战略发展的核心支柱之一。它不仅是企业吸引、保留和发展人才的关键，更是提升组织效能、应对市场变革的重要手段。结合现代人力资源管理教育实情，我们认识到，传统的纯理论教学模式已经难以满足当今企业对人才的需求，为了培养出能够灵活运用理论知识解决实际问题的人力资源管理专业人才，团队成员齐心协力编写了这本《人力资源管理案例集》。

本书的结构经过精心设计，分为上下两篇：上篇为案例正文，下篇为案例使用说明。全书共有九章，涵盖了人力资源管理的多个关键领域，如人力资源战略管理、招聘与选拔、培训与开发、绩效管理、薪酬福利等。每一章由三个案例构成，其中，每一章的第一个案例由教师根据最新的企业实践原创编写，旨在为学生提供最贴近实际、最具时代特色的学习材料。案例融合了当前人力资源管理领域的热点问题和创新实践，让学生能够直接接触到行业的前沿动态。每一章的第二个和第三个案例是教师根据公开资料整理和改编的。我们力求通过这些案例呈现不同行业、不同规模企业在人力资源管理方面的多样化实践，以确保案例的全面性和代表性。通过这些精心挑选和编写的案例，我们希望学生能够将课堂上学到的理论知识灵活应用于分析实际问题。在案例分析的过程中，学生将学会如何识别问题、收集相关信息、运用适当的理论工具进行分析，并最终提出可行的解决方案。这种从理论到实践，再从实践反思理论的学习过程，将极大地提升学生的实践能力和创新思维。

在此，首先，要特别感谢新疆科技学院对本书编写提供的大力支持，学校对案例教学方法的高度重视和鼓励，为本书的编写提供了强有力的后盾。其次，感谢工商管理学院领导对本书编写的鼎力相助，学院领导不仅在资源配置上给予了充分保障，更在编写过程中提供了许多宝贵建议，这些都极大地提升了本书的质量和实用性。最后，衷心感谢参与案例编写和改编的所有老师，是你们的辛勤付出、专业知识和丰富经验，使得本书得以呈现在读者面前。

在此，衷心希望这本案例集能够成为人力资源管理专业学生的得力助手，在理论学习和实践应用之间架起一座坚实的桥梁。同时，也诚挚地欢迎来自教育界、企业界人士的宝贵意见和建议。

编　者

2024 年 8 月 20 日

目录 CONTENTS

上篇　案例正文

第一章　人力资源战略与规划 ·················· （003）

案例一　AQ 庄园人力资源战略规划——SWOT 矩阵 ·········· （003）

案例二　BM 公司的人力资源战略环境 ············· （013）

案例三　大数据时代背景下农业公司该何去何从 ·········· （019）

第二章　职位分析与胜任力素质模型 ·············· （025）

案例一　XJZF 公司中层管理人员胜任力素质模型构建：应对市场

　　　　扩张与技术迭代的实践策略与反思 ············ （025）

案例二　SDFJ 公司人力资源各岗位胜任力素质模型的应用

　　　　与成效 ······························· （031）

案例三　XK 公司任职资格体系与胜任力素质模型的联系

　　　　和区别 ······························· （035）

第三章　人员招聘 ·········· （039）

案例一　色彩斑斓的应聘者——BL 公司背景调查规避潜在风险········

····································· （039）

案例二　打破 PD 公司招聘边界:社交软件的潜力与机遇 ········· (045)

案例三　信任之锚:对 ZJ 公司跳槽求职者个人信息真实与安全的

　　　　探索 ·· (047)

第四章　员工培训与开发 ······························· (051)

案例一　SG 艺术学校员工综合培训体系的革新之旅 ············ (051)

案例二　新员工蜕变记——AK 公司的入职培训革新之路 ········ (059)

案例三　ZC 公司员工培训体系的涅槃之路 ··················· (063)

第五章　绩效管理 ······································ (069)

案例一　敢问路在何方? 凯瑞集团绩效考评的困境 ············· (069)

案例二　中化环境的 OKR 进击:解锁绩效管理密码,拥抱绿色

　　　　发展 ·· (075)

案例三　数字化浪潮中的绩效革新——良品铺子与北森的绩效管理

　　　　之旅 ·· (079)

第六章　薪酬管理 ······································ (083)

案例一　相由"薪"生——HXM 公司薪酬体系优化策略 ·········· (083)

案例二　力不从"薪"——PL 公司薪酬困境下的员工动力缺失与应对

　　　　策略 ·· (093)

案例三　千"薪"万苦——NH 公司员工流失引发的薪酬改革 ········ (098)

第七章　员工关系管理 ································· (104)

案例一　DDH 公司员工关系管理实践 ························· (104)

案例二　员工至上,利润共享——胖东来集团的经营哲学 ········ (110)

案例三　心系兄弟,人和企兴——京东集团助力员工与组织契合

发展 $\cdots\cdots\cdots\cdots\cdots\cdots\cdots\cdots\cdots\cdots\cdots\cdots\cdots\cdots\cdots\cdots\cdots$ (117)

第八章　国际人力资源管理 $\cdots\cdots\cdots\cdots\cdots\cdots\cdots\cdots$ (125)

案例一　G公司员工福利制度:从吸引到激励的全方位影响 $\cdots\cdots$ (125)

案例二　HF公司在日本的国际派遣:全球视野下的本地

成功 $\cdots\cdots\cdots\cdots\cdots\cdots\cdots\cdots\cdots\cdots\cdots\cdots\cdots\cdots\cdots\cdots$ (131)

案例三　HR公司:全球培训与发展新纪元 $\cdots\cdots\cdots\cdots\cdots$ (135)

第九章　人力资源管理信息化与外包 $\cdots\cdots\cdots\cdots\cdots$ (141)

案例一　信息不对称背景下EG公司的人力资源外包困境 $\cdots\cdots$ (141)

案例二　美的集团人力资源信息化与数字化转型的深度剖析 $\cdots$ (147)

案例三　"浴火重生"——CW公司校园招聘信息化的变革

之路 $\cdots\cdots\cdots\cdots\cdots\cdots\cdots\cdots\cdots\cdots\cdots\cdots\cdots\cdots\cdots\cdots$ (152)

下篇　案例使用说明

第一章　人力资源战略与规划 $\cdots\cdots\cdots\cdots\cdots\cdots\cdots\cdots$ (161)

案例一　AQ庄园人力资源战略规划——SWOT矩阵 $\cdots\cdots\cdots\cdots$ (161)

案例二　BM公司的人力资源战略环境 $\cdots\cdots\cdots\cdots\cdots\cdots\cdots$ (167)

案例三　大数据时代背景下农业公司该何去何从 $\cdots\cdots\cdots\cdots$ (169)

第二章　职位分析与胜任力素质模型 $\cdots\cdots\cdots\cdots\cdots$ (171)

案例一　XJZF公司中层管理人员胜任力素质模型构建:应对市场

扩张与技术迭代的实践策略与反思 $\cdots\cdots\cdots\cdots\cdots$ (171)

案例二　SDFJ公司人力资源各岗位胜任力素质模型的应用

与成效 $\cdots\cdots\cdots\cdots\cdots\cdots\cdots\cdots\cdots\cdots\cdots\cdots\cdots\cdots$ (179)

案例三　XK公司任职资格体系与胜任力素质模型的联系

　　　　和区别 ·· (181)

第三章　人员招聘 ··································· (182)

　案例一　色彩斑斓的应聘者——BL 公司背景调查规避潜在风险 ········

　　　　······································· (182)

　案例二　打破 PD 公司招聘边界:社交软件的潜力与机遇 ······· (188)

　案例三　信任之锚:对 ZJ 公司跳槽求职者个人信息真实与安全的

　　　　探索 ·· (189)

第四章　员工培训与开发 ···························· (191)

　案例一　SG 艺术学校员工综合培训体系的革新之旅 ········ (191)

　案例二　新员工蜕变记——AK 公司的入职培训革新之路 ······· (196)

　案例三　ZC 公司员工培训体系的涅槃之路 ············· (199)

第五章　绩效管理 ································· (201)

　案例一　敢问路在何方? 凯瑞集团绩效考评的困境 ········ (201)

　案例二　中化环境的 OKR 进击:解锁绩效管理密码,拥抱绿色

　　　　发展 ······································· (206)

　案例三　数字化浪潮中的绩效革新——良品铺子与北森的绩效管理

　　　　之旅 ······································· (208)

第六章　薪酬管理 ································· (211)

　案例一　相由"薪"生——HXN 公司薪酬体系优化策略 ·········· (211)

　案例二　力不从"薪"——PL 公司薪酬困境下的员工动力缺失与应对

　　　　策略 ······································· (215)

　案例三　千"薪"万苦——NH 公司员工流失引发的薪酬改革 ······ (216)

第七章 员工关系管理 ·· (218)

案例一 DDH 公司员工关系管理实践 ···················· (218)

案例二 员工至上,利润共享——胖东来集团的经营哲学 ········ (224)

案例二 心系兄弟,人和企兴——京东集团助力员工与组织契合

发展 ·· (226)

第八章 国际人力资源管理 ······························ (229)

案例一 G 公司员工福利制度:从吸引到激励的全方位影响 ······ (229)

案例二 HF 公司在日本的国际派遣:全球视野下的本地

成功 ·· (233)

案例三 HR 公司:全球培训与发展新纪元 ················ (234)

第九章 人力资源管理信息化与外包 ···················· (235)

案例一 信息不对称背景下 EG 公司的人力资源外包困境 ········ (235)

案例二 美的集团人力资源信息化与数字化转型的深度剖析 ··· (240)

案例三 "浴火重生"——CW 公司校园招聘信息化的变革

之路 ·· (242)

参考文献 ·· (244)

后 记 ·· (247)

上篇
案例正文

第一章 人力资源战略与规划

案例一 AQ 庄园人力资源战略规划——SWOT[①] 矩阵

摘要：为实现企业目标，AQ 庄园采用了 SWOT 矩阵分析这一经典战略工具，全面系统地评估了企业内部的优势、劣势以及外部环境中的机会和威胁，从而清晰地认识到自身在人力资源方面的核心竞争力，并明确了需要改进和提升的领域。这一过程为 AQ 庄园制定有针对性的人力资源战略提供了有力的数据支持，并为其长远发展指明了方向。在此背景下，本案例深入探讨了企业人力资源战略规划和战略实施的关键因素，通过对人才招聘、培训发展、绩效管理等关键领域的剖析，提出了相应的战略方案，旨在帮助企业在快速变化的市场中占据一席之地，确保企业的竞争力、持续发展和员工的绩效表现。

关键词：战略规划；战略实施；SWOT 分析

一、引言

在葡萄酒行业的璀璨星空中，AQ 庄园以其卓越的葡萄种植技艺、精湛的酿酒工艺以及对品质的极致追求，稳固地占据着行业的领先地位。然而，

---

① SWOT 是英文 Strengths（优势）、Weaknesses（劣势）、Opportunities（机会）和 threats（威胁）的编写。

近年来，随着全球葡萄酒市场的持续扩张，竞争的日益激烈，消费者需求和技术环境的快速变化，AQ 庄园也面临着前所未有的挑战与机遇。

在这个充满变数的市场中，AQ 庄园深知，人才是企业最宝贵的资源，也是推动其持续发展的关键力量。为了保持并进一步提升自身的竞争力，AQ 庄园决定启动一项全面而深入的人力资源战略规划项目。该项目旨在通过科学的分析方法，全面审视 AQ 庄园在人力资源方面的现状，明确其优势与劣势，同时把握外部环境中的机会与威胁，为企业的未来发展奠定坚实的人才基础。

为了实现这一目标，AQ 庄园采用了 SWOT 矩阵分析这一经典战略工具。SWOT 分析通过对企业内部的优势（strengths）、劣势（weakness）以及外部环境中的机会（opportunities）和威胁（threats）进行全面系统的评估，帮助 AQ 庄园清晰地认识到自身在人力资源方面的核心竞争力所在，同时明确需要改进和提升的领域。这一分析过程不仅为 AQ 庄园制定有针对性的人力资源战略提供了有力的数据支持，也为企业的长远发展指明了方向。

接下来，我们将详细探讨 AQ 庄园如何通过 SWOT 矩阵分析来明确其人力资源战略规划的具体方向与重点，以及在这一过程中如何克服挑战、把握机遇，以实现企业的可持续发展。

二、 AQ 庄园现状分析

（一）企业概况

1. 历史沿革

AQ 庄园的发展历程充满了挑战。早期，AQ 庄园在人力资源管理方面曾面临诸多困境，如管理混乱、专业人才匮乏、战略缺失等。然而，通过一系列深刻的反思与改革，AQ 庄园成功实现了人力资源管理的转型与优化，逐步成为行业内的佼佼者。随着时间的推移，AQ 庄园逐渐发展成为一家集葡萄种植、葡萄酒酿造、销售与文化传播于一体的综合性企业。

2. 业务范围

AQ 庄园的业务范围广泛，涵盖了从葡萄种植到葡萄酒生产、销售以及品牌文化推广的每一个环节。在葡萄种植方面，AQ 庄园拥有超过 2 000 亩①的葡萄园，采用科学的种植技术和严格的管理标准，确保每一颗葡萄都能达

---

① 注：1 亩约等于 666.67 平方米。

到最佳的成熟度和风味。在葡萄酒酿造方面，AQ庄园坚持传统的手工酿造工艺，同时结合现代科技手段，精心调配出多款风格独特、品质卓越的葡萄酒产品。此外，AQ庄园还积极拓展销售渠道，通过线上电商平台、线下专卖店经销商，以及参加国际葡萄酒展览等多种方式，将产品销往全球各地。同时，AQ庄园还致力于品牌文化的传播，通过举办品鉴会、葡萄酒知识讲座等活动，提升消费者对葡萄酒文化的认识和兴趣。

3. 组织架构

AQ庄园的组织架构清晰、分工明确，以确保企业的高效运转和持续发展。公司高层管理团队由具有丰富行业经验和卓越领导力的专业人士组成，他们负责制定企业的发展战略和重大决策。中层管理人员则负责各个业务部门的日常运营和管理，确保各项工作的顺利进行。在组织架构上，AQ庄园主要有以下几个部门：

生产种植部：负责葡萄园的日常管理和维护工作，包括土壤改良、病虫害防治、灌溉施肥等。

酿造车间：负责葡萄酒的酿造过程，包括原料筛选、发酵控制、陈酿管理等。

销售部：负责产品的市场推广和销售工作，包括销售渠道的拓展、客户关系的维护以及销售策略的制定等。

市场部：负责企业品牌文化的传播和推广工作，包括举办品鉴会、葡萄酒知识讲座、参与行业展览等。

财务部：负责企业的财务管理和资金运作工作，包括预算编制、成本控制、税务筹划等。

人力资源部：负责企业的人力资源管理工作，包括人才招聘、员工培训、绩效考核、薪酬福利管理等。

(二) 人力资源现状

1. 人力资源规模

AQ庄园作为葡萄酒行业的佼佼者，其人力资源规模与企业的业务规模和发展需求相匹配。目前，AQ庄园拥有员工总数近200人，这一数字也充分体现了AQ庄园在当地行业中的影响力和规模。员工总数中，直接参与葡萄酒生产的核心团队占据了相当大的比例，确保了生产效率和产品质量的稳定。

2. 人力资源结构

从人力资源结构来看，AQ 庄园注重构建多元化、专业化的团队。团队成员中，既有经验丰富的酿酒师和葡萄种植专家——他们凭借深厚的专业知识和丰富的实践经验，为庄园的葡萄酒品质保驾护航；也有充满活力的年轻人才——他们带来了新鲜的思维和创新的想法，为企业注入了新的活力。此外，AQ 庄园还拥有一支专业的市场营销和销售团队，他们负责将庄园的优质葡萄酒推向市场，提升品牌知名度和市场份额。

在管理层面，AQ 庄园采用了扁平化的管理模式，减少了管理层级，提高了决策效率和执行力。同时，公司还注重培养跨部门的协作能力，促进不同部门之间的沟通和合作，以更好地应对市场变化和企业发展需求。

3. 人力资源质量

初期，AQ 庄园在人力资源质量上虽已有所重视，但有明显不足。随着企业战略的深化，AQ 庄园对人力资源质量的把控达到了前所未有的高度。在招聘环节，公司实施了更为严谨和全面的评估体系，不仅关注应聘者的专业技能与工作经验，更加重视其综合素质、文化契合度及未来潜力，确保每位新成员都能成为企业价值的积极贡献者。同时，AQ 庄园不断升级培训体系，引入前沿的教学方法与技术，结合内部实战经验与外部专家资源，全方位提升员工的专业素养与综合能力。此外，公司还积极鼓励员工参与国内外行业交流、学术研讨，促进知识共享与思维碰撞，进一步拓宽员工视野，激发创新灵感。

4. 人力资源流动情况

在人力资源流动管理方面，AQ 庄园曾面临稳定性与灵活性之间微妙的平衡挑战。为此，公司采取了一系列有效措施加以改善。首先，通过构建具有竞争力的薪酬福利体系、营造和谐舒适的工作氛围，以及提供明确的职业发展规划路径，AQ 庄园成功增强了员工的归属感，并提高了员工的忠诚度，有效降低了非必要的人才流失。其次，公司秉持开放包容的态度，尊重每位员工的个人成长愿望与职业规划，为那些渴望新挑战或更高职位的员工提供必要的支持与引导，促进人才的合理流动与优化配置。最后，面对行业竞争加剧带来的人才流失风险，AQ 庄园加大了人才储备与梯队建设的力度，通过校园招聘、内部培养等多种渠道，确保企业拥有源源不断的高素质人才供给，为企业的持续稳定发展奠定坚实基础。

（三）早期困境：人力资源管理混乱

在 AQ 庄园的早期发展阶段，人力资源管理尚处于起步阶段，缺乏系统性的规划与执行。具体而言，庄园内部缺乏经过专业系统学习的从业人员，管理团队多由经验导向的资深员工组成，他们虽然拥有丰富的实践经验，但在现代人力资源管理理念和方法上存在明显不足。

更重要的是，AQ 庄园尚未制定明确的人力资源战略，导致人才招聘、培训、绩效管理等关键环节缺乏统一的标准和流程。这种无序状态不仅影响了工作效率，也制约了庄园的长期发展。

三、转折点： SWOT 矩阵分析

为了摆脱困境，AQ 庄园决定聘请外部专业咨询团队进行 SWOT 分析。通过深入分析庄园的内部优势（如优质葡萄园、传统酿酒工艺）、劣势（如人才流失率高、人才保留策略不足）、机会（如市场需求增长、国际化趋势）和威胁（如市场竞争加剧、技术更新快速），AQ 庄园明确了自身的发展定位和未来方向。

（一）优势

1. 品牌塑造与传播的专业团队

AQ 庄园拥有一支由品牌策划、市场营销及数字传播领域的专家组成的精英团队。他们凭借敏锐的市场洞察力，深入挖掘品牌故事，精准定位品牌形象，并通过多元化的渠道进行全球传播。这一团队不仅确保了 AQ 庄园品牌在国内外市场的领先地位，还通过创新的营销手法，如社交媒体互动、KOL[①] 合作、线上线下活动等，不断拓宽品牌影响力，吸引并维系了一大批忠实粉丝。同时，团队的专业性还体现在对品牌声誉的维护上，通过及时响应市场反馈，调整策略，保持品牌形象的正面与稳定。

2. 高素质人才驱动的技术创新

AQ 庄园在葡萄种植与酿酒技术上的领先，得益于其拥有一支由资深酿酒师、葡萄种植专家及科技创新人才组成的高素质团队。他们不仅精通传统酿酒工艺与葡萄种植技术，还积极引入现代科技手段，如生物防治、精准农

---

① KOL 是 key opinion leader 的简称，意为关键意见领袖，是营销学上的概念，通常被定义为：拥有更多、更准确的产品信息，且为相关群体所接受或信任，并对该群体的购买行为有较大影响力的人。

业、智能温控发酵等，推动技术创新与产业升级。团队成员间的紧密合作与知识共享，加速了新技术、新方法的研发与应用，赋予了 AQ 庄园的葡萄酒产品独特的品质与风味，巩固了其在行业内的技术领先地位。

3. 人才梯队建设与知识传承

AQ 庄园注重人才梯队的建设与培养，通过内部培训、外部引进及校企合作等多种方式，不断壮大专业团队。同时，庄园还建立了完善的人才传承机制，鼓励资深专家与年轻才俊之间的传帮带，确保关键技术与宝贵经验的持续传承。这种人才梯队的稳定与知识传承的连续性，为 AQ 庄园的长期发展提供了坚实的人才保障和智力支持。

4. 供应链管理的专业人才网络

AQ 庄园的供应链体系完善且高效，离不开其在供应链各环节配备的专业人才。从葡萄种植、采摘、酿造到销售与物流，每一个环节都有经验丰富的专业人才负责，他们精通各自领域的专业知识与技能，确保供应链的高效运转与产品质量的稳定。此外，AQ 庄园还注重供应链团队之间的协同合作与信息共享，通过构建紧密的人才网络，实现供应链的无缝对接与快速响应，为消费者提供高品质的产品与服务。

5. 客户服务的专业化与个性化

AQ 庄园的客户服务团队同样由行业内的专业人才组成，他们具备深厚的葡萄酒知识与丰富的客户服务经验。团队致力于为客户提供专业化、个性化的服务体验，从产品咨询、选购建议到品鉴指导、售后服务，每一个环节都力求做到尽善尽美。通过建立完善的客户服务体系与反馈机制，AQ 庄园能够及时了解客户需求与反馈，不断优化服务流程与产品质量，提升客户满意度与忠诚度。

（二）劣势

1. 人才保留策略不足

从人力资源战略的角度来看，AQ 庄园面临的主要劣势之一是人才保留策略不足，导致人才流失率较高。这不仅削弱了团队的稳定性和连续性，还对企业的长期发展构成了潜在威胁。具体表现为：

①缺乏差异化激励：当前的激励机制较为固定，未能充分考虑到员工个体的差异性和需求的多样性，导致激励效果有限，难以有效留住关键人才。

②职业发展路径不明晰：员工对自身在企业内的职业成长路径缺乏清晰

的认识，缺乏明确的晋升机制和成长机会，影响了其长期留任的意愿。

③企业文化凝聚力不足：虽然 AQ 庄园拥有独特的品牌文化和价值观，但在实际运营中，这些文化元素未能充分渗透到员工日常工作中，导致员工对企业文化的认同感和归属感不强，影响了团队的稳定性和凝聚力。

2. 培训与发展体系滞后

AQ 庄园在人力资源开发方面的另一个劣势是培训与发展体系滞后，无法满足员工个人成长和职业规划的需求。这主要体现在以下几个方面：

①培训资源投入不足：相较于行业内的领先企业，AQ 庄园在培训资源上的投入相对有限，难以为员工提供丰富多样的学习机会和成长平台。

②培训内容缺乏针对性：培训内容未能紧密贴合员工实际需求和企业发展需求，导致培训效果不理想，员工难以通过培训获得实质性的提升。

③培训效果评估机制不健全：缺乏科学的培训效果评估机制，无法准确衡量培训成果，难以及时调整和优化培训策略，影响培训工作的持续改进和提升。

3. 激励机制欠缺灵活性

AQ 庄园的激励机制在灵活性方面存在明显不足，无法有效激发员工的工作积极性和创造力。这主要体现在以下几个方面：

①激励方式单一：当前的激励方式主要依赖于物质奖励，缺乏多样化的激励手段，如精神激励、职业发展机会等，难以满足员工多元化的需求。

②激励标准固化：激励标准未能根据员工实际表现和市场变化进行灵活调整，导致激励效果大打折扣，无法有效激发员工的内在动力。

③反馈机制不畅：缺乏有效的反馈机制，难以及时了解员工对激励机制的反映和意见，导致激励政策难以精准对接员工需求，影响了激励效果的最大化。

综上所述，AQ 庄园在人力资源战略方面存在的劣势主要集中在人才保留策略不足、培训与发展体系滞后，以及激励机制灵活性欠缺等方面。为了克服这些劣势，AQ 庄园需要从完善人才激励机制、优化培训与发展体系，以及提升激励机制灵活性等方面入手，制定更加科学、合理的人力资源战略，以吸引和留住优秀人才，推动企业的持续健康发展。

（三）机会

1. 市场需求增长驱动人才吸引与扩张

随着全球经济的复苏和消费者对葡萄酒需求的持续增长，AQ 庄园面临着扩大市场份额的绝佳机会。从人力资源战略的角度看，这一市场趋势为AQ庄园提供了吸引和招募更多高素质人才的契机。企业可以加大品牌宣传力度，提升市场知名度，从而吸引更多有志于葡萄酒行业的专业人才加入，为企业的快速发展奠定坚实的人才基础。

2. 技术创新促进人才发展与培养

科技的不断进步为葡萄酒行业带来了技术创新的新机遇，也为AQ庄园的人力资源战略带来了新的活力。企业可以加强与科研机构、高校等外部机构的合作，不仅引入新技术、新工艺提升产品品质，还可以借此机会培养内部员工的创新能力和技术素养。AQ庄园通过设立专项培训项目、鼓励员工参与科研项目等方式，激发员工的创新潜能，为企业的发展注入源源不断的动力。

3. 政策红利与行业趋势助力人才战略规划

政府对葡萄酒行业的支持政策以及行业整体的良好发展态势，为AQ庄园制定和实施人力资源战略规划提供了有力保障。企业可以充分利用政策红利，如人才引进计划、税收优惠等，吸引和留住优秀人才。同时，AQ庄园结合行业发展趋势，制定符合企业实际的人才发展战略，包括人才引进、培养、激励和保留等各个环节，确保企业拥有稳定、高效的人才队伍。

4. 消费升级与国际市场拓展的人才需求

消费升级趋势和国际市场拓展为AQ庄园带来了更广阔的市场空间，同时也对人力资源战略提出了新的要求。在消费升级的背景下，企业需要更多具备高端产品开发、市场营销等专业技能的人才来满足市场需求。而在国际市场拓展方面，则需要具备跨文化沟通、国际贸易等能力的国际化人才。因此，AQ庄园可以加大人才培养和引进力度，构建多元化、国际化的人才队伍，以更好地适应市场变化和企业发展需求。

（四）威胁

1. 市场竞争加剧人才竞争

随着葡萄酒市场的持续扩大和竞争日益激烈，AQ庄园在人力资源战略上面临着更加严峻的挑战。为了保持竞争优势，公司不仅需要吸引和留住顶尖的专业人才，如酿酒师、市场营销专家等，还需构建高效、灵活的人才管理机制，以快速响应市场变化。同时，增强员工的归属感和忠诚度，避免关键人才流失，成为应对市场竞争加剧的重要一环。

2. 消费者口味变化加速人才能力迭代

消费者口味和偏好的快速变化要求 AQ 庄园的人力资源战略必须紧跟市场步伐。这意味着企业需要不断培养和引进具备创新思维和敏锐市场洞察力的员工，能够迅速捕捉消费者需求变化并转化为产品创新。此外，建立持续学习的企业文化，鼓励员工提升自我以适应快速变化的市场环境，也是应对此威胁的关键。

3. 环保法规与标准提升对人才专业化的需求

随着环保意识的增强和法律法规的完善，AQ 庄园在生产经营过程中必须严格遵守环保标准和要求。这要求企业在人力资源战略上加强环保专业人才的引进和培养，如环境工程师、绿色生产专家等，以确保企业在满足环保要求的同时实现可持续发展。同时，加强对全体员工的环保意识教育，构建绿色生产体系，也是企业应对环保挑战的重要举措。

4. 外部不确定性风险对人才稳定性的影响

自然灾害和汇率波动等外部不确定性因素可能对 AQ 庄园生产经营造成不利影响，进而威胁到企业的稳定发展。从人力资源战略角度看，这要求企业建立健全的风险管理机制和应急预案，包括制订灾害应对计划、建立多元化的供应商体系以应对原材料供应风险等。同时，加强员工的危机意识教育和应急技能培训，提高员工在突发情况下的应对能力，以维护企业的正常运营，稳定员工的心态。

四、 人力资源战略规划制定

基于 SWOT 分析的结果，AQ 庄园制定了详细的人力资源战略规划。该规划旨在通过引进专业人才、优化组织架构、完善管理制度等措施，全面提升庄园的人力资源管理水平，为庄园的持续发展提供有力保障。

（一）外聘专业人士引领变革

AQ 庄园积极引进具有丰富经验和专业知识的人力资源管理专家，担任关键岗位，如人力资源总监等。这些专家带来了先进的管理理念和方法，为庄园的人力资源管理改革注入了新的活力。

（二）组织架构优化与制度建设

在专业人士的指导下，AQ 庄园对组织架构进行了全面优化，明确各部门的职责和权限，确保企业的高效运转。AQ 庄园还建立了一系列完善的管理制度，包括招聘流程、培训体系、绩效管理制度等，为员工的成长和发展提供了有力支持。

（三）人员配备与团队建设

随着人力资源战略的深入实施，AQ 庄园逐步构建起了一支多元化、专业化的团队。团队成员中既有经验丰富的老员工，也有充满活力的年轻人才。为了提升团队的整体素质，庄园还加大了培训投入，通过内部培训、外部学习等方式不断提升员工的专业技能和综合素质。

（四）持续改进与资源优化

在取得初步成效后，AQ 庄园并未停下脚步。相反，庄园不断总结经验教训，持续优化人力资源管理体系。通过引入先进的信息化管理系统、加强跨部门沟通与协作等方式，AQ 庄园进一步提升了资源的利用效率和管理水平。

五、 成果与展望

经过几年的努力与改革，AQ 庄园的人力资源管理已经逐步走向正规化、专业化。AQ 庄园不仅成功吸引了大量优秀人才加盟，还通过完善的管理制度和培训体系为员工提供了广阔的发展空间。展望未来，AQ 庄园将继续秉承"以人为本"的管理理念，不断优化人力资源管理体系，为庄园的持续发展注入新的动力。

思考题

1. 如何根据 AQ 庄园的外部环境和内部条件制定其人力资源战略？

2. AQ 庄园在制定人力资源规划时，应如何确保规划与战略的匹配性并有效执行？

3. AQ 庄园在人力资源战略与规划的实施过程中，可能面临哪些风险，应如何预防和应对？

案例二 BM 公司的人力资源战略环境

摘要： BM 公司是一家位于新疆维吾尔自治区巴音郭楞蒙古自治州焉耆回族自治县的综合型企业，集葡萄种植、酒类产销、农业技术推广与旅游业务于一体。依托优质资源与政策优势，BM 公司在葡萄种植与酒类生产上享有盛誉，业务拓展至旅游服务领域。面对市场机遇与挑战，BM 公司通过制定有前瞻性的人力资源战略，积极引进和培养人才，优化人才结构，建立完善的培训与激励机制，以巩固现有的市场地位，提升品牌影响力，实现公司的可持续发展。

关键词： 人力资源战略；战略环境；战略制定；战略实施

一、引言

BM 公司是一家位于新疆维吾尔自治区巴音郭楞蒙古自治州焉耆回族自治县七个星镇西戈壁，集葡萄种植、酒类生产与销售、农业技术推广及旅游业务于一体的多元化企业。自成立以来，BM 公司凭借其优质的葡萄种植基地、独特的酿造工艺和丰富的旅游资源，在行业内逐渐崭露头角。然而，随着市场竞争的加剧和消费者需求的多样化，BM 公司意识到，要想在激烈的市场竞争中保持领先地位，必须构建一套高效、有前瞻性的人力资源战略体系。

二、BM 公司概况

BM 公司成立于 2010 年 4 月 15 日，注册资本 1 000 万元人民币，实缴资本同样为 1 000 万元人民币，目前处于存续（在营、开业、在册）状态。BM 公司的主营业务包括葡萄种植与销售、经济林苗木种植与销售、农业技术推广服务、酒类生产与经营、旅游业务开发、住宿服务、会议及展览服务等。BM 公司以其优质的葡萄酒产品和丰富的旅游资源，在新疆乃至全国范围内享有一定知名度。

三、 人力资源战略环境分析

（一）外部环境分析

1. 政治环境

（1）政策支持

中央和地方政府对农业、旅游业的政策支持为 BM 公司的人力资源管理提供了有力保障。这些政策不仅促进了企业业务的增长，还为企业吸引和保留关键人才创造了有利条件。人力资源部门应充分利用政策优势，制定具有吸引力的人才引进和留任策略。

（2）贸易政策与国际关系

随着全球化进程的加快，国际贸易政策的变化对 BM 公司的人力资源管理提出了新的要求。特别是葡萄酒等产品的进出口关税、贸易壁垒等政策调整，直接关系到企业的市场竞争力和利润空间。人力资源部门需保持对国际贸易动态的敏感度，确保招聘和培养的人才能够适应不断变化的市场环境。

（3）法规遵从与监管

在食品安全、环境保护、劳动法规等方面，中央和地方政府制定了严格的法律法规，要求企业严格遵守。BM 公司作为酒类生产企业，必须确保产品质量安全，符合国家相关标准。人力资源部门需确保公司的招聘、用工、薪酬、福利等各个环节均符合法规要求，以降低法律风险。

2. 经济环境

（1）经济增长与消费水平

经济增长和消费升级为企业提供了更多的市场机会，也对人力资源管理提出了新的挑战。人力资源部门需根据市场需求的变化，灵活调整招聘计划和培训计划，确保企业拥有足够的人才储备来应对市场扩张，同时也要关注到员工的职业发展需求，提供多样化的培训和发展机会，以提升员工的职业竞争力和满意度。

（2）产业结构与布局

新疆拥有丰富的农业资源和独特的旅游资源，这为 BM 公司的发展提供了得天独厚的条件。然而，随着产业结构的调整和升级，企业也需要不断优化产品结构和服务模式，以适应市场需求的变化。人力资源部门更需要密切关注行业的发展趋势和市场需求变化，及时调整人才结构，确保企业拥有适应新产业趋势的人才队伍，通过加强与其他企业的合作与交流，共同推动产业升级和人才流动。

（3）金融市场与投资环境

金融市场的稳定和投资环境的优化对于企业的融资和扩张具有重要意义。BM 公司需要积极利用金融工具和融资渠道，降低融资成本，提高资金使用效率。同时，相关人力资源从业人员还需要关注资本市场的动态和投资者偏好，为企业制定合理的人才招聘和薪酬策略。

3. 社会环境

（1）消费观念与习惯

随着消费者观念的转变和生活方式的多样化，葡萄酒等高端消费品逐渐成为人们追求品质生活的重要选择。BM 公司需要深入了解消费者的需求和偏好，推出符合市场需求的产品和服务。同时，BM 公司还需关注消费者的消费习惯变化，如线上购物、直播带货等新兴消费模式的兴起，为企业的营销创新提供思路。

（2）教育水平与人才资源

教育水平的提高使得人们对葡萄酒等文化产品的认知度和接受度不断提高。BM 公司需要加强人才资源的培养和引进，完善激励机制，提升员工的综合素质和创新能力，为企业的持续发展提供有力的人才保障。

（3）社会价值观与习俗

不同地区、不同民族的社会价值观和习俗差异对企业人员配备和战略规划有着重要的影响。BM 公司需要深入了解目标市场的社会文化和习俗特点，制定符合当地市场需求的人力资源管理策略；通过加强企业文化建设，增强员工的归属感和认同感，提升企业的凝聚力和竞争力。

4. 技术环境

（1）技术创新与研发投入

技术创新是企业发展的核心驱动力。人力资源部门需关注行业内技术创新趋势和研发动态，为企业引进和培养具有创新精神和研发能力的人才。加强内部研发团队建设和管理，提升企业的自主研发能力，为企业持续创新提供人才支持。

（2）数字化转型与智能化升级

数字化转型和智能化升级为企业的人力资源管理提供了新的机遇和挑

战。人力资源部门需积极拥抱数字化和智能化技术，优化招聘流程、培训方式、绩效管理等环节；通过引入智能招聘系统、在线学习平台等数字化工具，提升人力资源管理的效率和效果，为企业创造更大的价值。

（3）技术标准与法规遵从

随着技术标准的日益统一化和法规的日益严格化，人力资源部门需密切关注相关技术标准和法规的变化情况，在招聘、培训、薪酬等各个环节中确保符合技术标准和法规要求。同时，加强员工的法规意识培训和技术培训，提升员工的合规意识和技能水平，确保企业在技术变革中稳健前行。

（二）内部环境分析

1. 人力资源政策与区域支持

在国家层面，针对新疆的特殊战略地位和发展需求，国家出台了一系列人才支持政策，旨在促进新疆的经济社会全面发展。这些政策包括高层次人才引进计划、边疆和民族地区人才发展基金，以及针对农业、旅游等重点产业的人才培育项目。国家鼓励高校、科研机构与企业合作，通过产学研结合的方式，为新疆培养并输送急需的专业技术人才和管理人才。

新疆人民政府积极响应国家号召，为引进的高层次人才提供具有竞争力的薪酬、住房补贴、安家费以及科研启动资金等；建立人才特区、科技创新园区等平台，为人才提供广阔的职业发展空间和晋升机会；为引进人才及其家属提供优先的教育资源和医疗保障服务，解决其后顾之忧；实施"不求所有，但求所用"的柔性引才政策，鼓励通过项目合作、技术咨询、兼职聘用等方式吸引国内外优秀人才参与新疆建设。

针对南疆农业与旅游资源丰富但人才相对匮乏的现状，地方政府设立农业技术培训基地，邀请农业专家和技术人员开展实地指导和培训，提升当地农民和农业企业的技术水平；通过举办旅游人才招聘会、与旅游院校合作建立实训基地等方式，吸引旅游规划、酒店管理、导游等专业人才到南疆工作；为在农业和旅游业领域创业的个人和团队提供创业贷款、税收减免、场地租金优惠等扶持政策，激发创新创业活力。

2. BM公司人力资源现状与发展

BM公司作为新疆农业与旅游综合型企业，充分利用国家和地方的人才支持政策，不断优化自身的人力资源结构。BM公司主动与地方政府沟通，争取更多的人才政策支持和项目资金，为公司发展提供坚实的人才保障；在加强内部员工培训和晋升的同时，积极引进外部优秀人才，形成多元化、高素质的人才队伍；建立科学的绩效评价体系和激励机制，激发员工的积极性和创造力，为公司发展贡献智慧和力量。

四、 人力资源战略制定与实施

（一）战略目标设定

1. 明确战略定位

BM 公司在制定人力资源战略时，首先明确了公司的战略定位和发展方向。BM 公司致力于成为国内外知名的葡萄酒生产商和旅游服务提供商，以高品质的产品和优质的服务赢得市场和客户的信赖。

2. 细化具体目标

在总目标的指导下，BM 公司进一步细化了具体的人力资源战略目标。除了吸引和留住优秀人才、提升员工素质和能力外，BM 公司还注重优化人才结构、建立完善的培训和发展体系，以及构建积极向上的企业文化等方面的工作。

（二）战略方案设计

1. 人才引进

（1）创新招聘渠道

BM 公司不断探索和创新招聘渠道，除了传统的校园招聘、社会招聘和猎头合作外，还利用社交媒体、专业论坛等新兴渠道进行人才招募。BM 公司还建立了人才库和人才地图，对潜在人才进行持续跟踪和关注。

（2）精准招聘

BM 公司注重招聘的精准性和有效性。在招聘过程中，BM 公司不仅关注应聘者的专业技能和经验背景，还注重考察其价值观、学习能力和团队合作精神等综合素质。通过多轮面试和测评，BM 公司能够准确识别出符合公司需求和企业文化的人才。

2. 人才培养

BM 公司的培训体系注重实战与理论的结合。BM 公司不仅提供丰富的在线学习资源和课程，还组织员工参与实际项目和案例研究，提升员工的实践能力和解决问题的能力。

3. 激励机制

（1）差异化激励

BM公司根据员工的岗位性质、工作表现和贡献程度等因素，制定差异化的激励政策。对于表现突出的员工，BM公司给予丰厚的奖金、晋升机会和股权激励等奖励；对于需要进一步提升的员工，BM公司则提供培训和发展机会等支持。

（2）长期与短期相结合

BM公司注重长期激励与短期激励的结合。除了短期的奖金和提成外，BM公司还采取了股权激励等长期激励措施，将员工的个人利益与公司的长期发展紧密绑定在一起。

4. 绩效考核

（1）多维度评估

BM公司的绩效考核体系采用多维度评估方式，包括工作成果、工作态度、团队合作等多个方面。通过全面评估员工的综合表现，公司能够更准确地了解员工的工作状态和潜力。

（2）持续改进

BM公司定期对绩效考核体系进行评估和改进，确保考核指标的合理性和公正性。同时，公司还加强绩效反馈和沟通工作，帮助员工了解自身优点和不足并制订改进计划。

思考题

1. 哪些具体政策对BM公司的人力资源战略有直接影响？BM公司应如何利用这些政策优势？

2. 经济环境中的哪些因素可能对BM公司的人力资源战略产生重大影响？BM公司应如何调整其人力资源战略以应对这些经济变化？

3. 技术环境中的哪些变化对BM公司的人力资源管理提出了新要求？BM公司应如何适应这些变化并提升人力资源管理的效率和效果？

案例三 大数据时代背景下
农业公司该何去何从

摘要： CTD 公司在大数据时代的战略转型中，将人力资源视为核心驱动力，通过人才引进、内部培训及激励机制的完善，构建了一支具备大数据分析能力和信息技术能力的高素质团队，以支持其数字化转型、精准农业、市场洞察与响应等战略目标的实现，从而确保公司在变革中保持竞争力并实现可持续发展。

关键词： 战略转型；机遇与挑战；战略实施路径

一、 引言

在大数据时代的浪潮中，各行各业都在经历着前所未有的变革与重塑，农业作为国民经济的基础产业，同样面临着前所未有的机遇与挑战。CTD 公司作为一家具有悠久历史和深厚底蕴的农业企业，在大数据技术的冲击下，也不得不调整自己的战略定位和战略目标，人员配备方面也进行了大范围的调整，开始了其转型与探索的旅程。

二、 CTD 公司现状分析

（一）公司概况

CTD 公司成立于 20 世纪 80 年代，是一家集种植、养殖、加工、销售于一体的综合性农业企业。该公司拥有数千亩的种植基地和多个现代化养殖场，主要生产水稻、小麦、玉米等粮食作物，养殖生猪、家禽等畜禽产品。多年来，CTD 公司凭借优质的产品和良好的信誉在市场上赢得了广泛的认可和好评。

（二）面临的挑战

随着大数据时代的到来，CTD 公司逐渐意识到自身在信息化建设、数据分析能力、市场响应速度等方面存在的不足。具体包括信息化水平低、数据分析能力弱、市场响应速度慢以及人才短缺。

虽然 CTD 公司有一定的信息化基础，但整体而言，信息化水平仍然较低，难以满足大数据时代的需求。CTD 公司缺乏专业的数据分析团队和工具，难以对海量数据进行深入挖掘和有效利用。由于信息获取和处理能力的限制，CTD 公司在面对市场变化时往往反应滞后，难以快速调整策略以适应市场需求。随着大数据技术的快速发展，CTD 公司亟须引进和培养一批具备数据分析、信息技术等专业技能的人才。

在之前的轮岗制度下，CTD 公司管理层发现有一部分员工具备一定的潜在能力，需要通过组织结构的调整来开发员工的潜力和创造力。

三、 大数据时代的机遇与挑战

（一）机遇

1. 精准农业

大数据技术并不仅限于精准灌溉和施肥，它还能深入农业生产的每一个环节。例如，通过对土壤湿度、养分含量、作物生长周期等数据的实时监测与分析，它可以制定个性化的种植方案，优化作物布局和轮作制度。此外，利用无人机进行空中拍摄，结合图像识别技术，可以实时监测作物生长状态和病虫害情况，实现早期预警和精准防治，减少农药和化肥的使用量，提升农产品的品质和安全性。

2. 市场洞察

市场洞察的深化不仅限于消费者行为和需求的分析，还包括竞争对手动态、市场趋势预测及消费者情感分析等方面。通过社交媒体监听、在线评论分析等手段，CTD 公司可以及时了解消费者对产品的反馈和意见，快速调整产品设计和营销策略；同时，结合历史销售数据和宏观经济指标，运用预测模型，可以对未来市场趋势进行准确预测，为公司制定长远发展规划提供有力支持。

3. 供应链管理

大数据技术在供应链管理中的应用远不止于提升透明度和效率。通过物联网技术，CTD 公司可以实现对供应链各环节的实时监控和追踪，包括原材料采购、生产加工、仓储物流等。这有助于减少库存积压和浪费，降低物流成本，增强供应链的灵活性和韧性。此外，大数据还可以帮助 CTD 公司优化库存策略，预测需求波动，实现供应链的动态平衡。

4. 品牌建设与营销

在品牌建设与营销方面，大数据技术为 CTD 公司提供了更多元化的手段。除了传统的广告投放和促销活动外，CTD 公司还可以利用大数据进行个性化推荐和定制化营销。通过分析消费者的购买历史和偏好数据，CTD公司可以为消费者提供符合其需求的个性化产品和服务，提高消费者的忠诚度和满意度。同时，大数据技术还可以帮助 CTD 公司评估营销活动的效果，及时调整营销策略，提高营销效率和投资回报率。

（二）挑战

1. 数据安全与隐私保护

随着大数据应用的深入，数据安全与隐私保护的问题日益凸显。CTD公司需要建立完善的数据安全管理体系，包括数据加密、访问控制、审计追踪等措施，确保数据在收集、存储、处理、传输等各个环节的安全性。同时，CTD 公司还需要遵守相关法律法规和行业标准，尊重用户隐私权，明确告知用户收集数据的目的、方式和范围，并获得用户的明确同意。

2. 技术门槛高

大数据技术的应用需要较高的技术门槛和资金投入。为了应对这一挑战，CTD 公司可以采取以下措施：一是加强技术研发和创新能力建设，不断提升自身的技术实力和核心竞争力；二是积极寻求外部合作和资源共享，与高校、科研机构、技术服务商等建立紧密的合作关系，共同推动大数据技术的研发和应用；三是优化资源配置，提高资金使用效率，合理安排投资计划，确保大数据项目的顺利实施和可持续发展。

3. 人才短缺

大数据分析和信息技术等专业技能人才短缺是制约公司发展的重要因素之一。为缓解这一问题，CTD 公司可采取以下措施：一是加大人才引进力度，通过高薪聘请、股权激励等方式吸引优秀人才加入公司；二是加强内部培训和发展机制建设，为员工提供系统的培训和良好的发展机会，提升他们的专业技能和素质；三是建立良好的企业文化和工作环境，增强员工的归属感和忠诚度，留住优秀人才。CTD 公司还可以与高校和培训机构建立合作关系，共同培养符合市场需求的大数据人才。

四、 CTD 公司的战略选择与实施路径

（一）战略选择

1. 数字化转型

CTD 公司的数字化转型不仅是技术层面的升级，更是一场深刻的组织

变革。该公司将通过构建云计算平台、大数据处理中心以及智能化管理系统，实现业务流程的全面数字化和智能化。这一战略旨在打破传统农业的信息孤岛现象，促进跨部门、跨领域的数据共享与协同，为公司决策提供实时、准确的数据支持。同时，数字化转型还将推动公司管理模式的创新，提升决策效率和执行力度，为公司的可持续发展奠定坚实基础。

2. 精准农业

在实现精准农业方面，CTD公司积极引进物联网、人工智能等前沿技术，与现有农业资源深度融合，通过部署智能传感器、无人机等先进设备，实现对农田环境、作物生长状态的全面监测和精准控制。CTD公司还建立了农业大数据平台，对收集到的海量数据进行深度挖掘和分析，为精准灌溉、施肥、病虫害防治等提供科学依据。此外，CTD公司还加强与科研机构、高校等合作，共同研发适用于本地农业特点的精准农业技术和解决方案。

3. 市场洞察与响应

为了快速响应市场需求变化，CTD公司构建了一套高效的市场洞察系统。该系统将整合线上线下多渠道数据源，运用大数据分析技术对市场趋势、消费者行为、竞争对手动态等进行全面分析。通过实时监测市场变化，CTD公司能够及时调整产品策略、价格策略和推广策略，确保产品在市场上的竞争力和占有率。同时，CTD公司还将加强与消费者的互动和沟通，通过社交媒体、电商平台等渠道收集消费者反馈和建议，不断优化产品和服务。

4. 人才引进与培养

人才是CTD公司实现大数据战略的关键。CTD公司制订了详细的人才引进和培养计划，吸引和留住具有大数据分析和信息技术背景的高素质人才。除了通过校园招聘、社会招聘等方式引进人才外，CTD公司还建立起内部培训机制，为员工提供系统的培训课程和实践机会。此外，CTD公司还与当地高校建立合作关系，成为该高校的实习基地，共同培养符合市场需求的大数据人才。同时，CTD公司逐步完善激励机制和晋升通道，激发员工的潜力，充分发挥员工的积极性和创造力，为公司的大数据战略提供源源不断的动力。

（二）实施路径

1. 数字化转型

（1）信息化基础设施升级

对公司的信息化基础设施进行全面升级，包括网络、服务器、存储设备等，确保能够满足大数据处理的需求。

（2）数据平台建设

建立统一的数据管理平台，整合公司内部和外部的数据资源，实现数据的集中存储、管理和共享。

（3）数据分析能力建设

引进先进的数据分析工具和技术，建立专业的数据分析团队，对海量数据进行深入挖掘和有效利用。

2. 精准农业

（1）智能农业设备引进

引进智能传感器、无人机、卫星遥感等智能农业设备，实时监测作物生长状况和环境变化。

（2）精准灌溉与施肥

根据土壤湿度、作物生长状况等数据，制定精准的灌溉和施肥方案，提高水资源和肥料的利用率。

（3）病虫害预警

利用大数据分析技术，对病虫害发生规律和趋势进行预测预警，及时采取防控措施减少损失。

3. 市场洞察与响应

（1）消费者行为分析

通过对消费者购买行为、偏好等数据进行分析，了解消费者需求和市场趋势。

（2）市场需求预测

结合历史数据和实时数据，对市场需求进行预测分析，为公司制定生产计划和营销策略提供依据。

（3）快速响应机制建立

建立快速响应机制，对市场变化进行实时监测和评估，及时调整生产计划和营销策略以适应市场需求。

4. 人才引进与培养

（1）人才引进

通过校园招聘、社会招聘等方式引进具备数据分析、信息技术等专业技能的人才，同时与高校和科研机构建立合作关系共同培养人才。

（2）内部培训

为现有员工提供系统的数据分析和信息技术培训，提升他们的专业业务水平和综合素质；组织定期的培训课程和研讨会，邀请行业内相关领域的专家和学者来授课和交流。

（3）激励机制

完善公司激励机制，鼓励员工积极参与数据分析和信息技术的学习和应用；设立专项奖励，表彰在数据分析和信息技术领域取得突出成果的员工，激发大家的学习热情和创新精神。

思考题

1. CTD 公司为何选择全面推进数字化转型作为其核心战略之一？

2. CTD 公司如何通过精准农业战略提升农业生产效率和资源利用率？

3. CTD 公司在人才引进与培养方面采取了哪些具体措施来支持其大数据战略？

第二章　职位分析与胜任力素质模型

案例一　XJZF 公司中层管理人员胜任力素质模型构建：应对市场扩张与技术迭代的实践策略与反思

摘要： 本案例围绕 XJZF 公司中层管理人员胜任力素质模型的构建过程展开，分析 XJZF 公司在面临市场扩张、技术迭代及管理复杂度提升等挑战时，如何通过构建科学、系统的胜任力素质模型来开展人才选拔和培养。案例详细阐述了模型构建的背景、过程、方法及最终成果，从需求调研、能力要素提炼、模型构建与验证等环节详细阐述了模型构建的过程及最终结果，同时提出四个关键问题，引导学生思考公司构建中层管理人员胜任力素质模型的重要性，在构建胜任力素质模型时要如何确保胜任力素质评估的公正性和有效性等问题。通过本案例的学习，学生将能够掌握胜任力模型的基本理论、构建方法及应用技巧，提升自身在人力资源管理领域的实践能力与创新能力。

关键词： 胜任力素质模型；战略思维；团队领导力；绩效评价体系

一、引言

在当今快速变化的商业环境中，企业的成功越来越依赖于其管理团队的能力与素质。中层管理人员作为连接高层战略与基层执行的桥梁，其胜任力直接关系到企业战略目标的实现与组织的持续发展。XJZF 公司作为一家在行业内享有盛誉的科技创新型企业，近年来面临着市场扩张、技术迭代以及管理复杂度提升等多重挑战。为进一步提升组织效能，XJZF 公司决定构建一套科学、系统的中层管理人员胜任力素质模型，以开展人才选拔与发展，确保公司战略的有效落地。

二、 背景分析

XJZF 公司自创立之初，就坚定不移地将"创新驱动发展，人才引领未来"作为企业的核心理念与价值观，这一信念如同灯塔一般，指引着公司在技术创新的浪潮中不断前行，在市场版图中稳步扩张，赢得了业界的广泛认可与尊重。在技术研发领域，XJZF 公司不断突破自我，投入大量资源于前沿科技的探索与应用，成功推出了一系列具有行业影响力的创新产品与解决方案，为企业的持续发展注入了强劲动力。而在市场拓展方面，公司凭借敏锐的市场洞察力和高效的营销策略，迅速打开了国内外市场，建立了广泛的客户网络与合作伙伴关系，进一步巩固了其在行业内的领先地位。然而，随着 XJZF 公司规模的日益壮大和业务版块的不断拓展，企业内部的管理复杂度也随之急剧上升。特别是中层管理人员，作为连接高层战略决策与基层执行操作的桥梁，其角色定位与作用愈发凸显。他们不仅需要具备深厚的专业知识与丰富的管理经验，还需拥有卓越的领导力、决策力、沟通协调能力和创新思维，以适应当下快速变化的市场环境。在此背景下，传统的基于经验或单一能力标准的选拔与培养模式逐渐显露出其局限性。这种传统的模式往往难以全面、准确地评估中层管理人员的综合素质与潜能，也无法满足公司当前及未来多元化、高层次的发展需求。因此，XJZF 公司深刻认识到，构建一套全面、科学、系统的胜任力素质模型，已经成为当前人力资源管理工作的重中之重和当务之急。通过构建胜任力素质模型，XJZF 公司旨在建立一套科学的人才评价标准体系，明确中层管理人员在不同岗位、不同阶段所需具备的核心能力要素及其行为表现特征。这将有助于公司更加精准地识别、选拔和培养具备高潜质的优秀人才，为公司的长远发展提供坚实的人才保障。同时，该模型还将为中层管理人员的个人职业发展规划提供有力指导，帮助他们明确自身发展方向，不断提升综合素质与专业能力，实现个人价值与企业目标的双赢。

三、 胜任力素质模型构建过程

（一）需求调研

XJZF 公司在着手构建中层管理人员胜任力素质模型之初，便采取了全面而细致的方法，以确保模型能够精准反映公司实际需求并具备高度的科学性与实用性。第一，XJZF 公司精心设计了详尽的问卷调查，这份问卷覆盖了公司高层、中层及基层员工，旨在从不同层级、不同视角深入了解他们对中层管理人员应具备的能力的看法与期望。问卷内容不仅涵盖了传统的领导力、管理能力等核心要素，还特别关注了创新思维、团队协作、跨文化沟通等当代企业管理中日益重要的能力维度。通过线上线下的方式广泛发放与回收，XJZF 公司收集到了大量宝贵的一手数据，为后续分析提供了坚实的基础。

第二，XJZF 公司深知理论研究与实践经验对于模型构建的重要性。为此，XJZF 公司组织了一支由人力资源专家、行业分析师及外部咨询顾问组成的跨部门团队，负责查阅国内外关于胜任力模型构建的最新理论研究与最佳实践案例。团队成员通过研读权威学术著作、参加专业研讨会、分析行业标杆企业的成功案例，深入理解胜任力模型的理论基础、构建方法及其在企业管理中的实际应用效果。这些理论研究与实践经验为 XJZF 公司提供了丰富的理论支撑与参考框架，使得公司在构建模型时能够站在更高的起点上，避免走弯路，确保模型的先进性与有效性。

通过上述两种方式的有机结合，XJZF 公司不仅充分掌握了公司内部员工对中层管理人员能力的真实需求与期望，还汲取了国内外先进的理论研究成果与实践经验。这为后续胜任力素质模型的构建奠定了坚实的基础，使得模型能够更加贴近公司实际情况，更好地服务于公司的战略发展目标与人才管理需求。

XJZF 公司中层管理人员应具备的素质见表 2-1。

表 2-1 XJZF 公司中层管理人员应具备的素质

素质	具体要求
战略洞察力与执行力	能够准确理解公司战略目标，并转化为可操作的部门目标。 具备快速响应市场变化的能力，调整策略以抓住新机遇。 高效执行公司决策，确保战略落地

表2-1（续）

素质	具体要求
技术创新与适应能力	熟悉行业动态和技术趋势，推动部门技术创新。 鼓励团队成员学习新技术，提升团队整体技术水平。 快速适应技术迭代，优化工作流程，提升效率
市场敏感性与客户导向	深入了解市场需求和竞争态势，制定有效的市场策略。 建立并维护良好的客户关系，提升客户满意度和忠诚度。 敏锐捕捉市场变化，及时调整产品和服务以满足客户需求
团队领导与协作能力	激励和指导团队成员，提升团队凝聚力和战斗力。 建立高效的沟通机制，促进跨部门协作和信息共享。 擅长解决团队冲突，营造积极向上的工作氛围
风险管理与决策能力	具备识别潜在风险的能力，制定预防措施和应对方案。 在复杂多变的环境中做出明智的决策，平衡风险与收益。 勇于承担责任，对决策结果负责
持续学习与自我提升	保持对新知识、新技能的好奇心和学习热情。 定期参加培训，提升个人专业能力和管理能力。 反思工作中的不足，不断寻求改进和突破
商业敏感性与财务意识	理解公司财务状况，关注成本控制和收益增长。 评估投资项目的商业价值，做出合理的资源配置决策。 优化业务流程，提升部门或公司的整体盈利能力

（二）能力要素提炼

在深入调研并广泛收集公司内外对中层管理人员能力期望的反馈后，XJZF 公司深知要将这些丰富的信息转化为具有指导意义和可操作性的胜任力模型，必须依靠专业团队的深入分析与精准提炼。因此，XJZF 公司迅速组织了一支由行业专家、资深人力资源经理、心理学专家及业务骨干组成的跨部门专家团队，他们携手共进，致力于将调研数据转化为实际可应用的胜任力素质模型。

专家团队首先采用了行为事件访谈（behavioral event interview，BEI）这一经典而有效的方法。他们精心设计了访谈大纲，围绕中层管理人员在日常工作中的关键事件和情境，邀请来自不同部门、不同岗位的中层管理者进行深度访谈。在访谈过程中，专家们引导受访者详细描述自己在处理复杂问题、领导团队、沟通协调等方面的具体行为、思考过程及结果反馈，力求捕捉到最真实、最生动的行为样本。通过对这些访谈资料的整理与分析，专家们提炼出了中层管理人员在面对不同挑战时展现出的共性能力和行为特征。

同时，专家团队还借助能力词典这一工具进行比对与验证。能力词典是一个系统化的能力分类与描述体系，它包含了各种职业角色所需的核心能力及其具体表现指标。团队将调研结果与能力词典中的相关条目进行逐一比对，确保提炼出的核心能力要素既符合行业通用标准，又能体现 XJZF 公司的特色与需求。通过这一过程，专家团队进一步细化了中层管理人员的胜任力要素，使其更加具体、明确、可衡量。

经过多轮讨论与修订，XJZF 公司最终提炼出了一套涵盖战略理解能力、团队领导力、沟通协调能力、决策判断能力、创新能力、执行力、自我管理能力等在内的核心能力要素体系。这些要素不仅全面覆盖了中层管理人员在日常工作中的主要职责与关键任务，还充分考虑了公司未来发展战略对人才能力的更高要求，是 XJZF 公司选拔、培养与评价中层管理人员的重要参考依据，为公司的长远发展提供坚实的人才保障。

（三）模型构建与验证

在成功提炼出中层管理人员应具备的核心能力要素之后，XJZF 公司并未止步于此，而是进一步运用先进的统计方法来深化模型的构建过程。XJZF 公司引入了因子分析这一强大的数据分析工具，旨在探索核心能力要素之间的潜在关系与结构。通过因子分析，XJZF 公司能够识别出隐藏在众多能力要素背后的少数几个关键因子，这些因子不仅代表了能力要素之间的内在联系，还揭示了中层管理人员胜任力的核心维度。这一过程不仅简化了模型结构，还使得模型更加聚焦于关键能力领域，提高了模型的解释力和预测力。

同时，XJZF 公司还运用聚类分析技术，对核心能力要素进行进一步的归类与整合。聚类分析能够帮助公司发现不同能力要素之间的相似性和差异性，从而将它们合理地划分到不同的类别或群组中。这一过程有助于形成更加清晰、有序的胜任力素质模型框架，使得模型更加易于理解和应用。

初步构建出中层管理人员胜任力素质模型后，XJZF 公司深知验证与优化模型的重要性。为了确保模型的科学性与实用性，XJZF 公司决定在小范围内进行测试。测试对象包括不同部门、不同背景的中层管理人员，以及部分对模型构建过程有深入了解的专家和顾问。通过测试，XJZF 公司收集到了大量关于模型适用性、准确性和可操作性的反馈意见。

针对测试中发现的问题和不足，XJZF 公司迅速组织专家团队对模型进行反馈调整。他们认真听取测试对象的意见和建议，对模型中的能力要素、行为描述、评价标准等进行了细致的修改和完善。经过多轮测试与反馈调整，XJZF 公司最终构建出了一个既符合公司实际情况又具备高度科学性和实用性的中层管理人员胜任力素质模型。这一模型不仅为公司选拔、培养与评价中层管理人员提供了有力的支持，还为公司的人才管理和发展战略注入了新的活力和动力。

四、 XJZF 公司中层管理人员胜任力素质模型展示

XJZF 公司在经过深入调研、科学分析以及多轮测试与反馈调整后，最终将中层管理人员胜任力素质模型精炼并确定为三个核心维度：领导力、专业能力及个人品质。这一模型不仅全面覆盖了中层管理人员在职业发展中所需的关键能力领域，还通过具体的能力要素及行为描述，为中层管理人员的自我提升与公司的选拔培养提供了清晰明确的指导框架。

领导力维度：作为中层管理人员的核心特质之一，领导力在模型中占据举足轻重的地位。它具体涵盖了战略思维、团队激励与冲突解决等关键能力。战略思维要求中层管理人员具备宏观视野，能够站在公司战略的高度审视问题，预判趋势，为团队指明发展方向。团队激励则强调中层管理者需掌握有效的激励手段，通过正向引导与认可，充分激发团队成员的潜能与积极性，营造积极向上的工作氛围。而冲突解决能力则是中层管理者在团队管理中不可或缺的技能，他们需具备敏锐的洞察力与公正的立场，能够及时发现并妥善处理团队内部的矛盾与冲突，维护团队的和谐与稳定。

专业能力维度：在快速变化的市场环境中，专业能力是中层管理人员的立足之本。该维度涵盖了行业知识、业务规划、项目管理等多个方面。行业知识要求中层管理者对所在行业有深入的了解与洞察，能够把握行业动态与趋势，为公司的战略决策提供有力支持。业务规划能力则强调中层管理者需具备前瞻性的思维与科学的规划方法，能够根据公司实际情况与市场环境，科学制定业务发展目标与策略。项目管理能力则是中层管理者在推动业务落地过程中的重要保障，他们需熟练掌握项目管理的各项技能与工具，确保项目按时、按质、按量完成。

个人品质维度：个人品质作为中层管理人员的内在修养与道德准则，在模型中同样得到了高度重视。诚信正直、持续学习、自我反思等品质被视为中层管理者不可或缺的特质。诚信正直要求中层管理者在工作中始终保持高度的诚信与正直，以身作则，树立良好榜样，赢得团队成员与合作伙伴的信

任与尊重。持续学习能力则强调中层管理者需具备强烈的学习意愿与自我驱动力，能够紧跟时代步伐，不断学习新知识、新技能，以适应快速变化的市场环境。自我反思能力则是中层管理者在职业生涯中不断成长与进步的关键，他们需具备自我审视与批判性思维的能力，能够客观分析自身优势与不足，及时调整策略与方向，实现个人与组织的共同进步。

思考题

1. 为什么 XJZF 公司需要构建中层管理人员胜任力素质模型？

2. 在构建胜任力素质模型时，如何确保识别出的素质具有代表性和实用性？

3. 如何确保胜任力素质评估的公正性和有效性？

4. 基于胜任力素质模型的人才培养计划应如何实施？

案例二 SDFJ 公司人力资源
各岗位胜任力素质模型的应用与成效

摘要： SDFJ 公司深谙在快速发展的市场环境中，人力资源管理是推动企业持续前行的关键驱动力。为了进一步提升管理效率与人才竞争力，该公司精心构建了一套全面而精细的人力资源各岗位胜任力素质模型。这一模型历经岗位深度剖析、关键素质精准提炼及系统化模型构建等多个严谨步骤，不仅清晰界定了每个岗位的核心能力标准，还确保了模型的科学性与实用性。该模型在招聘选拔过程中，作为岗位胜任力的有效评估工具，通过系统化地衡量应聘者是否具备岗位所需的核心能力、知识及特质，确保招聘到与组织战略目标高度契合的优秀人才。在培训与发展领域，该模型依据员工当前的胜任力水平与岗位要求的差距，科学规划培训内容与路径，促进员工能力与组织需求的动态匹配，实现职业生涯的可持续发展。在绩效管理体系中，不仅关注任务完成的结果指标，还深入评估员工在关键胜任要素上的展现程度，为全面、客观地评价员工绩效提供了坚实的依据，从而有效地驱动组织绩效的整体提升。这一系列应用，不仅促进了员工能力与公司战略目标的紧密契合，还极大地提升了人力资源管理的整体效能，为 SDFJ 公司的长远发展奠定了坚实的人才基础。

关键词：胜任力素质模型；人力资源管理；岗位分析；招聘选拔；职业发展

一、 引言

在当今快速变化的商业环境中，企业之间的竞争不仅是产品与技术的较量，更是人才与组织的竞争。人力资源作为企业发展的核心驱动力，其管理效能直接影响着企业的战略实现与可持续发展。随着 SDFJ 公司业务的不断拓展和规模的持续扩大，该公司对高素质、高绩效人才的需求日益迫切。然而，传统的人力资源管理方式往往侧重于事务性操作，缺乏对员工能力素质的深入分析和系统规划，难以有效支撑企业的长远发展。

为了应对这一挑战，SDFJ 公司决定引入并构建一套全面的人力资源各岗位胜任力素质模型。这一模型旨在通过科学、系统地分析各岗位所需的核心素质和能力要求，为招聘选拔、培训发展、绩效管理及职业发展规划提供有力支持。通过明确各岗位的胜任力标准，SDFJ 公司期望能够吸引并留住更多符合公司文化和发展需求的人才，同时激发员工的内在动力，促进个人成长与公司目标的紧密结合，共同推动企业的持续健康发展。

二、 背景分析

SDFJ 公司作为业界一颗迅速崛起的璀璨明星，其发展历程充满了创新与活力。作为一家深耕高新技术领域的企业，SDFJ 公司的业务范围十分广泛，不仅涵盖了前沿的软件开发，引领着技术潮流，还深度布局云计算服务领域，为企业提供灵活高效的解决方案，更在人工智能应用上不断探索突破，致力于用智能科技赋能各行各业。随着市场版图的不断扩张和公司规模的急剧增长，SDFJ 公司面临的不仅是前所未有的发展机遇，还有随之而来的管理挑战，尤其是人力资源管理方面的重要性愈发凸显。

在这样一个快速发展、技术日新月异的背景下，人力资源不再仅仅是企业运营的辅助支持，而是成为推动企业战略实施、实现可持续竞争优势的关键要素。为了确保公司能够持续吸引并保留顶尖人才，同时促进现有员工能力的全面提升，使之与公司长远战略目标紧密契合，SDFJ 公司高层展现出了前瞻性的战略眼光，决定启动一项重大举措——构建一套全面而精细的人力资源各岗位胜任力素质模型。SDFJ公司通过科学的方法和系统的流程，深入挖掘并精准定义各岗位所需的核心能力、关键技能、专业知识以及个人特质等胜任力要素，形成一套可衡量、可比较、可发展的标准体系，能更加精准地识别出与岗位高度匹配的人才，优化招聘流程，提升选拔效率；同时也能为员工个人职业发展提供清晰的指引，促进员工能力的持续提升，确保每位员工都能在最适合自己的岗位上发光发热。

三、　项目启动与目标设定

项目背景：面对日益激烈的市场竞争和快速变化的市场环境，SDFJ公司意识到传统的人力资源管理方式已难以满足公司发展需要。

项目目标：建立一套科学、系统、可量化的人力资源各岗位胜任力素质模型，为招聘、培训、绩效管理及职业发展提供有力支持。

四、　岗位分析与素质提炼

岗位梳理：通过组织架构分析，明确各层级、各部门的人力资源岗位，包括招聘专员、培训与发展经理、薪酬福利专员、员工关系主管等。

胜任力素质提炼：采用行为事件访谈法（BEI）、问卷调查、专家小组讨论等方法，收集各岗位优秀员工的关键行为特征和能力要求，提炼出各岗位的胜任力素质。

五、　模型构建

素质分类：将提炼出的胜任力素质按照知识、技能、能力及个性特质等维度进行分类。

权重分配：根据岗位的重要性和各素质对岗位绩效的影响程度，为每项素质分配相应的权重。

模型呈现：采用图表、描述性文字等形式，直观展示各岗位胜任力素质模型。

六、　模型应用

招聘选拔：依据胜任力素质模型，设计招聘测评工具，确保新入职员工具备岗位所需的核心素质。SDFJ公司在招聘选拔过程中，将胜任力素质模型作为核心评估工具，实现了从经验主义向科学量化的转变。具体而言，SDFJ公司首先依据模型中的能力要素和权重，设计结构化面试题库和行为事件访谈指南，确保面试过程能够全面覆盖并深入评估应聘者的核心能力与关键特质。通过量化评分与综合评价相结合的方式，SDFJ公司能够系统地衡量应聘者是否满足岗位所需的胜任力标准，从而精准筛选出与组织战略目标高度契合的优秀人才。此外，模型还帮助招聘团队减少了主观偏见的影响，提高了招聘过程的公平性与透明度。

培训发展：针对员工在胜任力素质上的不足，制订个性化的培训计划，促进员工能力提升。SDFJ公司采取了多项严谨规范的措施。该公司建立了模型复审与更新机制，定期组织专家团队对模型进行审查，根据市场变化、企业战略调整及岗位需求变动等因素，及时调整模型中的能力要素和权重。SDFJ公司通过收集并分析员工绩效数据、岗位反馈及业务发展情况等多源信息，对模型进行持续验证与优化，确保其能够真实反映岗位需求与员工能力。SDFJ公司还注重模型应用过程中的反馈收集与问题解决，确保各级管理者和员工能够正确理解并有效运用模型。这些措施共同构成了确保模型有效性与适应性的坚实保障。

绩效管理：将胜任力素质作为绩效考核的重要指标之一，引导员工关注个人成长与公司目标的结合。

职业发展：为员工提供基于胜任力素质的职业发展路径规划，激发员工内在动力。在该公司，胜任力素质模型不仅是招聘选拔的依据，更是员工职业发展的重要指南。SDFJ公司利用模型为员工规划个性化的职业发展路径，明确了不同职业发展阶段的能力要求与晋升标准。通过定期的胜任力评估与反馈机制，员工能够清晰地认识到自己在各项能力上的表现情况与提升空间，从而制订有针对性的成长计划。同时，SDFJ公司还根据评估结果为员工提供多元化的培训与发展资源，如在线课程、工作坊、导师制度等，帮助员工不断提升自身能力与组织需求的匹配度。此外，模型还为员工设定了清晰的职业发展目标与激励机制，激发了员工的内在动力与潜能，促进了其职业生涯的可持续发展。

随着SDFJ公司人力资源各岗位胜任力素质模型的构建与应用，公司的人力资源管理水平得到了显著提升。这一模型不仅为公司提供了科学、系统的选人用人标准，还促进了员工个人成长与公司发展的深度融合。员工们开始更加清晰地认识到自己的职业发展方向和所需提升的能力领域，积极参与各类培训和发展活动，努力成为岗位上的佼佼者。胜任力素质模型也促进了SDFJ 公司内部文化的转变，它强调能力导向和绩效导向，鼓励员工勇于挑战自我，追求卓越。在这种氛围下，公司上下形成了一股积极向上的力量，推动着企业不断向前发展。

未来 SDFJ 公司将继续深化胜任力素质模型的应用，不断探索和创新人力资源管理的新模式、新方法。SDFJ 公司相信，持续优化和完善胜任力素质模型，能够进一步激发员工的潜能和创造力，为公司实现更高质量的发展奠定坚实的人才基础。

思考题

1. SDFJ 公司为何选择构建人力资源各岗位胜任力素质模型？

2. 在构建胜任力素质模型的过程中，SDFJ 公司采用了哪些主要方法？

3. 胜任力素质模型在 SDFJ 公司的招聘选拔中如何应用？

4. 如何确保胜任力素质模型的有效性和适应性？

5. 胜任力素质模型如何促进员工的职业发展？

案例三　XK 公司任职资格体系与胜任力素质模型的联系和区别

摘要：本案例聚焦于 XK 公司任职资格体系与胜任力素质模型的构建与应用，深入探讨了两者在提升员工能力、促进职业发展及优化人力资源管理方面的联系与区别。任职资格体系基于岗位分析，明确岗位要求与晋升标准；而胜任力素质模型则强调员工内在特质与潜在能力，指导招聘、培训及绩效评估。两者虽各有侧重，但相辅相成，共同助力 XK 公司实现人才与岗位的精准匹配。案例还展示了该公司如何根据战略发展动态调整这两大体系，以适应市场变化，确保人力资源管理的有效性和前瞻性。

关键词：任职资格体系；胜任力素质模型；员工能力；战略契合

一、 引言

在当今快速变化的商业环境中，企业竞争的核心已逐渐从资源争夺转向人才竞争。如何有效管理人力资源，激发员工潜能，实现个人与企业价值的双重提升，成为每个企业面临的重大课题。XK 公司作为行业内的佼佼者，深知人才是企业发展的第一资源。为了更好地选拔、培养和管理人才，XK 公司不仅建立了系统的任职资格体系，还引入了胜任力素质模型这一先进的人力资源管理工具。两者相辅相成，共同构成了 XK 公司独特的人力资源管理体系。

二、 背景分析

XK 公司作为制造业领域的佼佼者，其业务版图随着市场需求的增长而不断扩张。面对日益激烈的市场竞争环境，企业高层敏锐地洞察到，传统的人力资源管理模式已难以满足当前及未来发展的需要。在这样的背景下，XK 公司深刻地认识到，唯有通过优化人力资源管理，才能有效提升组织效能，确保企业在复杂多变的市场中保持领先地位。

为了积极响应这一挑战，XK 公司不仅着眼于提升员工个体的专业技能与综合素质，更致力于构建一个促进员工职业成长与企业发展的双赢平台。因此，该公司决定同时引入并建立任职资格体系和胜任力素质模型两大关键机制。任职资格体系通过系统分析各岗位的核心职责与要求，明确员工在不同职业发展阶段所需达到的标准与条件，为员工提供了清晰的成长路径和明确的努力方向。而胜任力素质模型则深入挖掘了高绩效员工所共有的内在特质与行为能力，为人才的选拔、培养与评价提供了科学、全面的依据。

三、 任职资格体系概述

XK 公司的任职资格体系，作为人力资源管理的重要基石，其构建过程严谨而周密。该体系首先立足于深入的岗位分析，通过详尽的工作内容梳理、职责界定及能力要求提炼，明确了各岗位所需的基本条件，包括但不限于教育背景、专业资质等硬性门槛；同时，也细致划分了所需的专业知识领域、技能水平层次，以及必要的工作经验积累等软性要求。这一全面而系统的分析确保了任职资格体系能够精准对接岗位实际需求。

在此基础上，XK 公司进一步创新性地设定了多层次的任职资格标准，形成了阶梯式的职业发展路径。这些标准不仅为员工指明了个人成长的方向和阶段性目标，激励他们不断提升自我，还为企业内部的人才选拔和配置提供了科学、透明的依据。通过这一体系，XK 公司能够更加精准地识别出具有潜力和符合岗位需求的优秀人才，促进人才与岗位的合理匹配，进而推动整个组织的持续发展与进步。

四、 胜任力素质模型概述

胜任力素质模型则侧重于描述和衡量员工在特定岗位上取得高绩效所需具备的核心能力、个性特质、动机及价值观等深层次特征。XK 公司的胜任力素质模型结合了企业战略、文化及岗位特点，通过行为事件访谈、问卷调查等方法提炼出关键素质项，并对其进行分级描述，以指导员工的招聘、培训、绩效评估和职业发展。

五、 任职资格体系与胜任力素质模型的联系与区别

（一）联系

XK 公司作为制造业巨头，任职资格体系和胜任力素质模型的结合应用对其而言尤为关键，它们不仅提升了人力资源管理的效率，还促进了企业的持续创新与发展。

协同提升生产线效率与品质：任职资格体系确保了生产线上各岗位员工具备必要的专业技能和资格认证，如机械操作、质量控制等。这直接提升了生产线的运行效率和产品质量，减少了因技能不足导致的错误和返工。胜任力素质模型则进一步关注员工的问题解决能力、创新思维和持续改进精神。这些素质在生产过程中尤为重要，能够促使员工在面对复杂问题时迅速响应，提出创新解决方案，不断优化生产流程，提升产品竞争力。

促进技术研发与创新能力：在技术研发领域，任职资格体系为研发团队设定了明确的资格门槛，确保团队成员具备扎实的专业知识和研发经验，为技术创新提供坚实的人才基础。胜任力素质模型则强调研发人员的创新思维、团队合作能力和市场敏锐度。这些素质对于推动技术突破、加速产品迭代具有重要意义。XK 公司通过评估和提升研发人员的这些素质，不断激发团队的创新活力，确保企业在激烈的市场竞争中保持领先地位。

协同优化人才培养与发展：XK 公司还利用任职资格体系和胜任力素质模型协同优化人才培养计划。任职资格体系明确了各岗位的成长路径和晋升标准，为人才培养提供了明确的方向。胜任力素质模型帮助识别员工在特定领域的能力短板和发展潜力，为制订个性化的培训计划提供依据。通过结合

两者，XK公司能够更有效地培养出一支既具备扎实技能又具备高度创新能力的员工队伍。

（二）区别

侧重点的差异：在制造业中，任职资格体系更加侧重于员工对生产流程、设备操作、质量标准等具体工作要求的掌握情况，强调实操能力和经验积累。胜任力素质模型则更侧重于员工在问题解决、创新思维、团队协作等软性能力方面的表现，这些能力对于提升生产效率和产品质量、推动技术创新具有重要作用。

应用范围的细化：任职资格体系在XK公司的制造业环境中广泛应用于生产一线员工的招聘、培训、考核等环节，确保生产流程的稳定性和高效性。胜任力素质模型则更多地应用于技术研发、项目管理、市场营销等需要高度创新思维和团队协作能力的领域，为这些领域的人才选拔、培养和评价提供有力支持。

综上所述，XK公司在构建和应用任职资格体系与胜任力素质模型的过程中，不仅深刻理解了两者之间的联系与区别，还成功地将它们融入企业的人力资源管理实践中。通过任职资格体系，XK公司为员工提供了清晰的职业发展路径和晋升标准，激发了员工的积极性和进取心；而通过胜任力素质模型，XK公司则更加精准地识别、选拔和培养了高绩效人才，为企业的持续发展注入了强劲动力。

在这个充满挑战与机遇的时代，XK公司坚信，只有不断提升员工能力、优化人才结构，才能在激烈的市场竞争中立于不败之地。而任职资格体系和胜任力素质模型作为人力资源管理的重要工具，将在这一过程中发挥不可替代的作用。

思考题

1.XK公司的任职资格体系和胜任力素质模型在提升员工能力方面各有哪些侧重点？

2.在XK公司的人才招聘过程中，任职资格体系和胜任力素质模型是如何协同发挥作用的？

3.请简述XK公司如何根据企业战略发展动态调整任职资格体系和胜任力素质模型。

第三章 人员招聘

案例一 色彩斑斓的应聘者——
BL公司背景调查规避潜在风险

摘要： 本案例围绕候选人张栋（化名）在应聘某互联网公司的技术职位时提供的个人职业经验内容与公司背景调查得到的结果存在偏差而展开。尽管这位候选人在面试阶段表现优异，展示出高水平的技术能力和沟通技巧，但公司为确保招聘过程的公正性、透明度及诚实度，最终决定不录取该候选人，并为其未来择业提供了中肯的建议。人力资源（HR）部门严格遵循公司的招聘流程，确保招聘人才符合企业战略需求，尤其是工作能力的互补加强和所在人际交流融合性。该案例启示大家要注重招聘过程中的背景调查，强调了诚信的重要性和对候选人资料的仔细审查。

关键词： 招聘；背景调查；招聘决策

一、引言

在现代各行业的企业管理内容中，人力资源管理已经是大企业必不可少的一部分，对提升整个公司的人力资源统筹工作有着非常不错的效果。高效的人力资源管理，不仅可以提高公司员工的工作满意度，同时还能提高工作效率，进而影响整个公司在市场中的竞争力，这是企业战略的核心，在一定程度上，影响着企业的未来。而招聘在整个过程中的一些重要决策，对企业的内部人员结构有着巨大的影响，因此在招聘过程中，应聘者的一些特性是人力资源经理需要重点关注的，比如个人能力、团队融合度与诚信。

二、 背景介绍

BL公司成立于2010年，是中国领先的电子商务平台之一，专注于提供"吃、住、行、游、购、娱"全方位的生活服务。BL公司通过其全面的服务生态，旨在连接数百万商户和消费者，提供从餐饮外卖、酒店预订到旅游票务等多样化服务。BL公司的技术实力在业界居于领先地位，通过大数据和人工智能技术优化用户体验和提升运营效率。作为一家创新驱动的公司，BL公司不断打破技术边界，以科技创新促进业务增长和效率提升。BL公司的使命是帮助人们吃得更好、活得更好，致力于通过科技手段提高生活服务行业的效率和质量，推动社会经济的可持续发展。

BL公司的企业文化注重创新、透明和高效，强调团队协作和员工的个人成长。公司的战略目标是通过引进和培养行业顶尖人才来维持其市场领导地位。因此，招聘策略特别强调技能、经验和文化契合度的匹配。

由于互联网行业的快速发展，互联网专业人才在各大公司供不应求，跳槽可以说是高能力职员涨薪最快的方式，整个行业内部的人员流动频繁，某些公司部门职工年流动率高达50%以上。此次招聘的核心职位是产品经理负责人。上一任工作者被其他同行企业挖走，导致这个职位暂时空缺，手下近30人没有上级可以汇报工作，部门工作效率严重降低。为解决这一问题，这一职位的招聘工作优先级被调整为最高。在行业中，产品经理这一角色需要候选人具备出色的市场洞察力。职责包括制定产品战略、管理产品生命周期、协调跨部门合作并带领产品团队达成业务目标。此职位不仅要求任职者具有过硬的技术，还需要有强大的领导力和优秀的沟通能力。

在招聘工作开始前，为了能够准确地招聘到能胜任工作的候选人，HR部门与用人高管进行了详尽的职位分析，通过访谈的方式，明确了该职位所需的技能和经验要求，以及行业内什么样公司出来的人员可以被列为候选对象。招聘团队还制定了一系列评估标准，包括技术能力、过往成就和领导力等。之后，BL公司利用多种渠道进行人才搜索，包括社交媒体、专业招聘网站和行业会议，确保吸引到广泛的人才。

三、 应聘者简历和初步筛选

该职位在各大招聘网站渠道发布以后，经过一段时间的积累，收集到近百份简历。公司人力资源部通过精细化简历初筛，最终有 10 份简历通过初筛进入下一环节。

案例中的应聘者名为张栋，具有互联网行业十三年的工作经验。在过往经历中，共在 6 家公司担任过产品经理的职位，并且这六家公司目前在行业中都是知名企业，尤其上一家更是国内视频行业的独角兽企业，张栋在其中担任要职，非常符合 BL 公司当前招聘职位的级别。工作能力方面，张栋在各大公司都作为主要负责人主持了不同的产品研发项目，并且在后续实践中拿到了不错的结果。在初筛阶段，张栋一直是最合适的人选。各级部门领导在看过简历后都希望尽快推进流程进行面试。于是，HR 团队做出决策，优先对张栋的面试流程进行安排。

虽然简历中的张栋能力出众，经验丰富，但是其真实的能力和经验还需要进一步检验。招聘团队意识到需要更深入地了解张栋的实际能力和团队合作情况。因此，决定在张栋进行正式面试之前，采用多维度评估方法来更深入地了解张栋，包括在线技能测试、行为面试及参考调查。这一策略旨在全面评估其技术能力、领导力，以及与企业文化的契合度。在这个过程中，张栋的基础知识技能、领导力和企业文化的契合度都符合，可以进入面试环节。

四、 面试过程和评估

为确保面试过程的公正性和效率，公司的 HR 部门与相关部门密切合作，制定了详尽的面试流程。面试官团队由产品部门的高级管理人员和人力资源专家组成，他们提前接受了关于如何进行有效面试的培训，包括如何设置问题、评估回答和记录反馈的技巧。

在通过简历初筛的人选中，有 6 名候选人参加了面试，其他候选人因为时间关系，没有合适的时机只能暂时搁置待定。张栋是 6 名可以参加面试候选人之一。面试共分为三个阶段，不同的阶段考验候选人的不同能力：

第一个阶段为能力面试，第一轮为同级面试，面试官与招聘职位所处同一职级，入职以后的角色为相互配合，衔接对方的工作，考验其入职与工作最密切的同事是否能相处顺利，相互认可工作能力等方面。第二轮面试为直属主管面试，这一轮面试由入职以后的直属上级来进行面试，主要考察应聘者的主要工作能力和向上汇报能力，这关系到未来入职以后上下级的沟通关系是否密切，上传下达是否能够更加顺畅。在这两部分，张栋都表现得比较好，得到了大家的认可，面试官甚至要求尽快完成入职流程，安排张栋尽快入职开展工作。

第二阶段为团队适应能力面试，面试官由部门的人力资源业务合作伙伴（human resource business partner，HRBP）担任，主要考察候选人的个人价值观和职业道德观等个人思想方面是否有问题。这涉及入职以后候选人是否能够快速熟悉团队，融入团队，尽快开展工作。这方面张栋的表现也是比较好的，结论是能够很好地融入团队。在之前的工作经历中，他与同事有相悖意见时可以处理得当，没有发现任何异样，HRBP 感受到张栋对于融入部门的意愿是强烈的，面试评价比较高。

第三轮面试为 VP 面试，由 BL 公司的副总裁进行最后一轮面试，同时，BL 公司事业部的 HRBP 负责人陪同完成面试，主要考察的是候选人的宏观眼光、近些年工作的总结，以及未来发展规划，是否具有一定潜力等问题。在此轮面试中，张栋表现较好，但是副总裁和 HRBP 对于张栋的能力存疑。对此，HRBP 提出在对张栋进行背景调查时，尽可能详细地调查他在以往公司的个人能力情况。

在完成所有面试阶段后，HR 部门汇总面试官的反馈和评分，与招聘团队进行最终讨论。目前张栋的综合评分在所有面试者中是最高的，但是副总裁对他的能力存疑，于是针对此次的面试，对张栋进行下一阶段的考验——背景调查，判断张栋的个人经历是否与简历中和他本人所陈述的内容相符。

五、 背景调查和发现

背景调查目前是整个互联网行业中大公司用人必备的一个阶段，因为本身互联网行业人员流动性就比较强，催生出复杂的行业人脉关系，尤其是一些专业的背景调查第三方公司在行业内各大公司都有人脉可以问询，员工之前在企业中表现是否优异，都可以通过背景调查的方式收集到真实信息。这在互联网行业中是非常正常的事情。

对互联网产品经理的背景调查通常包括几个主要方面：技术教育背景的

核实、历史工作经验的验证，以及相关技能和成就的评估。特别是对于工作经验，企业会详细查看应聘者在以往项目中的角色和贡献，包括产品的成功推出、用户增长，以及市场反馈等。社交媒体和在线行为分析也是互联网产品经理背景调查中的重要组成部分。通过分析领英（LinkedIn）、推特（Twitter）等社交媒体平台上的活动，企业能够了解应聘者的专业网络、行业影响力及公众形象。在法律和伦理方面，进行背景调查时必须严格遵守相关数据保护法律。例如，在欧盟，必须按照《通用数据保护条例》（GDPR）来处理个人数据，确保调查的合法性和透明性。实施背景调查的流程包括确定调查目标、选择合适的调查工具和方法、收集数据后的分析处理，以及最终的评估报告编制。对于互联网产品经理这一角色，还需要特别关注其创新能力和快速适应变化的能力。

在面试阶段完成后，大家一致认为张栋非常符合公司要求，因此在拟录用前通过第三方对其开展专业深入的背景调查。这个过程包括核实其教育背景、以往工作经历及潜在的法律问题。背景调查旨在验证应聘者提供的信息的准确性，并确保候选人没有不良记录或过去的行为不符合公司的职业标准。背景调查公司先是联系了张栋列出的教育机构，确认其学历和专业资格；同时，也通过服务商进行证书真伪的核实。背景调查还包括检查张栋的法律记录和信用状况，以确保他没有未解决的法律问题或财务不稳定问题，这可能影响其在职表现。在个人法律记录和信用中张栋没有任何不良情况。

通过与张栋过往企业高管和普通员工的接触，背景调查公司了解到他的职业表现和工作态度。此环节特别重视过往雇主提供的工作评价和张栋离职的情况。在此次调查中，背景调查公司发现张栋在过往工作中虽然没有犯过特别人的错误，为人也算是比较好交流，但是其工作能力一般，从未在任何一个企业内的任何一个大项目中真正起到决定性作用。大多在工作一两年后，企业发现其工作能力一般，便不再续约。这是一个非常重要的信息，HR部门拿到此信息后立即反馈，经过高层一致决定，需要在后续开展招聘决策会来决定张栋是否可以继续进行入职流程。

六、 招聘和决策结果

在张栋的背景调查完成后，HR部门先是与张栋进行了信息的同步，线下面对面交流关于背景调查与简历信息不符的内容，并且根据此次面谈，撰写了简短的报告，作为招聘决策会议中的依据。

HR 部门组织召开了招聘决策会议，邀请了招聘团队和相关部门的高级管理人员参加。会议的目的是综合评估张栋的资格、面试表现和背景调查结果，并做出最终的招聘决定。其中，公司的副总裁及副总裁下属领导和其他参与面试的面试官均参加了招聘决策会议。

会议上，HR 部门首先呈现了张栋的全面评估报告，包括面试反馈、技术和领导力评估及背景调查的详细结果。讨论重点放在了他的专业能力、团队合作精神，以及与公司文化的契合程度，并对背景调查中发现的问题，尤其是其在以往工作中对于团队贡献并不多，进行了深入讨论，考虑其对张栋整体评估的影响。

基于张栋在各阶段的表现和背景调查的进一步核实，招聘团队进行了投票，最终决定不向张栋发出工作邀请。工作能力与诚实是公司最看重的要点，团队一致认为不予录用。

会后，HR 部门负责通知张栋决策结果；同时，通知其他候选人继续进行面试，争取找到较为合适的人选。

完成招聘过程后，HR 部门进行了总结会议，评估了这次招聘活动的效率和效果，包括流程中的各个环节如何执行和可能的改进空间。这有助于优化未来的招聘流程，确保公司能持续吸引和选拔最优秀的人才。

通过这种详细而系统的招聘和决策过程，公司不仅确保了新员工的质量，还维护了招聘活动的透明度和公正性。

思考题

1. 请论述背景调查在招聘流程中的重要性。结合张栋的案例，分析背景调查结果如何影响 HR 部门最终的招聘决策。

2. 针对张栋的背景调查中出现了信息不一致的问题，HR 部门是如何处理这一问题的？你认为这种处理方式是否合理？请提出你的改进建议。

3. 招聘决策会议中应采取哪些措施以确保决策的公正性和透明度？基于张栋的案例，分析如何平衡候选人的专业能力、背景调查结果与公司文化的适配性。

4. 对于未被录用的候选人，HR 部门应如何提供有效的反馈和职业发展建议？讨论此种做法的重要性及其可能带来的长期效益。

5. 结合张栋的招聘案例，讨论 HR 部门在评估和总结招聘活动后，可以采取哪些措施来优化未来的招聘流程？提供具体的建议和理由。

案例二　打破 PD 公司招聘边界：社交软件的潜力与机遇

摘要：在现代企业管理中，企业的快速发展与科技的进步推动了工作方式的变革。在招聘工作中，当前最为高效的招聘渠道是网上招聘，其中专门招聘的软件层出不穷。虽然招聘软件市场已趋于平稳状态，但是对于一些大公司来说，招聘力度仍是不够的，这就需要另辟蹊径拓宽招聘渠道。"脉脉"这款社交软件，利用社交平台的特性，通过扩大潜在候选人的覆盖范围、提供丰富的候选人信息、增强招聘互动性，并利用社交验证来提高候选人能力真实性，从而显著提升了招聘效率和效果。

社交招聘成功的关键在于其能够拓宽招聘的渠道，拉近 HR 与候选人的距离，减少对单一招聘渠道的依赖。本案例将探讨 PD 公司如何通过脉脉成功找到所需人才，分析社交招聘软件在现代人力资源管理中的作用和机遇，以及它如何帮助企业突破传统招聘的局限，实现人才寻觅的创新与突破。通过这一具体案例的剖析，我们可以更深入地理解社交软件在招聘领域的潜力，为人力资源管理领域提供新的思路和方向。

关键词：招聘；社交招聘；网络平台

一、引言

在今天的数字化时代，行业的快速发展带来了更多新的尝试，催生出非常多的新职位，这些职位不仅对技术技能提出要求，还对创新思维和商业洞察力提出要求。对于互联网头部公司而言，找到适合这些新职位的人才变得尤为关键。这不仅是技术革新的需要，也是企业竞争力的体现。然而，传统的招聘方式往往难以满足这种新型人才的寻觅，这就需要企业探索新的招聘渠道和方法。

二、PD 公司的招聘难题

PD 公司近年来在各方面都取得了不错的成绩。随着市场需求的不断扩大和业务的深入发展，PD 公司发现目前同行中有企业设立了广告创意专员这一岗位，在行业内效果拔群。于是领导层决定在 PD 公司内部同样设立广告创意员的岗位。这是一个全新的职位，主要负责开发和实施创新的广告策略，以提升公司产品的市场影响力。由于这一职位在业界较为罕见，只有少数几家公司设立了类似岗位，因此在常规招聘平台上很难找到合适的候选人。

在这样的背景下，PD 公司开始考虑使用新的社交招聘软件来解决这一难题。他们选择了名为脉脉的职业社交平台，希望借助这个平台的独特优势——构建职业关系网络和进行背景调查，来找到理想的候选人。这一决策标志着 PD 公司在招聘策略上的一大转变，也预示着他们在人才寻觅方面的创新尝试。

三、 脉脉与传统招聘平台的比较

为了使用脉脉这款软件，HR 先是对这款产品进行了深入的了解以便更好使用其功能。HR 发现相较于传统的招聘平台，脉脉提供了更加丰富的互动和社交功能，其不仅是一个求职招聘的工具，更是一个职业发展和人脉构建的场所。在这种情况下，HR 可以与感兴趣的候选人以社交的形式先聊天，简单了解逐渐深入，而不是像传统招聘软件一样直接聊招聘内容。同时，脉脉可以通过多个职业圈来认识更多行业内的人士，帮忙牵线搭桥增加好友数，拓宽人际关系。这一平台的社交属性极大地提升了用户的参与度和平台的吸引力，同时也为企业提供了更为深入和多维度的候选人评估方式。简单注册账号以后，HR 发现其中有很多招聘所需的人才。

四、 战略部署与实施

HR 在使用脉脉平台时，在注册账号之后，立即进行了网上企业的验证，可以增加 HR 招聘信息的真实性，之后通过 HR 部门会议对使用脉脉招聘广告创意员进行了一系列的工作部署。在与用人部门进行深入沟通以后，HR 定义了广告创意专员职位的理想候选人画像，包括所需的专业技能、工作经验、创新能力及行业影响力、来源公司等关键指标。这一步骤帮助 HR 团队在脉脉上精准定位到符合条件的潜在候选人。

HR 在脉脉账号中发布相关招聘信息，并且使用"创意""广告"等词条，增加曝光率，吸引相关人员的注意力，增加合适人选看到招聘信息的概率。之后根据脉脉内部的筛选工具，对网上人员信息库进行搜寻，搜到一些符合的人选。在自主投入简历和主动搜寻的人选中，HR 发现共有三人可能适合本次的职位，在初步评估后，为三人尽快安排面试。

为此，公司直接使用脉脉软件自带的面试功能，对候选人进行了面试，在面试中，有着互联网头部公司广告创意部门主管经验的刘西（化名）脱颖而出，不论是专业知识、思维逻辑能力、创意能力、行业知识、行业经验，还是个人领导能力，刘西都十分突出。于是刘西在后续流程快速地推进之下，顺利入职，并且给公司带来了广告方面巨大的成效，她还通过个人的朋友圈，给公司带来得力的帮手，成功内推两位员工，帮助建立新部门。

五、 结论

通过一系列的战略部署与实施，PD 公司利用脉脉的独特优势，有效地突破了传统招聘的局限，为公司引进了一批高质量的人才。这不仅提升了公司的竞争力，也展示出社交招聘平台在现代企业人力资源管理中的重要作用和广阔前景。

思考题

1. 考虑到 PD 公司之前使用传统招聘方法的挑战，社交招聘平台脉脉具有哪些独特的优势？这些优势如何帮助公司解决招聘难题？

2. 社交招聘在招聘流程中起到了怎样的作用，尤其是在提升招聘效率和质量方面？

3. 为什么详细定义目标人群画像对于社交招聘至关重要？

案例三 信任之锚： 对 ZJ 公司跳槽求职者 个人信息真实与安全的探索

摘要：在本案例中，ZJ 公司在招聘过程中面临多方面的隐私保护问题，主要包括候选人信息泄露、未经授权的访问和不当使用。产生这些问题的原因有公司内部信息安全措施不足、员工缺乏隐私保护意识、信息传递过程中的漏洞，以及未遵循相关法律法规。为增强公众信任感，提升公司形象，ZJ公司通过提高信息透明度和加强候选人沟通来解决问题。具体措施包括明确告知候选人信息使用的目的和范围、及时反馈招聘进展、保障信息传递的安全性，以及建立开放透明的沟通渠道，确保候选人对公司招聘流程的信任。

本案例通过详细的情景描述和深入的人物描写，探讨了如何在保护个人隐私和确保信息真实性之间找到平衡点。随着故事的展开，我们将见证一个因信任缺失而起的冲突，如何在真诚与坦诚的沟通下得到解决，并最终达成双赢的局面。这不仅是一个关于招聘的故事，更是一个关于如何在现代企业环境中建立和维护信任的案例研究。

关键词：招聘；隐私保密；信息安全

一、 引言

在互联网行业，公司间的竞争日益激烈，特别是在人才的争夺上。人才是推动技术创新和商业成功的关键，因此，招聘流程不仅是填补职位空缺，更是一场关于信息、信任与战略的微妙博弈。

ZJ公司作为一家互联网头部企业，长期面临来自同行的激烈竞争，尤其在高级技术人才的招聘上。隐私与信息的真实性在今天的招聘过程中扮演着双重角色。一方面，企业需要确保所获得的信息足够详尽且真实，以便做出正确的人事决策；另一方面，求职者的隐私权必须得到尊重和保护，特别是在法律和道德层面上。这种需求与保护之间的张力，往往会在HR与求职者的互动中造成信任障碍。

二、 案例背景

ZJ公司是一家位居行业前列的互联网企业，专注于高科技产品的开发与创新。ZJ公司因其强大的技术实力和突破性的市场策略，常年处于激烈的行业竞争中。ZJ公司的文化强调开放性、创新和高效，鼓励员工采取前瞻性思维解决问题。ZJ公司特别重视人才的引进和培养，视其为公司持续发展的核心动力。

三、 角色介绍

HR李敏（化名）角色描述：李敏是一位经验丰富的人力资源管理者，

擅长人才识别与评估。她深知在高竞争环境中吸纳顶尖人才的重要性，因此非常重视招聘流程中的每一步。

跳槽者张伟（化名）背景：张伟目前任职于另一家顶尖互联网公司，担任高级技术职位。他拥有丰富的项目管理经验和卓越的技术能力，但几次升职都失败了，目前对自己的薪资和职级均有不满。

四、　案例故事

ZJ 公司是一家知名的互联网企业，由于公司的发展，部门需要进行人员扩充，目前正在寻找一位能够带领新项目的高级技术人才，期望候选人不仅技术过硬，还需具备良好的团队管理能力。李敏在筛选简历时，发现了一名在另一家互联网公司工作的职员张伟。张伟的背景和经验非常符合 ZJ 公司的需求，经过简单了解，张伟目前对于跳槽十分看重，想通过跳槽的方式提升薪资和职级。但李敏很快意识到，要获取张伟的详细信息并不容易。在第一次电话沟通中，李敏与张伟的沟通非常顺利，李敏介绍了目前正在招聘的高管职位、主要工作内容、部门所在事业部等基本信息。张伟则是简单介绍自己目前的工作岗位、工作内容，以及一些基本的求职需求。但是在第二次的沟通中，由于招聘的职位是高管，李敏对张伟提出进一步的信息问询（如汇报人是谁、直属上级是谁等），张伟对李敏提出的详细信息要求表现得非常谨慎，他担心自己的个人隐私可能会被泄露，更担心提供过多信息会被现公司发现，违反公司的规章制度。李敏感受到了张伟的顾虑，她明白这是建立信任的关键时刻。

于是，李敏决定采取一种更加真诚和开放的沟通方式。她在接下来的电话中，详细解释了为什么需要这些信息，并明确表示这些信息只会用于评估他的职级、能力和薪资水平，以确保为他找到一个合适的职位。她还特别强调，ZJ 公司对隐私保护非常重视，并承诺会严格遵守相关规定，绝不会滥用或泄露他的个人信息。为了进一步消除张伟的担忧，李敏主动分享了公司在信息保护方面的具体措施和政策，并解释了 ZJ 公司在招聘过程中如何遵循相关法律法规。这些解释让张伟稍微放下了一些戒心，但他仍然保持着一定的谨慎。

在接下来的几天里，李敏与张伟保持着定期的沟通。她及时向张伟反馈招聘进展，解答他的疑问，并主动邀请他参观公司。张伟接受了邀请，当他来到 ZJ 公司时，李敏安排他与未来的团队成员见面，并带他参观了公司的工作环境。这次参观让张伟对 ZJ 公司有了更加直观的了解，他开始对这家公司产生了好感。

此外，李敏还分享了一些其他跳槽员工在 ZJ 公司成功发展的案例。这些真实的案例增强了张伟的信心，让他看到 ZJ 公司不仅重视员工隐私，还为员工提供了良好的发展机会和环境。

在多次真诚地交流后，张伟逐渐对李敏和 ZJ 公司建立了信任。他开始提供一些必要的信息，但仍然对某些敏感信息保持谨慎。对此，李敏表示理解，并与张伟共同商定了一个信息提供的合理范围，既满足公司的需求，又保护了张伟的隐私。

为了进一步保障张伟的信息安全，李敏建议双方签署了一份保密协议。协议中明确了信息使用的范围和责任，这让张伟对信息安全有了更多的信心。

最终，张伟决定接受这份工作。他正式签署了入职合同，并向现公司提交了辞职申请。为了帮助张伟更好地融入新环境，李敏安排了入职前的辅导和培训，并在他入职后持续关注他的适应情况，提供必要的支持和帮助。

通过一系列的真诚、透明的沟通，李敏不仅成功打消了张伟的顾虑，建立了信任，还促成了他的入职。这一过程不仅解决了招聘中的隐私保护问题，也为 ZJ 公司树立了良好的形象，增强了求职者对公司的信任感。

同时，针对本次招聘过程中出现的问题，ZJ 公司优化了招聘步骤中信息确认的一些内容，调整主要问询内容，在问询中更加讲究方式方法，循序渐进。

思考题

1. ZJ 公司在招聘过程中遇到的隐私保护问题是什么？具体分析一下产生这种情况的原因。

2. 在本案例中，HR 团队在处理候选人信息时有哪些道德和法律上的疏忽？你认为这些问题应如何得到解决？

3. 如果你是 HR 部门的负责人，你会如何制定和执行一套内部监督机制来防止此类事件再次发生？

第四章 员工培训与开发

案例一 SG艺术学校员工综合培训体系的革新之旅

摘要：SG艺术学校在员工培训方面存在培训缺乏系统性和针对性、培训方式单一且缺乏创新、培训评估机制不健全、培训资源分配不均衡，以及培训与文化融合不足等关键问题。这些问题不仅影响了员工的工作积极性，还可能对学校的长期发展产生不利影响。针对这些问题，本案例提出了相应的改进措施，包括制订系统的培训计划、引入多样化的教学手段、建立健全的评估机制、合理分配培训资源，以及加强企业文化传播等，以期提升SG艺术学校的员工培训质量和效果。

关键词：员工培训；评估机制；资源配置

一、 引言

在艺术教育的璀璨星河中，SG艺术学校犹如一颗初升的新星，怀揣着对美的无限追求与对教育的深切热忱，踏上了创业的征途，一切都很顺利，招生、上课、课程服务都有条不紊地进行着，然而，李校长在最近的两个月内接连接到学生和家长的投诉电话，在随后展开的走访中也发现了许多学生对学校都有不满的情绪，李校长反复思考，还是对学生和家长们这种态度上的转变没什么头绪，遂在学校内部展开了调查。这是一场关于梦想与现实的碰撞，更是关于人才战略与管理智慧的深刻探索。

二、 问题发现

在接二连三地接到投诉电话后，李校长对于这些投诉的具体情况做了详细了解，有这样两件事令她印象深刻：

赵先生的儿子是一位对音乐充满热情的高中生，他在一次校园活动中被SG艺术学校的海报吸引，赵先生就为儿子报名参加了SG学校的暑期乐器班。然而，当赵同学真正踏入课堂时，却发现现实与预期相去甚远。一方面，班级人数远超他的想象，导致老师无法给予每个学生足够的关注和指导；另一方面，课程内容设置较为单一，缺乏针对性和创新性，无法满足他对于艺术的深入探索；最让他感到失望的是，招生时招生专员承诺的"名师授课"并未兑现，实际授课的老师虽然学历背景与经验都不错，但与招生宣传时承诺的相去甚远，仅仅上了两周的课，赵同学就选择了退学，但在与之前对接的招生专员商量退款事宜时，却被告知仅能退未完成课时的20%，这让赵先生父子气愤不已，赵同学激动地说："我本以为这里能让我在音乐的道路上更进一步，没想到却浪费了我的时间和金钱！"

另一位家长王女士，是一位对音乐教育有着较高要求的家长，她希望为自己的孩子找到一家既能激发孩子兴趣又能提供专业指导的艺术学校。在朋友的推荐下，她联系了SG艺术学校，希望给她的女儿报一个长期古筝培训班，咨询过程中，王女士详细询问了学校的师资力量、教学设施、课程安排，以及孩子的个性化发展方案。虽然招生专员小刘给予了回复，但在王女士的整个咨询过程中，这位专员在介绍学校情况之余，一直在极力推荐精品钢琴班，并从王女士女儿的先天条件、家庭状况、学习前景等方面进行了详细解读，推荐钢琴课的时间甚至超过了王女士咨询的古筝课，对于王女士关心的具体问题则避重就轻。更让王女士感到不满的是，专员在介绍课程时，频繁提及报名优惠和赠品，给人一种"重营销轻教学"的感觉。最终，王女士没有选择SG艺术学校，而是另寻他处。她在社交媒体上分享了自己的咨询经历，并提醒其他家长在选择艺术教育机构时要谨慎考虑，不要被招生人员的花言巧语迷惑。

经过对上述事件的了解，李校长找来了内部的几位专业培训老师，并询问他们是否发现了最近招生与退课的异常情况，几位老师先是沉默，过了一会儿，一位姓张的老师率先开了口："进入新的学期，学生比去年明显多了很多，刚开始的几节课学生们的学习积极性也很高涨，我原以为会迎来一个新的发展契机，结果没想到从第三节课开始，一大半的学生们陆陆续续要求退课或者转班，我试图丰富课堂内容、转变教学方法，但发现自己在课堂上教得再好，也难以留住这些新招来的学生。后来我通过了解才知道，原来，这些学生在报名时并未充分了解自己的兴趣和需求，只是被招生专员提出的一些表面的优惠吸引，当他们上了几节课后发现课程难度或内容与预期根本不符时，便选择了放弃。"黄老师点头表示认同，并接着说："在新学期开始时，我就注意到班级的学生数量急剧增加。起初还以为这是因为自己的教学名声吸引了更多学生，但很快我就发现并不是这样，经过了解，很多同学被招生时宣传的'零基础速成班，快速掌握热门乐器'吸引而报名，由于班级人数过多，我无法给每个学生提供足够的关注，这直接影响了教学质量。"

至此，李校长大致梳理清楚了最近异常情况的来龙去脉，她联想到三个月前，为了提升员工队伍的整体素质，她招了两名研究生担任招生和运营专员——小刘和小陈，原以为高学历人才自带丰富的知识背景和较为先进的思想见解，会给学校带来新的发展思路，没想到入职的前几个月就出现了这么多问题，李校长深感问题的严重，对于以上情况迅速组织团队开展了分析调查。

（一）人才战略与学校需求匹配度的失衡

艺术培训行业具有特殊性，即实践经验、教学热情，以及与学生和家长的沟通能力往往比单纯的学术背景更为重要。高学历人才虽然具备深厚的理论知识，但缺乏实际运营经验和行业洞察力，短期内对于教学与招生这样的核心业务难以快速适应并做出贡献。在追求快速发展的过程中，SG 艺术学校管理层不经意间踏入了一个误区——过分依赖高学历，把高学历作为衡量人才价值的唯一标准。在这种观念驱动下，学校高薪聘请了一批具有研究生学历的人才加入团队。然而，随着时间的推移，这些高学历人才的"水土不服"现象逐渐显现，影响了学校的持续发展。

一方面，这些员工虽然拥有深厚的学术背景，但在艺术类培训招生这一特定领域却显得力不从心。他们缺乏对市场动态的敏锐洞察，不了解艺术培训行业的特殊性和复杂性，更未掌握有效的招生策略和技巧。这直接导致了招生工作的低效和盲目，使得学校错失了许多优质的生源和机会。

另外，由于制度不完善，高学历专员在追求个人业绩的过程中，往往过于急功近利，忽视了学校的整体利益和长远发展。他们更倾向于选择那些能够带来高提成的生源，而不考虑这些生源是否真正符合学校的教学理念和学生需求，并且在家长要求退款时为了保障自己的提成不被扣除，不合理地拒绝家长的正当诉求。这种短视行为不仅损害了学校的品牌形象，也导致生源质量的参差不齐，进一步影响了学校的教学质量和口碑。

（二）员工培训缺乏系统性和针对性

SG艺术学校管理层盲目相信高学历人才的综合素质，认为小刘和小陈应该能够处理好与学生、家长和老师的关系，因此并没有重视对这些员工的服务培训，这导致他们过于依赖传统的推销手段，如优惠政策和赠品吸引，而忽视了建立品牌信誉、提供个性化咨询和展示教学成果等更为关键的因素。这些高学历专员缺乏与家长的沟通能力和服务意识，他们在处理学生及家长的问题时往往显得力不从心。这不仅导致了家长对学校的信任度下降，还提高了学生的流失率。每学期高达30%的学生流失率，让学校陷入了前所未有的财务危机和信任危机。

通过本次调查，管理层意识到目前对于员工的培训缺乏系统性的规划，在短暂的三天入职培训中只是简单地对SG学校的情况和所开设的课程做了介绍，内容较为零散、浅显，培训内容未能根据不同岗位充分考虑员工的实际需求和工作特点，导致培训内容与员工的工作实际脱节。在培训方式上缺乏创新和探索，现有的培训方式主要依赖于传统的开会、一对一聊天等模式，未能充分利用现代科技手段（如利用学校总部的在线学习平台、名师资料等）来提升培训效果。这种缺乏针对性的培训不仅浪费时间和资源，还降低了员工的学习积极性和培训效果。

（三）培训资源分配不均衡

在SG艺术学校的培训资源配置实践中，存在显著的非均衡性现象，关键岗位或重点员工，如核心教学团队的成员，往往能够获得更为丰富的培训资源，包括国内外高级研修机会、专项经费支持及学位、职称提升计划等。相反，非核心岗位或新晋员工则面临培训资源相对匮乏的困境，仅能通过有限的内部培训或自学途径提升自我。在调查过程中，有老师匿名向调查组提供信息，一些冷门乐器的任课老师，由于生源较少、市场知名度较低，难以获得晋升和外出培训交流的机会，而一些热门乐器（如古筝、钢琴）或是容易学习的架子鼓等乐器的任课老师，则能够很轻易地获得大量机会从而取得一系列奖励、提成和荣誉。这种资源分配的不均衡，像是一道无形的墙，将员工划分为"被重视"与"被忽视"两大阵营。每当外出学习的老师们带着满满的收获回到学校，分享他们的所见所闻时，其他一些未获得充分支持的同事，只能默默坐在一旁，心中五味杂陈。这种不均衡不仅拉大了员工之间的技能差距，更在无形中加剧了团队内部的隔阂与不满。

此外，学校未能在员工培训方面保持持续的投入和关注，学校的年度总结大会上，李校长总是慷慨激昂地讲述着学校未来的发展规划，其中不乏对培训工作的重视与承诺。然而，由于预算管理水平不足、管理层重视程度不一等原因，学校的培训预算时紧时松，时常出现上半年邀请知名艺术家来校讲座，下半年却连基本的培训材料都难以保证的窘境，SG 艺术学校的培训投入难以保持恒定水平，让原本满怀期待的员工们逐渐感到失望与迷茫。这种不稳定的投入模式导致了培训项目难以形成连贯性，员工无法获得系统性的学习体验。同时，它也削弱了培训成果在组织内部的转化与应用能力，更无法形成有效的培训体系和长效机制。

（四）培训评估机制不健全

李校长对 SG 艺术学校在管理制度方面存在的缺陷心怀忧虑，发展初期人员配备不足和资金紧张等限制，学校一直未能构建出一套全面而高效的培训评估体系，这直接导致了一系列连锁反应。首先，由于缺乏科学合理的评估手段、明确细化的评估指标，以及专业资深的评估人员，学校难以对培训项目的实际效果进行精准衡量。员工的学习成效、技能掌握程度、对培训内容的满意度及反馈意见等重要信息均无法得到及时、有效地收集与分析，使得培训效果评估成为一纸空谈。其次，这种评估机制的缺失，进一步削弱了培训部门灵活调整与优化培训内容与方法的能力。培训课程的设置往往难以贴近员工实际需求与学校发展目标，陷入了僵化与形式主义的泥潭。特别是对于新入职员工的入职培训，本应是传承学校独特艺术理念与文化底蕴的重要契机，却不幸沦为了片面强调销售技巧与业绩提成的"速成班"，严重偏离了培养具有深厚艺术素养与高度责任感的艺术教育者的初衷。最后，旨在促进教师间学术交流、提升教学质量的师资培训，也未能摆脱这一困境。最终培训过程往往演变成了一种机械式的念稿与记录，缺乏实质性的互动与深入探讨，教师的专业素养与教学创新能力难以得到有效激发与提升，教学质量自然难以保证。

三、 解决对策

面对这诸多困境，SG 艺术学校的管理层没有选择逃避，而是勇敢地踏上了自我革新之路。学校管理层进行了深刻反思，认识到人才战略的关键在于"适配"而非"盲目追求高学历"。

（一）优化人才战略，提升人才招聘与学校需求的匹配度

SG 艺术学校明确岗位需求与人才画像，对每个岗位进行详细的职位描述和需求分析，明确所需的技能、经验和素质要求。SG 艺术学校根据岗位需求，制定人才画像，包括教育背景、工作经验、性格特点等方面的要求，以便在招聘时更加精准地筛选合适的人才。

SG 艺术学校定制化培养路径，为全体员工设计个性化的培养路径，包括理论学习、实践操作、导师辅导、项目参与等多个环节，确保他们能够快速适应并成长。同时，SG 艺术学校设立阶段性考核目标，根据考核结果进行动态调整，优化培养方案。

此外，李校长大胆创新，打破传统岗位界限，鼓励所有专业课老师参与到招生工作中来，学校的招生渠道不再仅仅局限于招生专员，在实施相应培训后，老师们可以通过展示王牌课程、展现自身优势等方式，用专业与热情获得学生与家长的认可。与此同时，SG 艺术学校将员工的绩效考核结果与薪酬、晋升、奖励等激励机制紧密挂钩，设立教学质量奖、学生满意度奖等专项奖项，激励员工在教学质量、学生服务等方面做出突出贡献，确保员工的行为与学校的整体利益保持一致。

（二）加强员工培训的系统性和针对性

为体现学校的改变与革新，改革小组在制订下一年度培训计划前，通过问卷调查、访谈等方式收集员工的培训需求，确保培训内容贴近员工的实际需求，并根据需求调研结果，制定详细的培训规划，包括培训目标、培训内容、培训方式、培训时间等。除了传统的课堂讲授外，还引入智慧机器人互动、角色扮演、集体备课、在线学习等多种形式，2023 年暑假，为了提升全校老师与行政人员的服务意识，SG 艺术学校组织了一次"微笑服务月"活动。除了请专业教授进行传统的讲座培训外，SG 艺术学校还引入了角色扮演环节，让员工模拟不同场景下的服务对话，亲身体验服务过程中的细节与技巧。此外，SG 艺术学校还建立了在线学习平台，员工可以随时随地学

习服务礼仪、沟通技巧等相关课程。该校通过增加一系列生动的培训课程，极大提升了员工的培训互动性和参与度。李校长还会定期组织内部分享会、音乐工作坊等活动，通过模拟演练、实战训练等方式，提升员工在实际工作中的沟通能力和服务水平，促进员工之间的知识交流和经验分享。

（三）均衡培训资源分配

针对老师匿名投诉的机会分配不均、资源不均衡的问题，SG 艺术学校管理层首先制定了明确的资源分配原则和标准，从制度层面确保培训资源分配公平、公正、透明。其次，SG 艺术学校建立了免费的教师培训资源共享平台，收集整理了各类优质培训资源，包括教学视频、课件、教案等。教师们可以通过平台自主学习，也可以将自己的教学资源上传分享给其他同事，鼓励员工之间分享学习资源和经验，这种资源共享的方式，不仅提高了培训资源的利用效率，还促进了教师之间的交流和合作。最后，SG 艺术学校将培训预算纳入学校年度预算管理体系，确保培训投入的稳定性和可持续性。在制定年度预算时，SG 艺术学校为每位老师都设立了"教帅培训专项基金"，保障每位老师都有外出参加培训的机会。此外，SG 艺术学校建立了培训预算监控系统，定期对各项培训项目的开支进行核查和评估，一旦发现预算超支或效果不佳的项目，会及时调整预算分配方案，确保培训资源的有效利用。

（四）完善培训评估机制

SG 艺术学校邀请专业的人力资源服务机构建立了多维度的培训评估体系，包括学员满意度调查、教学效果评估、学习成果展示等多个环节；定期对培训项目进行效果评估，包括培训前、培训中和培训后的评估。在培训开始前，SG 艺术学校通过问卷调查、访谈或能力测试等方式，了解参训教师的现有水平、学习需求及期望，为培训内容的定制提供数据支持。这有助于确保培训内容与教师的实际需求相契合，提高了培训的针对性和有效性。培训过程中，通过课堂观察、小组讨论、案例分析、即时测验等多种方式，SG 艺术学校持续监测教师的学习进度、参与度及理解程度。这有助于及时发现培训中的问题和不足，并采取相应的措施进行调整和优化。培训结束后，SG 艺术学校通过问卷调查、访谈、测试或项目实践等方式，全面评估培训效果，评估内容应涵盖知识掌握情况、技能提升程度、态度转变及行为改变等方面，同时，关注培训成果在实际工作中的应用情况，以评估培训的长期效果。

评估后，评估小组将评估结果及时、准确地反馈给参训教师，让他们了解自己在培训中的表现、取得的进步及存在的不足；同时，提供具体的改进建议和方向，帮助教师明确后续的学习和发展目标。此外，评估小组将培训项目的整体效果、存在的问题、改进建议等及时向管理层汇报，管理层根据反馈意见与所邀请的外部人力资源专家对培训项目进行调整和优化，确保培训资源的高效利用和培训目标的顺利实现。

为了体现培训的效果和价值，SG 艺术学校鼓励教师将培训中学到的知识和技能应用于实际教学中，通过教学实践来巩固和深化学习成果。同时，学校每学期都会组织教学观摩、公开课展示等活动，为教师提供展示和交流的平台。一年一度的培训成果分享会，给教师提供了展示自己的教学改进案例、学生作品或研究成果的舞台，老师们热情高涨、准备认真，通过交流学到了不少同行的先进教育方法与理念，这非常有助于激发教师的积极性和创造力，促进教学经验的交流和分享。

经过这一系列深刻的变革与不懈的努力，SG 艺术学校终于迎来了属于它的春天。招生渠道日益拓宽，招生人数显著增长，而学生流失率则大幅下降，学校的财务状况也逐步回暖。更重要的是，这一系列改革不仅为 SG 艺术学校赢得了市场的认可与尊重，更为其长远发展奠定了坚实的基础。SG 艺术学校的故事，是一段关于挑战与机遇并存的旅程，它告诉我们：在创业的征途中，唯有不断创新、勇于自我革新，才能在激烈的市场竞争中脱颖而出，绽放出属于自己的光芒

思考题

1. 结合案例分析，员工培训对于 SG 艺术学校为什么非常重要？

2. SG 艺术学校管理层在制订培训计划时应考虑哪些因素？

3. 结合案例思考，SG 艺术学校在进行员工培训改革后可能面临哪些新的难题？

案例二 新员工蜕变记——
AK 公司的入职培训革新之路

摘要： AK 公司，一个蓬勃发展的互联网企业，面对新员工平均流失率高达 30% 的严峻现实，人力资源部经理黄先生深刻意识到，为了让新员工更快地融入公司并提升其工作效率，对现有的新员工入职培训体系进行全面的改革不仅是必要的，更是迫在眉睫的。通过一系列深入的问题发现、影响分析和解决策略的实施，AK 公司成功地将新员工流失率降低到了 10% 以下，并且显著提升了新员工的工作效率和满意度，为公司建立了更加稳定和高效的团队。

关键词： 新员工培训；人力资源管理；培训策略；员工满意度

一、引言

在快速变化的商业环境中，特别是对于互联网企业而言，新员工的快速融入和高效工作不仅是企业竞争力的关键，更是企业持续创新和发展的基石。新员工入职培训作为人力资源管理的重要组成部分，扮演着至关重要的角色。它不仅能够帮助新员工迅速理解组织文化、掌握必要的技能，还能够促进员工的长期发展，从而提升整个组织的绩效。因此，制订并实施一套有效的新员工入职培训计划对于互联网企业的人力资源管理而言，具有不可估量的价值。深圳作为充满活力和创新的互联网产业中心，AK 公司就像一艘在波涛中破浪前行的航船。作为互联网领域的佼佼者，AK 公司以其快速的发展和对新技术的敏锐洞察而闻名。然而，随着市场竞争的加剧和技术的快速迭代，AK 公司也面临着前所未有的挑战。

为了保持竞争优势，AK 公司不得不频繁地引进新人才，希望他们能为公司注入新的活力和创意，但现实远非想象中那么美好。新员工们往往来自不同的背景和文化，他们中的许多人在加入公司后，发现自己难以适应 AK 公司独特的企业文化和快节奏的工作环境。

与深圳这座快速发展的城市一样，AK 公司的工作也是快节奏和高压力的。新员工们经常感到被信息的洪流淹没，他们对于如何在这样一个充满活力但又纷繁复杂的工作环境中找到自己的位置感到困惑。公司内部的沟通方式和决策流程对于新人来说像是一座迷宫，他们常常在不知不觉中迷失了方向。更严重的是，由于缺乏有效的指导和支持，新员工们在承担职责时往往显得不够自信。他们害怕犯错，害怕被质疑，这种心理状态严重影响了他们的工作效率和团队协作。在一次又一次的挫败感中，他们的创造力和激情逐渐消失，取而代之的是焦虑和不安。

最让 AK 公司领导层担忧的是，这些问题不是个别现象，而是成为一种普遍趋势。据统计，新员工在入职后的一年内流失率高达 30%。这一数字不仅对公司的内部稳定性造成了威胁，也严重损害了 AK 公司在外部的雇主品牌形象。

AK 公司人力资源部经理黄先生，深知这一问题的严重性。他意识到，如果不采取相应的措施来改变这一状况，公司未来的发展将会受到严重的影响。在深圳这样一个人才竞争激烈的城市，吸引和留住优秀人才是公司成功的关键。因此，黄先生决定进行全面的入职培训改革，以帮助新员工更快地融入公司，提升他们的工作效率和满意度。

这场改革不仅是对 AK 公司内部流程的优化，更是一场文化的革命。黄先生希望通过这一系列的措施，能够建立起一个更加开放、包容和互助的工作环境，让每一个新员工都能感受到自己是公司大家庭中的一员。

二、 问题发现

黄先生在审核公司的新员工培训反馈时发现，缺乏有效的培训计划是新员工流失的主要原因之一。新员工入职后，往往感到迷茫和无所适从。现有的培训计划过于宽泛，缺乏针对性和实用性，无法满足新员工的实际需求。新员工对公司文化、价值观和工作流程的了解不足，难以快速融入新的工作环境。他们就像被扔进了一个陌生的森林，没有指南针，不知道如何找到前进的方向。

岗位技能不匹配也是导致新员工流失的另一个重要原因。许多新员工在入职后发现自己的实际工作与招聘时描述的岗位要求存在较大差距。他们缺乏必要的技能和知识，无法胜任工作，从而产生了挫败感和离职的念头。这就像给他们一把吉他，却要求他们立刻演奏出交响乐，完全超出了他们的能力范围。

导师制度的缺失是值得关注的严重问题。新员工在入职初期缺乏有效的指导和支持。由于没有经验丰富的员工作为导师，因此他们无法及时解决工作中遇到的问题，进而影响了工作效率。他们就像是孤身一人在黑暗中摸索，没有人指引他们走出困境。

沟通不畅也是困扰新员工的一大难题。新员工与上级和同事之间的沟通存在障碍。他们不知道如何与不同部门协作，也不了解公司的决策流程和沟通渠道，感到孤立无援。这就像是他们被关在一个隔音的房间里，看着外面世界的喧嚣，却无法参与其中。

职业发展路径的不明确让新员工对未来感到迷茫。他们不清楚公司的职业晋升机制，也不知道如何提升自己的能力，缺乏明确的成长目标和动力。这就像是给他们一张空白的地图，告诉他们要自己找到目的地，却没有给出任何线索。

三、 解决对策

面对这些问题，黄先生深知，如果不采取有效措施，公司的未来发展将会受到严重影响。他决定进行全面的入职培训改革，为新员工提供有针对性的培训计划、匹配的岗位技能、有效的导师支持、顺畅的沟通渠道和明确的职业发展路径。这场改革就像是为新员工绘制了一幅清晰的地图，为他们指明了前进的方向，帮助他们快速融入公司，提升工作效率和满意度。

针对缺乏有效的培训计划的问题，黄先生决定制订一个全新的新员工入职培训计划。这个计划将包括互动式培训和实战模拟，通过转变传统培训模式让新员工能够更快地了解公司文化、价值观和工作流程。同时，还将邀请公司的资深员工来分享他们的经验，帮助新员工更好地融入公司。这就像是为他们打开了一扇通往公司内部世界的窗户，让他们能够更快速、更全面地了解公司，而不是围着公司富丽堂皇的外观空叹。

对于岗位技能不匹配的问题，负责招聘的小组团队加强了招聘流程中的岗位需求分析，确保招聘信息与实际工作内容相符。同时，根据具体部门的需求，培训团队针对不同岗位提供技能培训，帮助新员工快速适应工作要求，提高工作效率，让他们能够更自信地面对工作挑战。

为了解决导师制度缺失的问题，人力资源部门引入了导师制度，为每位新员工分配一位经验丰富的员工作为导师。导师将提供一对一的指导和支持，帮助新员工解决工作中遇到的问题，促进他们的职业成长。职业导师就像是新员工的指路明灯，让他们在职业道路上不再迷茫。

针对沟通不畅的问题，人力资源部门优化了公司的沟通渠道，不论是放开线上办公平台的沟通权限还是设立线下的"畅言箱"，都是为了确保新员工能够与上级和同事顺畅沟通。同时，公司鼓励开放式沟通，定期组织团队建设活动，促进新员工与不同部门的协作和交流。这就像是为他们搭建了一个沟通的桥梁，让他们能够更好地融入团队。

为了解决职业发展路径不明确的问题，人力资源部门将向每一届的新员工清晰地展示公司的职业晋升机制和职业发展路径，提供职业规划指导，帮助新员工设定明确的成长目标，并鼓励他们积极参与公司的发展和个人能力的提升，让他们对未来充满信心和期待。

经过半年的努力，AK 公司新员工的流失率显著下降，员工工作效率和满意度都有了明显的提升。会议室里，一场场培训活动正在进行。新员工们聚精会神地听着讲师的讲解，不时地点头表示赞同。他们积极地参与讨论，提出自己的见解和建议。这种积极的学习氛围让每个人都感到充实和满足；休息时间里，员工们聚集在休息区，互相交流着工作和生活的点滴。他们谈论着公司的新项目、新目标，也分享着彼此的成长和收获。这种开放和融洽的氛围让每个人都感到温暖和舒适。

黄先生和他的团队成功地证明了，通过精心设计和实施的新员工入职培训计划，不仅能够帮助新员工快速融入组织，还能够为公司的长远的发展带来竞争优势。改革成功后，AK 公司内部发生了翻天覆地的变化。曾经流水线一样换人的办公室如今变得热闹非凡，新员工们热情高涨，充满了活力。他们不再只是为了工作而工作，而是真正地投入公司的发展中，为公司繁荣贡献着自己的力量。

黄先生站在办公室的窗前，眺望着远方。他看到了公司的未来，也看到了新员工们的成长和进步。他知道，这一切都离不开他们每一个人的努力和付出。他也深知，这场改革只是开始，未来还有更多的挑战等待着他们去克服。但他相信，只要他们团结一心、勇往直前，就一定能够创造出更加辉煌的明天。

思考题

1. 从 AK 公司成功改革新员工入职培训的经验来看，员工入职培训的要点包括哪些方面？怎样确保这些要点在企业中得到有效落实？

2. 结合材料分析，新员工在培训期间遇到困惑或问题时，应该如何寻求帮助？

案例三　ZC 公司员工培训体系的涅槃之路

摘要： ZC 公司是一家销售高科技产品的企业，在发展过程中逐渐面临员工技能不匹配、客户满意度下降和市场响应速度慢等挑战。为提升员工能力和市场竞争力，ZC 公司决定改革培训体系。通过采取跨部门合作、建立综合培训平台、定制个性化课程、建立中央资源库、平衡发展机会等措施，ZC 公司成功改革了培训体系，提升了员工能力，加强了团队协作，赢得了行业赞誉。

关键词： 培训体系；跨部门合作；综合培训平台；个性化课程

一、 引言

ZC 公司成立于 2005 年，是一家专注于销售高科技产品的企业。随着互联网的快速发展和科技的不断进步，ZC 公司致力于把握时代脉搏，为全球客户提供最前沿的技术解决方案。在科技迅猛发展的今天，ZC 公司作为一家致力于高科技产品销售的企业，一直努力保持其市场领先地位。

然而，在业务高速扩展和市场快速变化的过程中，ZC 公司却面临着一系列挑战。首先是员工技能与岗位需求之间的不匹配问题。随着新技术的不断涌现，员工的知识更新速度跟不上技术发展的步伐，导致了工作效率和客户服务质量的双重下降。例如：当行业内的领先企业已经开始利用大数据分析和机器学习算法来优化审批流程时，ZC 公司仍主要依赖传统的人工审核模式，需要经历繁琐的表单填写、资料提交和等待审核的过程，不仅耗时长，而且可能因为人为错误导致审批结果不准确。其次，市场变化对团队的响应速度提出了更高要求，传统的条块分割的部门结构使得信息传递和决策过程缓慢，无法迅速适应市场的变动。ZC 公司计划推出一款针对年轻消费者的智能穿戴设备。这款产品集成了最新的健康监测技术和时尚设计元素，原本预期在市场上引起轰动。然而，在筹备上市的过程中，市场部门发现目标消费群体对产品的某些功能有着新的期待，例如，更长的电池续航能力和更丰富的运动模式。市场部将这一信息传递给研发部门时，部门间的壁垒和沟通不畅，研发部门未能及时调整产品方案。同时，销售部门在准备市场推广计划时，也遇到了类似的问题。他们希望根据市场反馈调整营销策略，但由于缺乏与研发和市场部门的紧密协作，无法准确获取产品特性和市场定位的最新信息，推广计划迟迟无法定稿。最后，由于信息传递和决策过程的缓慢，ZC 公司的新产品上市计划被一再延误。当产品终于推向市场时，已经错过了最佳的销售时机，竞争对手已经推出了类似但更加符合市场需求的产品，占据了市场先机。

类似的事件层出不穷，大大降低了 ZC 公司的竞争力，ZC 公司高层深刻意识到，必须立即采取行动，将最新的行业前沿技术以及先进的管理知识纳入员工培训体系，对员工培训体系进行全面的改革。这不仅是为了培养员工的工作技能，更是为了提高他们将来面对未知挑战的应对能力，确保员工能够紧跟行业步伐，提升业务效率和客户满意度。

二、 问题发现

培训孤岛现象：各部门自行开展培训活动，内容单一，缺乏系统性。这种现象的具体表现为，不同部门间缺乏有效的信息共享与协作机制，各自独立设计并实施培训项目，忽视了公司整体发展的连贯性和系统性。结果导致各部门培训内容频繁重复，无法形成互补优势，甚至与公司的长远战略目标背道而驰，严重制约了组织效能的提升。在这样一个强调跨界合作、协同创新的时代，ZC 公司的培训活动仍停留在各自为政的阶段，这不仅是企业内部沟通不畅的体现，更是与中国科技企业普遍追求的高效协同、资源共享趋势相悖，很难形成竞争优势。

资源浪费："双碳"背景下企业资源的高效利用和成本控制显得尤为重要，各部门沟通不畅，缺乏统一的规划和调度，必然会带来资源浪费的后果。这不仅导致了教材、教室、经费等培训资源的重复配置，还使得许多高质量的外部讲师资源和内部技术人员的知识经验未能得到充分利用，形成了巨大的资源浪费。

员工参与度低：培训内容与实际工作需求的不匹配是员工参与度低下的主要原因。在这样一个注重员工成长与企业发展相结合的时代，员工对培训的期望已不再局限于理论知识的传授，他们更希望通过培训学习到解决实际工作问题的方法，从而以较快的速度处理好工作，同时提升个人技能和职业素养。因此，ZC 公司以讲授为主、过于理论化的课程内容难以激发员工的学习兴趣，也无法帮助他们解决工作中遇到的实际问题，从而导致员工对培训活动产生抵触情绪，缺乏参与培训的动力。

发展不均衡：培训资源的分配不均进一步加剧了员工间的技能差异。少数员工因有幸接触到高质量培训而迅速成长，而大多数员工则因得不到足够的关注，缺乏相应机会而陷入停滞不前的状态。这种不均衡的发展态势不仅损害了员工士气，也削弱了团队的整体竞争力。当今社会，企业之间的竞争已不再局限于产品和技术的较量，更多体现在人才队伍的建设上，ZC 公司必须采取有效措施，确保所有员工都能获得公平的发展机会。

效果难以评估：缺少统一的培训效果评估体系，无法准确判断培训效果。由于缺乏统一的评估标准和工具，各部门对于培训成果的评价往往基于主观感受或简单的满意度调查，难以准确量化培训对提升公司业绩的实际贡献。这种"形式主义"不仅让管理层难以做出有实际依据的科学决策，而且影响了企业内部对培训投资有效性的正确判断与对培训投资回报的精准把控。随着大数据、人工智能等技术在企业管理中的广泛应用，数据驱动、效果导向已成为行业共识。ZC 公司在培训效果评估方面的缺失，未能跟上行业对培训效果量化评估的潮流。ZC 公司亟须建立一套科学的培训效果评估体系，为培训计划的优化提供有力支撑。

三、 解决对策

在行业竞争日益激烈的关键时期，ZC 公司必须做出改变，针对上述问题，人力资源部的总监丽萨（Lisa）（化名）提出了一套创新且务实的综合培训体系构建方案，旨在通过跨部门协作与资源整合，实现培训效能的最大化。

建立跨部门培训委员会：由人力资源部牵头，各部门负责人参与，共同制定培训计划。Lisa 倡导成立了由技术部安娜（Anna）（化名）、市场部多娜（Donna）（化名）等关键部门代表组成的跨部门沟通小组。该小组作为培训工作的"中枢神经"，负责深入调研各部门的培训需求，协调培训资源，确保培训计划的制订与公司战略目标高度一致。小组还定期召开会议，分享成功案例，解决实施过程中的难点问题，促进部门间的交流与合作。这一举措不仅打破了 ZC 公司内部的壁垒，促进了部门间的沟通与协作，也符合中国科技企业强调的跨界合作、协同创新理念。通过定期召开跨部门会议、设立联合项目等方式，不同部门的员工能够更直接地交流想法、分享经验，从而激发新的创意和解决方案。通过成立跨部门沟通小组，ZC 公司能够更准确地把握各部门的培训需求，制订出更加符合公司整体发展战略的培训计划。

统一培训管理平台：搭建在线培训管理系统，实现资源共享，避免重复建设。为了科学管理培训活动的全流程，ZC 公司引入了先进的培训管理系统。该系统集成了多种评估工具和方法，能够全面收集并分析培训过程中的各项数据，包括学员反馈、测试成绩、行为改变等。通过定期生成的效果评估报告，各部门管理者、公司高层等可以直观了解每项培训的成效与不足，知晓哪些培训内容受欢迎、哪些环节需要改进，从而做出精准的调整和优化决策。此外，系统还能根据员工的个人能力和发展需求，推荐个性化的学习路径和课程，帮助员工实现自我提升和职业发展。这种数据驱动的培训管理方式，大幅提升了 ZC 公司培训工作的科学性和有效性。

建立中央资源库：为了减少人财物等资源的浪费，提高资源利用效率，ZC 公司人力资源管理部门牵头，创建了一个中央资源库。该资源库汇集了各类培训材料、课件、视频等资源，并对所有部门开放。员工可以根据自己的需要随时访问和下载所需资源，无需重复购买。同时，资源库还鼓励员工分享自己的知识经验和成功案例，此举在公司内部形成了一个知识共享的良好氛围。

更新培训课程：为了提高培训的实用性和针对性，ZC 公司对现有培训课程进行了全面梳理和重塑。通过分析公司员工的特点和组织架构的特征，新的课程设计更加注重理论与实践的结合，通过案例研究、角色扮演和实际操作演练等方式，帮助员工将所学知识直接应用于工作中。此外，ZC 公司还邀请行业专家和企业内部优秀员工担任讲师，确保培训内容的权威性和实用性。

平衡发展机会：为了确保所有员工都能享受到高质量的培训机会，ZC 公司构建了全员培训体系。该体系提供了包括定期举办的内部培训、外部公开课、在线学习平台等多种形式的学习机会，让更多员工能够接触到核心和先进的培训课程。同时，ZC 公司还设立了轮流机制和奖学金制度，鼓励员工积极参与不同内容的培训活动并进行学习交流。通过这些措施的实施，ZC 公司成功打破了"培训孤岛"现象，实现了培训资源的优化配置和员工的均衡发展。

四、 实施过程

ZC 公司的综合培训体系的实施过程如图 4-1 所示。

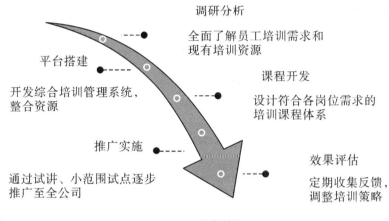

调研分析
全面了解员工培训需求和现有培训资源

平台搭建
开发综合培训管理系统，整合资源

课程开发
设计符合各岗位需求的培训课程体系

推广实施
通过试讲、小范围试点逐步推广至全公司

效果评估
定期收集反馈，调整培训策略

图 4-1 实施过程

经过一系列改革，ZC 公司的多部门联动的综合培训体系逐步成型并运转良好。产品开发团队与市场部门在项目培训小组作业中，合作探索，成功举办了"用户之声"项目。通过市场调研和用户访谈，开发团队直接获取了用户对产品的真实反馈和需求，从而快速迭代了产品功能，如增加了用户自定义界面和智能推荐系统。这一改进不仅提升了用户满意度，还为公司带来了显著的市场份额增长。

综合培训系统全面地记录了销售部门小李的学习轨迹，他通过系统学习客户关系管理和销售技巧课程，在实战中应用所学知识，成功签约了多个大客户。系统根据他的学习成果和业绩提升情况，为他推荐了更高级别的销售策略课程。设计部门的小张在资源库中发现了一套关于用户体验设计的国际获奖案例集，他深入研究这些案例后，将所学知识应用到公司的新产品设计中，成功提升了产品的用户友好性和市场竞争力。同时，小张还将自己的设计心得和经验上传至资源库，供其他同事学习和参考。财务部门的小王原本只是一名普通的会计员，通过参加公司组织的财务管理和领导力提升课程，她的专业能力和管理能力得到了显著提升。在公司的一次内部竞聘中，小王凭借出色的表现成功晋升为财务主管……

通过一系列改革，ZC 公司成功地激发了员工的潜能和积极性，培训不再是孤立的环节，而是贯穿员工职业生涯的持续助力，部门间合作更加紧密，公司整体竞争力大幅增强。ZC 公司也因其创新的培训体系，成为行业内人才培养的典范，吸引了更多优秀人才的加入，为企业的持续发展注入了新的活力。

思考题

1. 结合材料分析，为什么员工培训与开发对企业如此重要？
2. 在员工培训中，如何平衡理论与实践？

第五章　绩效管理

案例一　敢问路在何方？　凯瑞集团绩效考评的困境

摘要：本案例聚焦凯瑞集团，详述了其从创立初期的小规模公司成长为多行业综合性集团的历程。然而，在发展过程中，公司面临利润增长缓慢、员工凝聚力降低、离职率上升等问题。通过高层会议及员工座谈会，公司发现绩效考评体系存在诸多弊端，如不公平、不透明，任务目标衡量困难，个人综合素质考核主观性强，民主测评缺乏真实性等。总经理牵头成立优化小组，对绩效考评制度进行全面优化，包括任务目标设定、个人综合素质考核、民主测评改进等方面。新制度实施初期成效显著，但也遭遇部分员工对量化标准的质疑，经持续调整完善，绩效考评制度渐趋成熟，促使公司在多方面取得积极成果。

关键词：绩效考评；困境；优化

一、引言

在繁华的城市中，矗立着一座座高楼大厦，其中一栋尤为显眼，那就是凯瑞集团公司的总部。这座建筑见证了公司的辉煌历程，从 20 世纪 90 年代初期的建筑工程公司，逐步发展成为涉足多个领域的综合性集团。总经理张帆（化名）是公司的创始人，他见证了公司的成长，也感受到了企业快速发展的喜悦。然而，随着公司的壮大，一些问题开始逐渐浮出水面。

创业初期，凯瑞集团虽然规模不大，但员工们都怀揣着激情和责任心，为了公司的发展拼搏着。张总清楚地记得，那时候的公司虽然缺乏制度约束，但大家对工作的热情和投入是不需要考核来证明的。他能够准确地评估每位员工的能力和付出，员工们在他的带领下，共同创造了喜人的企业效益。

然而，随着时间的推移，公司逐渐壮大，员工数量不断增加，张总发现，尽管条件和薪资都得到了改善，企业的利润增长却并不明显。更让他担忧的是，员工的凝聚力似乎也在逐渐减弱，离职率逐年攀升。在岗人员虽然数量众多，但工作效率不尽如人意，推诿扯皮的现象时有发生。尽管公司设置了专门的绩效考评人员，每个月都会进行数据统计，但员工们的工作状态并没有得到明显改善，离职率依然居高不下，而且员工们对考核结果的公平性也提出了质疑。

张总站在窗前，眺望着这座城市的繁华，眉头紧锁，内心感到了一丝不安……

二、 公司简介

凯瑞集团成立于 1986 年，以地产开发为核心产业，锁定中高档精品楼盘，追求产品高质量，始终保持着稳健快速的发展。经过三十多年的发展，现如今凯瑞集团公司已成为集房地产开发、酒店、金融服务、商贸及商业管理、物业管理服务、广告媒介、园林景观设计及施工等多行业为一体的集团化公司，下属二级子公司 14 家，拥有员工 2 600 多人。

三、 公司绩效考评制度

员工的绩效考评结果与个人薪酬直接挂钩，员工绩效工资＝绩效基数×绩效系数。其中，绩效基数与岗位挂钩，不同岗位的绩效基数会有一定差异；绩效系数＝所在分公司的绩效考评系数×个人考核绩效系数，所在分公司的绩效考评系数由总经理每月对各分公司总体绩效表现情况进行评估打分得出，个人绩效系数由个人工作业绩与任务目标完成情况、个人综合素质和民主测评构成，各自所占权重分别是 50%、30%、20%。

（一） 个人工作业绩与任务目标的完成情况

该任务目标由员工自行制定，领导审核后通过该任务目标，最终成绩是通过任务目标完成情况来给员工评分，分数为百分制。个人工作业绩与任务目标考核项目标准如表 5-1 所示。

表 5-1　个人工作业绩与任务目标考核项目标准

考核项目	考核标准及分值					
	100 分	90 分	80 分	70 分	60 分	50 分
月度工作任务进度完成情况（权重 50%）	全部完成工作计划，并超额完成计划外工作	全部按计划完成工作，时间安排合理	工作任务基本上不延误，符合进度要求	较少项工作未完成，略微影响进度，需下月补充完成	较多项工作未完成，影响进度计划，需下月占用较多时间完成	计划内多项工作不能按时完成，进度严重滞后
工作质量与效率（权重 20%）	所有工作均高质量完成，无差错	所有工作基本按要求完成	偶有差错，并能迅速纠正	不太注意细节，出现较少差错，效率较低	工作质量欠佳，出现较多差错，效率低	工作完成不多，不合要求或差错较多，效率差
基本职责履职情况（权重 20%）	严格履行岗位职责，开拓性强	履职良好，业务精细	基本能够履行岗位职责要求，业务较精细	偶有失误，部分职责不能履行	失误较多，需督促才能完成	离岗位职责要求相差较远
职务监管职能（权重 10%）	服务监管主动、及时准确有效	服务监管及时到位，不需上级监督	服务监管在上级监督下起到基本作用	服务监管存在间断性	服务监管主动性不强，作用不佳	服务监管基本没有起到作用

（二）个人综合素质

个人综合素质包括出勤率、工作态度、团队合作、组织纪律等五项考核指标，由上级打分确定，分数为百分制。个人综合素质考核项目与标准如表 5-2 所示。

表 5-2　个人综合素质考核项目与标准

考核项目	考核标准及分值					
	100 分	90 分	80 分	70 分	60 分	50 分
出勤率	全勤	95%~99%	90%~94%	85%~89%	80%~84%	80%以下
工作态度	以大局为重	积极主动	认真负责	态度端正	基本端正	消极被动
团队合作	主动合作	良好合作	较好合作	勉强合作	较差合作	不合作
组织纪律	严格遵守规章制度	能够遵守规章制度	基本遵守规章制度	需要监督	偶尔违规	经常违规
执行力	迅速有效	认真执行	能够执行	偶尔需要他人督促	通常需要他人督促	不能执行

（三）民主测评

横向考核，由周围同事对员工进行定性打分，分数为百分制。

四、 探寻公司绩效考评困境

在一次重要的高层会议上，张总眉头紧锁，显然心情不佳。他提出了自己的担忧："各位，我们的企业规模在不断扩大，员工数量也在增加，但为何利润增长跟不上？员工离职率逐年上升，而在岗员工的工作态度和绩效似乎也在下降。我们需要深入了解这背后的原因。"

人力资源总监李华（化名）立即回应道："张总，我们已经与部分离职员工进行了面谈，他们普遍反映，感觉自己的努力并没有得到公司应有的回报。这可能与我们的绩效考评体系有关，可能存在一些不公平和不透明的地方，导致员工对此产生了不满。"

财务总监陈晨（化名）补充道："从财务的角度来看，虽然我们的收入在稳步增长，但成本也在持续上升，尤其是人力成本。如果我们不能更有效地管理成本，提高工作效率，那么这种增长趋势可能会对公司的长期发展产生不利影响。"

副总经理刘强（化名）也表达了自己的看法："我赞同李华的观点。我也注意到，在我们的绩效考评体系中，存在一些不合理的地方。例如，有些员工虽然工作量并不大，但只要考核结果好，就能得到高评分。这导致工作绩效的反映不真实，可能挫伤了那些真正努力工作但得分不高的员工的积极性。"

听到大家的发言，张总决定采取进一步的行动。他决定召开一次员工座谈会，邀请各个部门的员工代表参加，直接听取他们的意见和建议。他希望通过这种方式，能够更深入地了解员工的心态和想法，找到问题的根源，并寻求有效的解决方案。

在座谈会上，张总鼓励员工们畅所欲言，无论是对绩效考评体系的不满，还是对工作环境和氛围的看法，都可以毫无保留地表达出来。他希望通过这种方式，能够收集到更多真实、有用的信息，为公司未来的发展提供有力的支持。

首先来的是销售部的李经理，他一脸苦涩地说："张总，我们销售部的任务目标总是难以准确衡量。比如，有时候为了冲业绩，我们不得不制定一些看似不可能完成的任务目标。但这样一来，如果完不成，我们的绩效就会大打折扣。我觉得这样的考核方式对我们不公平。"

张总听后皱起了眉头，他意识到这个问题确实值得重视。他询问了其他部门的员工，发现这个问题并不是个例，而是普遍存在的现象。

接下来，张总又邀请了人力资源部的王主管来谈话。王主管提到了另一个问题："张总，我们在考核员工个人综合素质时，很难找到一个量化的标准。很多时候，我们都是根据上级领导的主观感受来打分。这样一来，很容易出现偏差，甚至导致一些优秀员工因为不擅长表现而吃亏。"

张总听后陷入了沉思，他明白这种主观性的考核方式确实不够科学，于是决定让人力资源部重新审视这个问题，寻找更加客观、公正的考核方式。

最后，张总又听取了民主测评的情况。他了解到，由于人情因素的影响，民主测评往往打不出真实的分数。很多员工在评价同事时都选择了中庸之道，不愿意得罪人。这样一来，测评结果就失去了意义。

经过几天调查和座谈，张总终于了解员工们对绩效考评制度的不满和抱怨。

五、 走出困境的优化措施

张总深知问题的严重性，决定立即着手对绩效考评制度进行全面优化。他首先召集了人力资源部的核心成员，包括李华和王主管，以及各部门的负责人，共同组成了一个绩效考评优化小组。小组的首要任务是对当前绩效考评制度存在的问题进行系统梳理和分析。

（一）任务目标的设定优化

优化小组深入研究市场动态、行业竞争态势，以及公司的长远战略规划，综合考量各部门的资源和能力。绩效考核目标不再盲目追求高难度目标，而是基于严谨的市场调研和数据分析。比如，对于销售部门，不再简单地以销售额的绝对数值作为任务目标，而是结合市场份额的增长、新客户的开发数量、客户满意度等多维度指标来设定。同时，引入弹性机制，当市场出现突发的不利情况时，如竞争对手推出强大的新产品导致市场份额暂时下降，能够迅速调整销售任务目标，避免员工因无法控制的外部因素而遭受不公平的绩效评价。

（二）个人综合素质的考核优化

优化小组制定了详细的量化标准和行为指标。以团队合作能力为例，不再仅凭上级的主观判断，而是通过考察员工在跨部门合作项目中的实际参与程度，比如参与的项目数量、在项目中承担的角色和责任；对团队成员提供帮助的次数及效果，如解决技术难题、提供资源支持等；在团队出现分歧时的协调表现，包括能否迅速化解矛盾、促进团队达成共识等方面进行评估。此外，公司还引入了360度反馈机制，除了上级评价，还收集同事、下属及合作客户的意见，全方位了解员工的综合素质表现。

（三）民主测评的改进优化

民主测评采用了严格的匿名打分制度，确保评分者的身份完全保密，消除员工的顾虑。在评价维度上，从工作态度、专业能力、团队协作等多个方面进行细致划分，每个维度都有明确的描述和分值范围。为了进一步提高客观性，还增加了具体案例说明的要求，评分者需要列举被评价者在相关方面的具体表现作为评分依据。同时，成立专门的监督小组，对民主测评的过程和结果进行审查。如果发现存在明显的人情分或恶意评分，将对相关人员进行警告和处罚，并重新组织测评。

在优化方案初步制定完成后，张总组织了多轮内部讨论和意见征集，确保方案的合理性和可操作性。经过一个月的紧张工作，新的绩效考评制度终于出台。张总亲自向全体员工进行了详细的解读和培训，让大家充分理解新制度的变化和优势。

在新制度实施的第一个月，员工们的积极性明显提高，工作效率也有了显著提升。销售部门不再为不切实际的任务目标而苦恼，而是充满信心地朝着合理的目标努力。人力资源部在考核个人综合素质时，也有了更加客观公正的依据，优秀员工的价值得到了充分体现。民主测评也发挥了应有的作用，真实地反映了员工的工作表现。

然而，新制度的实施并非一帆风顺。在第二个月的绩效评估中，部分员工对新的量化标准提出了疑问，认为某些指标设置不够合理。张总再次召集优化小组，对这些问题进行及时调整和完善。

经过不断地优化和改进，凯瑞集团的绩效考评制度逐渐成熟，员工的满意度大幅提升，公司的利润也开始稳步增长，离职率逐渐下降。随着时间的推移，凯瑞集团在新的绩效考评制度的推动下，不断发展壮大，在市场竞争中占据了更有利的位置。员工们充满激情地投入工作，为实现公司的战略目标而共同努力，企业的未来充满了无限的可能。

思考题

1. 结合材料分析，凯瑞集团原绩效考评制度存在哪些问题？

2. 从凯瑞集团绩效考评制度优化的案例中，可以提炼出哪些对其他企业具有借鉴意义的绩效管理原则或经验？

3. 请结合案例分析，谈谈你认为企业在设计和实施绩效考评体系时应该注意哪些问题。

案例二 中化环境的 OKR 进击：解锁绩效管理密码， 拥抱绿色发展

摘要：中化环境控股有限公司（以下简称"中化环境"）在面临组织扩张和管理挑战的背景下，于2020年引入了目标与关键成果法（objectives and key results，OKR）绩效管理模式。该公司通过知识武装、理念传播、高层示范、内部对齐、工具赋能和持续复盘等举措，有效地提升了管理效率和团队协作。OKR的实施不仅帮助管理者清晰把握工作重点，还促进了信息的透明共享，确保了目标与执行的一致性。通过飞书OKR系统的应用，中化环境实现了目标的实时跟踪和动态调整，显著提高了项目执行效率和客户满意度。这一变革举措为公司带来了业务突破和持续发展的动力，同时也为其他企业提供了数字化时代绩效管理的宝贵经验。

关键词：中化环境；绩效管理；OKR

一、 引言

在数字化时代，企业面临着快速变化的市场环境和日益激烈的竞争。在这样的背景下，绩效管理作为推动组织发展和提升员工能力的关键工具，显得尤为重要。2020年，中化环境控股有限公司在总经理崔焱（化名）的倡导下，决定引入目标与关键成果法作为其绩效管理工具，以期通过这一变革，提升管理效率，实现业务突破。

二、 公司简介

中化环境成立于2011年，是中化集团在环保领域的重要布局。该公司致力于保障国家化工产业的绿色发展，在国家污染防治攻坚战中担当重任，切实履行生态文明建设的责任。中化环境的业务广泛，涉及水、大气、固废、土壤修复和检测等多个细分领域。其业务模式以咨询设计、工程服务等为主，在水处理膜及装备、海水淡化、废水资源化、工业水预处理等方面处

于国内领先水平，危废处理与土壤修复业务也在高速发展。

三、 管理困境与协同难题

从成立之初的几十人到如今的数百人，中化环境经历了显著的组织扩张。员工背景多样，有人是废水处理专家，有人擅长固废处理；有人来自集团内部调转，有人从民营企业跳槽而来。不同的专业技能、企业背景和工作习惯，使得人员管理和团队协作面临巨大挑战。

（一）管理者思维转变的困扰

随着中化环境的迅速扩张，许多在专业领域表现出色的独立贡献者晋升为管理者。然而，这一角色的转变并非一帆风顺。他们习惯于凭借个人的专业技能解决具体问题，但在管理团队时，难以迅速适应从执行者到领导者的思维转变。在规划工作时，他们往往无法准确判断工作的优先级和重点，导致资源分配不合理，团队的努力方向出现偏差。

例如，在一个大型废水处理项目中，新晋升的管理者将过多的人力和物力投入到初期的技术研发环节，而忽视了后续的施工和调试阶段。这使得项目在关键的后期阶段因资源不足而进展缓慢，不仅延误了工期，还增加了成本。

（二）团队协作中的文化与沟通障碍

中化环境的员工来自不同的背景，拥有不同的专业知识和工作习惯。这种多样性在带来丰富经验和创新思维的同时，也给团队协作带来了巨大的挑战。来自集团内部的员工可能习惯于较为规范和层级分明的工作模式，而从民营企业跳槽过来的员工则可能更注重效率和灵活性。这种文化差异导致在合作过程中，双方在工作流程、决策方式等方面存在不同的理解和期望，容易引发冲突。

在沟通方面，不同专业背景的员工在交流时可能会使用各自领域的术语和概念，导致信息传递不准确、不清晰。例如，在土壤修复和固废处理两个团队共同参与的一个项目中，双方在沟通中对一些关键技术指标的理解存在偏差，导致项目方案多次修改，浪费了大量的时间和精力。

（三）信息流通不畅与目标模糊

尽管中化环境制订了一系列的发展目标和工作计划，但在实际执行过程中，信息的流通却存在严重的问题。目标的传达往往局限于管理层级，基层员工难以清晰地了解公司的整体战略和具体的工作目标。这导致员工在工作中缺乏明确的方向，只能凭借个人的理解和经验行事。例如，在一个新的环保技术研发项目中，研发团队没有及时获取市场部门关于客户需求的最新信息，导致研发成果与市场需求脱节，无法实现商业化应用。同时，各部门之间缺乏有效的信息共享机制，使得工作重复、资源浪费的情况时有发生。

四、 破局之路与变革举措

（一）知识武装与理念传播

中化环境总经理崔焱凭借丰富的业务和管理经验，深知创新管理方法对于公司发展的重要性。2020 年 12 月 6 日，他在公司关键岗位培训班上首次提出试点 OKR，希望提升关键岗位的能力。确定引入 OKR 后，公司立即展开知识武装行动。处在关键岗位的员工纷纷研读相关书籍，积极汲取 OKR 的理论精髓。同时，"晨间 60S" OKR 专题分享活动热闹非凡。中化环境副总经理张传（化名）分享："OKR 是采用创新突破方式获得企业持续增长的战略执行机制，是推动组织持续挑战卓越目标的管理框架。"他的分享引发了大家的深入思考。

员工们在分享中不仅交流了学习心得，还结合自身工作阐述了 OKR 的应用前景。例如，一位技术骨干提到："OKR 让我更明确技术研发的重点方向，能集中精力攻克关键难题。"通过这些活动，OKR 理念在公司内部广泛传播，为后续实践打下了坚实基础。

（二）内部对齐与精准协同

为了实现公司目标的精准分解与协同推进，中化环境大力推动内部对齐工作。OKR 推广大使组织了各业务中心内部的 OKR 对齐会。在会上，团队负责人和员工共同解读 OKR，明确各自的职责和关键成果。中化环境副总经理李兵（化名）强调："我们可以把每一个研发项目，每一个设计项目，每一个设计采购施工总承包（EPC）① 项目都作为 OKR 应用的场景，随着项目的结束和开始，日复一日、年复一年地持续反复使用 OKR，从而把精力聚焦在最重要的事情上，达成每一个战略目标。"例如，在一个大型环保工程中，通过对齐会，工程、技术、质量等部门明确了分工。工程部门负责

---

① EPC 是 Engineering（设计）、procurement（采购）、construction（施工）的组合，中文叫设计采购施工总承包。

按时推进施工进度，技术部门保障技术方案的可行性，质量部门严格把控质量标准。各部门紧密协作，确保项目顺利进行。

（三）工具赋能与效率提升

2021 年 4 月 12 日，中化环境引入飞书 OKR，为管理注入强大动力。中化环境集合公司高管召开 OKR 工作坊，总经理崔焱以身作则，在飞书内上线自己的 OKR，并提醒存量业务和增量业务的负责人查看消息，将管理层的 OKR 对齐。这一行动为公司上下树立了标杆。

在战略研讨会上，飞书 OKR 的可视化展示让各部门清晰了解彼此的目标和进展。中化环境人力资源副总经理张晢（化名）表示："使用 OKR 之前，目标定完了就束之高阁，大家在执行过程中谁也看不见谁；现在使用了飞书 OKR，组织内形成了一张全局的 OKR 对齐视图，目标的制定、对齐、跟进、复盘清晰可见。"

不仅是战略研讨会，周例会也因飞书 OKR 变得高效。人力资源部围绕团队负责人的 OKR 开周会，重点讨论进度、问题与风险。借助"填写进展"功能，员工能详细记录工作情况，及时调整计划。会议效率大幅提升，成果显著。

（四）持续复盘与动态调整

中化环境注重通过持续复盘来优化 OKR 的执行。各个试点团队在复盘工作时，认真对照 OKR 检查偏差。员工们思考自己的努力是否与团队目标一致，及时发现问题并纠偏。

例如，在一次项目复盘时，团队发现进度滞后，原因是资源分配不合理。团队通过深入分析，重新调整资源，优化工作流程，最终确保项目按时完成。这种持续复盘与动态调整的机制，让中化环境能够灵活应对变化，不断提升工作效果。

经过持续的努力和实践，中化环境在 OKR 绩效管理模式的应用上取得了显著的成果。管理者明确了工作重点，团队协作更加高效，信息传导更加顺畅。OKR 不仅提升了公司的管理效能，还激发了员工的创新活力和工作积极性，为公司的业务突破和持续发展注入了强大动力。中化环境的成功经验为其他传统行业企业提供了宝贵的借鉴。在数字化时代，积极引入先进的管理工具和理念，结合自身实际情况不断优化和创新，是企业应对挑战、实现可持续发展的必由之路。

思考题

1. 从中化环境成功实施 OKR 的经验来看，OKR 实施的要点包括哪些方面？怎样确保这些要点在企业中得到有效落实？

2. 结合材料分析，OKR 相较于其他绩效管理工具的优势是什么？同时，讨论在实施 OKR 过程中可能遇到的潜在挑战及其解决方案。

案例三　数字化浪潮中的绩效革新——良品铺子与北森的绩效管理之旅

摘要：良品铺子自 2006 年成立至今，已从单一小店成长为高端零食行业的领军企业，并成功在主板上市。随着业务的不断扩展，公司面临传统绩效管理模式的挑战。2021 年，良品铺了与北森合作，引入全面绩效管理系统，实现了绩效管理的数字化转型。通过精准的目标设定、实时的过程跟踪、多维度的考核评价，以及深入的一对一绩效沟通，公司建立了闭环的绩效管理体系。这一转型显著提升了战略目标的执行效率、增强了过程监控的及时性、确保了考核评价的科学性，也为员工成长和企业的持续发展注入了新活力，成为行业内绩效管理创新的典范。

关键词：良品铺子；北森；数字化；绩效管理

一、 引言

在快速变化的零售市场中，良品铺子自 2006 年成立以来，迅速成长为高端零食行业的领军企业。随着企业规模的扩大和业务的多元化，传统的绩效管理模式已无法满足公司的发展需求。2021 年，良品铺子与北森合作，引入全面绩效管理系统，开启了绩效管理数字化转型的新篇章，也标志着公司在绩效管理方面迈出了战略性的一步。

二、 从小店到"零食标杆" 的华丽蜕变

良品铺子创立于 2006 年，从一家小店逐步发展成为行业内具有重要影响力的平台级企业。其线下门店遍布 23 个省份的 180 多个城市，数量有

3 000多家。2020年2月24日，良品铺子成功在主板上市，成为高端零食领域的佼佼者。

公司的业务涵盖了零食的研发、生产、销售等多个环节，产品种类丰富多样，以优质的品质和良好的口碑赢得了广大消费者的喜爱。随着规模的扩大，良品铺子的组织机构不断细分，前台组织注重内部协同和运营效率提升，中台组织致力于推动前后台的协同发展，并关注核心人才的引入和员工能力的夯实。

三、 绩效管理的困境与挑战

（一）战略目标难以有效落地

随着业务的多元化和组织的扩张，良品铺子各部门在理解和执行公司战略时出现偏差，导致战略目标无法精准地分解到每个部门和岗位，战略落地受阻。例如，在开拓新市场的战略决策中，部分部门未能准确把握重点，导致资源分配不合理，影响了整体推进速度。

（二）过程监控缺乏及时性和准确性

以往的绩效管理对过程关注不足，管理者难以实时掌握业务部门的工作进展，人力资源部门也无法深入业务细节进行有效监督，导致目标与实际工作脱节，潜在风险难以察觉。比如，在新品推广项目中，由于过程监控不到位，未能及时调整策略，错过了最佳推广时机。

（三）考核评价体系不够科学全面

不同部门业务差异较大，单一的考核方式无法准确衡量员工绩效，绩效分布规则不明确，导致考核结果不够客观公平，影响员工的工作积极性。在一次考核中，由于考核标准不够清晰和全面，部分员工对考核结果不满，影响了团队氛围。

（四）员工发展支持不足

在原有的绩效管理中，对员工的绩效反馈和辅导不够及时和有针对性，员工难以明确自身的优势和不足，无法获得有效的成长指导，限制了员工个人能力的提升和职业发展。

四、 北森数字系统助力绩效闭环管理

（一）绩效计划：精准目标设定与战略承接

良品铺子每年定期开展战略规划，成立以人力资源业务合作伙伴

（human resource business partner，HRBP）为核心的战略解码专项小组，辅助各业务部门进行目标拆解和策略制定，在目标拆解过程中，充分考虑跨组织、跨部门、跨岗位的协作需求，通过多轮的沟通与协调，确保目标不仅在纵向的组织层级上保持一致，而且在横向的业务领域中相互协同。

借助北森强大的技术支持，良品铺子成功建立起了科学严谨的矩阵化绩效目标体系。这一体系能够将宏观的战略目标逐层细化，从公司整体的组织层面，顺畅地分解到各个部门，再精准地落实到每一位员工身上。而且，良品铺子通过先进的线上化手段，实现了目标的无缝对接和高效追踪。

与此同时，北森的系统还为员工提供了清晰明确的指引，帮助他们深刻理解个人目标与公司战略之间的紧密关联，并据此制订出详细且切实可行的行动计划。这种清晰的目标设定和行动计划，为后续的高效执行打下了坚实而稳固的基础。

（二）绩效辅导：实时过程跟踪与风险预警

良品铺子借助北森的绩效管理系统，成功地实现了绩效的全流程线上化管理。这个系统犹如一位尽职尽责的智能管家，会按照预设的时间间隔，定期且自动地向员工发送温馨提醒，督促他们及时更新目标的进度。

系统会根据员工所反馈的目标完成情况，运用精密的算法和数据分析，准确判断出当前工作所处的风险等级，并通过简洁直观的"红黄绿"亮灯机制进行清晰标识，红灯表示高风险，黄灯代表中风险，绿灯则意味着低风险。

管理者和HRBP能够凭借这一实时更新的信息，随时随地跟进目标的执行情况，敏锐地捕捉到团队目标达成过程中的每一个细微变化和潜在风险。HRBP更是发挥了积极的协调和推动作用，通过与各方的紧密沟通和协作，协助解决各种问题和障碍，及时调整策略和资源分配，有效地减少了不必要的会议和繁琐的沟通环节，为目标的顺利达成提供有力保障，确保了过程管理的及时性和有效性。

（三）绩效考评：多维综合评价与公平校准

充分考虑到公司内部不同部门之间显著的业务差异以及人员构成的多样性，良品铺子精心制定了多套量身定制的绩效模板，在绩效考评过程中，巧妙地采用了关键绩效指标（KPI）考评、年度项目考评、价值观考评等多种方式相结合的综合评价模式。

针对不同岗位的工作性质和职责要求，以及不同层级员工所承担的责任和期望，良品铺子分别设定了独具特色且精准适配的考核要求和评价标准。同时，为了确保考核结果的客观公平性，良品铺子依据科学合理的绩效分布规则，对初步的考评结果进行严谨细致的校准和调整。通过这一系列严谨的操作，最终得出的考核结果能够精准而全面地反映员工在特定时期内的真实工作表现和对公司的实际贡献。

（四）绩效反馈：一对一深度沟通与针对性辅导

每一个季度、半年度和年度考核结束，良品铺子都会安排管理者与员工进行一对一的、深入的绩效面谈。在面谈过程中，管理者会以客观、公正的态度，针对员工的考核结果进行全面而深入的剖析，不仅会准确指出员工在工作中所展现出的显著优点和突出成绩，给予充分的肯定和鼓励；同时，也会毫不回避地指出其存在的不足和有待改进的地方。

管理者根据这些具体的分析和评估，为员工提供极具个性化和针对性的辅导建议，帮助他们清晰地明确未来的改进方向和提升路径。良品铺子通过这种方式，有效地激发了员工的自我提升意识和进取精神，极大地促进了员工个人能力的快速成长，也增强了团队内部的凝聚力和协作能力，为公司整体业绩的稳步提升注入了源源不断的动力。

通过与北森的合作，良品铺子成功实现了绩效管理的数字化转型和优化升级：战略目标得以精准落地，过程管理更加高效可控，考核评价更加科学公平，员工发展得到有力支持。这不仅提升了企业的竞争力，也为其他企业在绩效管理方面的创新提供了有益的借鉴。在未来的发展中，良品铺子将继续依托先进的管理理念和技术手段，不断完善绩效管理体系，实现可持续发展。

思考题

1. 请分析一个有效的绩效管理循环体系应包含哪些关键环节。并结合案例讨论如何确保这些环节在组织内得到有效执行和持续优化。

2. 结合材料分析，总结绩效管理的特征，并探讨这些特征如何适应数字化时代企业管理的需求。

第六章 薪酬管理

案例一 相由"薪"生——HXM 公司薪酬体系优化策略

摘要： 本案例探讨了 HXM 公司在薪酬管理上面临的挑战及其后续的改革措施。案例首先揭示了基层员工普遍面临的薪资难以支撑生活开支的困境，以及中层员工对薪酬体系复杂性和工资增长缓慢的不满。薪酬制度的不合理，导致员工普遍不满，有的员工甚至考虑跳槽，公司内部矛盾加剧。随着员工对薪酬不满的情绪在公司内部会议上的爆发，公司高层意识到问题的严重性，并迅速承诺进行薪酬改革。改革措施包括制定更公平、合理的薪酬体系，将绩效与薪酬紧密挂钩，同时构建明确的绩效管理制度，优化薪酬结构以适应不同岗位特性。改革后，员工激励效果显著，公司业绩稳步增长，迎来了变革的希望。

关键词： 薪酬改革；绩效管理；激励机制

一、引言

在沉浮的商海中，企业如同航行于广阔无垠的大海上的巨轮，而员工则是推动这艘巨轮破浪前行的动力。然而，当"薪"情不再，动力便可能枯竭，巨轮也将面临停滞不前的困境。这正是 HXM 公司曾经面临的挑战，一个关于薪酬与激励深刻交织的故事，等待着我们去探索、去领悟。

HXM 公司成立于 2008 年，位于河南省新郑国际机场工业园区，是一家从事红枣产品研发、生产、销售、旅游观光等多项业务为一体的综合性企业。HXM 公司作为一家在国内红枣行业中具有显著规模和技术优势的企业，悄然间为一股无形的力量所困扰——员工的不满情绪与离职潮如同暗流涌动，侵蚀着企业的根基。问题的根源何在？答案或许就藏在那些看似微不足道的数字之中——薪酬。当员工的付出与回报不成正比，当薪酬体系无法体现公平与激励，企业的活力与创造力便难以充分释放。

正是在这样的背景下，HXM 公司迎来了一场前所未有的变革。一场由人力资源部经理李明（化名）引领的薪酬激励机制优化策略，如同一束光芒穿透了阴霾，照亮了 HXM 公司前行的道路。他深知，薪酬不仅仅是员工劳动的报酬，更是激发潜能、促进成长的关键。于是，他结合 HXM 公司的实际情况，精心设计了一套科学合理的薪酬体系。通过优化薪酬激励机制，解锁员工的潜能，激发团队的活力，最终实现企业与员工的双赢。这不仅是一个关于薪酬管理的案例，更是一次对人性、对管理、对激励的探索之旅。

二、员工"薪"声起波澜，公司薪酬待调整

（一）基层困境：王莉（化名）的薪资挑战与生活挣扎

2023 年 11 月 8 日，早晨的阳光透过薄雾，斑驳地照在忙碌的基层员工身上。王莉是 HXM 公司的一名生产线工人，每天穿着统一的蓝色工服，穿梭在轰鸣的机器之间，重复着单调而繁重的工作。平日里她脸上总是挂着淡淡的微笑，而最近她脸上却满是忧愁。

"莉姐，晚上有空吗？一起去逛逛夜市吧。"午休时，同事小赵走过来，试图用轻松的语气打破沉闷的氛围。

王莉抬头，勉强挤出一丝笑容："不去了，我得回去给孩子做饭，还得看看有没有什么兼职可以做。"

小赵闻言神色一黯："说得也是，工资就这么点，养活我一个人都有点紧张，更何况你还要照顾孩子。你说咱们这工作，又累又辛苦，怎么薪资就这么低呢？"

王莉叹了口气，眼神中闪过一丝疲惫："是啊，咱们公司基层岗位多，招聘的人也多，可能就觉得咱们没那么重要吧。这两年市场经济行情不好，赚的钱有限，自然就得从我们这儿省了。"

　　两人相视无言，周围的工友们也纷纷投来同情的目光。大家心里都清楚，这份工作虽然稳定，但薪资低得让人难以承受。尤其是对于那些有家庭负担的员工来说，更是难上加难。

　　这天下班后，王莉拖着疲惫的身躯回到家中。简陋的出租屋里，孩子正趴在桌子上写作业，看到她回来，立刻露出灿烂的笑容："妈妈，你今天累不累？"

　　王莉强打起精神，摸了摸孩子的头："不累，妈妈就是有点饿了。你作业写完了吗？咱们一会儿吃饭。"

　　餐桌上，一家人围坐在一起，吃着简单的饭菜。王莉看着丈夫和孩子满足的表情，心里却五味杂陈。她知道，自己必须更加努力，才能让这个家过得更好。但是，眼前的薪资水平，却让她感到前所未有的压力。

　　"妈妈，老师说我们学校要交一笔费用，是参加课外活动的。"孩子突然开口，打破了沉默。

　　王莉心猛地一紧，她强忍住心中的焦虑，尽量用平和的语气问："多少钱啊？"

　　"不多，就几百块钱。"孩子回答得小心翼翼，生怕给母亲增添负担。

　　王莉勉强挤出一丝笑容："没事，妈妈会想办法的。"

　　夜深人静时，王莉躺在床上，辗转反侧。她望着天花板，心中充满了困惑和无奈。她不明白，为什么自己辛辛苦苦工作，却只能换来微薄的收入？为什么公司不能给基层员工更多的关怀和尊重？

　　"或许，这就是现实吧。"王莉叹了口气，心中涌起一股酸楚。她知道，自己不能改变公司的决策，只能更加努力地去适应这个环境。但是，她更希望有一天，公司能够意识到基层员工的重要性，给予他们应有的待遇和尊重。

　　在 HXM 公司的广阔舞台上，不乏如王莉般勤勉耕耘的无名英雄，他们以默默奉献的姿态为公司的运转贡献着自己的力量。然而，由于薪资体系的不合理，他们的付出往往得不到应有的回报。这不仅影响了员工的收入水平和生活质量，也在一定程度上削弱了公司的凝聚力和竞争力。

（二）薪酬迷局：张薇（化名）的职场探索与困惑

1. 初识薪酬迷雾

张薇加入 HXM 公司已有三年，从最初的青涩新人成长为团队中的中坚力量。记得刚入职时，公司的人力资源部门为她简要介绍了薪酬体系，那时的她，满怀憧憬，认为只要努力工作，就能得到应有的回报。然而，随着时间的推移，她逐渐发现，事情远非她想象得那么简单。每当工资发放日，张薇总会仔细核对工资单上的每一项数据，但那些复杂的计算公式和模糊的条目让她感到一头雾水。她尝试向同事打听，却发现大家对薪酬制度都知之甚少，甚至有人表示从未真正了解过自己的薪酬构成。

2. 寻求答案的坎坷之路

随着时间的推移，张薇内心对薪酬制度的不满情绪日益加剧。她深感自己的辛勤付出与所获得的薪酬之间存在着显著的不对等，这种感受如同阴云般笼罩在她的心头。于是，她决定主动出击，寻求答案。她找到了自己的直接上级，希望能得到一个明确的解释。然而，上级只是以"公司制度规定"为由，轻描淡写地回应了她。不甘心的张薇又拨打了人力资源部门的电话，希望能得到更详细的解答。但电话那头传来的是冷冰冰的自动回复和漫长的等待时间，即便偶尔接通，得到的也只是模棱两可的答复。

3. 薪酬制度与时代脱节

在一次偶然的机会中，张薇从一位老员工那里得知，公司现行的薪酬制度是在公司成立之初制定的，那时公司的规模和业务范围都与现在大相径庭。老员工叹息道："这制度啊，早就该更新了，可管理层似乎总是忙于应对眼前的危机，无暇顾及这些涉及员工利益的现实问题。"张薇恍然大悟，难怪她觉得公司的薪酬制度与自己的努力和公司的发展现状不匹配。她认为这种与时代脱节的制度不仅无法激励员工，反而可能成为阻碍公司发展的绊脚石。

（三）薪酬困境：王亚北（化名）与赵晴（化名）的职场挣扎与反思

1. 王亚北的技术瓶颈与安逸陷阱

王亚北，HXM 公司研发部门的中流砥柱，一毕业便投身于技术创新的浪潮中。他精通现代食品工程技术，对食品研发的新技术充满好奇与热情，无数次在深夜的灯光下攻克技术难关，为公司的产品升级换代立下了汗马功劳。然而，随着时间的推移，王亚北渐渐发现自己的工作热情正在被一种莫名的力量消磨。问题出在薪酬结构上。作为技术人员，王亚北的薪酬主要由固定工资和少量的项目奖金组成。尽管他的技术贡献有目共睹，但绩效奖金的占比微乎其微，远远不足以补偿他的努力与成果。这让他感到，无论自己如何努力，收入都似乎被限定在了一个固定的框架内，难以突破。久而久之，王亚北开始满足于现状，工作的主动性和研发积极性也随之下降。他意识到，自己正陷入了一个安逸的陷阱，而这个陷阱的制造者，正是那缺乏激励性的薪酬制度。

2. 赵晴的销售挑战与动力不足

赵晴是 HXM 公司销售部门的明星员工，她拥有敏锐的市场洞察力和出色的沟通能力，总能在激烈的市场竞争中为公司赢得宝贵的订单。然而，即便是这样一位优秀的销售人员，也未能摆脱薪酬设计问题的困扰。赵晴的薪酬同样以固定工资为主，虽公司设有销售提成制度，但提成比例较低且存在诸多限制条件。这让她感到，自己的收入与销售业绩之间的关联度并不高，无论她付出多少努力，最终的收入差异并不显著。更令她沮丧的是，那些业绩平平的同事，由于固定薪酬占比较高，实际收入竟与她相差无几。这种"大锅饭"式的薪酬分配方式，严重挫伤了赵晴的工作积极性，她开始思考自己的付出是否值得，甚至萌生了跳槽的念头。

3. 薪酬激励缺失的连锁反应

在 HXM 公司内部，技术人员因缺乏足够的激励而失去了探索新技术的动力，销售人员则因薪酬与业绩脱钩而失去了开拓市场的激情。这种薪酬制度的缺陷，如同一把无形的钝刀，慢慢切割着公司的创新能力和市场竞争力。员工们对公司薪酬制度的了解程度和满意度普遍不高，他们私下里对薪酬构成的合理性议论纷纷。一些优秀员工开始寻找新的发展机遇，而留下的员工则普遍抱着一种"混日子"的心态，工作积极性和创造力大打折扣。这种消极的工作氛围，不仅影响了公司的整体业绩，更对公司的长远发展构成了严重威胁。

（四）冲突的爆发，无法回避的现实

随着时间的推移，员工们对薪酬制度的不满情绪越积越多，终于在一次公司内部会议上爆发了。会议原本是为了讨论下一季度的工作计划而召开的，但话题很快转移到薪酬问题。王莉作为员工代表，首先站了出来，勇敢地表达了自己的不满："我们这些一线员工每天都在为公司的发展付出汗

水，但我们的薪酬远远跟不上公司的发展速度。这样的薪酬制度，怎么能激发我们的工作积极性呢?"王莉的话音刚落，立刻引起了在场员工的共鸣。研发部的技术大咖孙小亮（化名）接着说:"我衷心感谢公司对我们员工的关怀，我来公司已经近两年了，刚进公司时，觉得在这儿待遇挺好的，而且非常喜欢公司的氛围，但不久前我与几位在其他公司工作的朋友交流时，我发现他们的薪资都比我高很多，而且我们所从事的工作内容实际上差不多，他们的项目提成也很高，这让我感到有些困扰。"大家纷纷附和，表达自己的不满和诉求。一时间，会议室内的气氛变得异常紧张。

面对员工的强烈反应，公司高层也感到十分意外和尴尬。他们试图安抚员工的情绪，但显然已经难以平息这场风波。"我们理解大家的感受，但薪酬制度的调整需要时间和过程。请大家相信，公司一直在努力改善员工的福利待遇。"公司的总裁（CEO）孙总勉强挤出一丝笑容，试图平息众怒。然而，这样的回答显然无法让员工们满意。他们需要的是实质性的改变和承诺，而不是空洞的安慰和拖延。

（五）冲突的升级，内部的分裂

会后，薪酬问题非但没有得到解决，反而进一步激化了员工之间的矛盾。一些员工开始组织起来，通过社交媒体和内部论坛等平台表达自己的诉求和不满;而另一些员工则选择保持沉默，担心自己发声会使自己丢掉现有的工作。与此同时，中层管理人员之间也出现了分歧。一些支持改革的中层干部开始积极寻求解决方案，试图在公司高层和员工之间搭建沟通的桥梁;而另一些则选择明哲保身。

（六）薪酬风云：暂时的宁静与即将到来的变革

会议室的灯光在紧张的气氛中显得格外刺眼，空气仿佛凝固了一般。面对员工的强烈不满和愤怒，HXM 公司的领导层深知，这一刻的平静只是暂时的，必须迅速行动，以实际行动回应员工的关切。

孙总站在会议室桌前，目光深邃而坚定，在短暂的沉默后，他缓缓开口，声音沉稳而有力:"各位同事，今天的会议让我们看到了大家在薪酬问题上的深切关注。我代表公司管理层，向大家表示深深的歉意。我们明白，薪酬是每一位员工辛勤付出的直接体现，也是我们共同关注的核心问题。"

他顿了顿，目光扫过在场的每一个人，继续说道:"我理解大家的情绪，也深知现有的薪酬制度已经无法满足公司快速发展和员工个人成长的需求。

请大家相信，我们管理层已经意识到了这个问题的严重性，并且正在积极寻求解决方案。"

听到这里，原本躁动的会议室逐渐安静下来，员工们的情绪似乎得到了一丝安抚。孙总趁热打铁，继续说道："为了尽快解决这个问题，由人力资源部经理李明（化名）亲自成立薪酬优化专项工作组。工作组的任务是全面调研公司现行的薪酬制度，广泛听取员工的意见和建议，并结合公司实际情况和未来发展需求，制定出一套更加公平、合理、具有竞争力的薪酬体系。"

作为人力资源部的经理，李明听了后眼神中充满了信心和决心。此时，李明接着说："我们将建立更加完善的绩效考核机制，确保员工的薪酬与其个人业绩、部门贡献，以及公司整体经营状况紧密挂钩。我们希望通过这种方式，让每一位员工的付出都能得到应有的回报，让每一位员工都能在公司的发展中找到自己的位置和价值。"员工们纷纷点头表示赞同，原本紧张的气氛逐渐消散，取而代之的是对未来的期待和希望。

会议结束后，李明在公司 CEO 孙总的鼎力支持下，立即着手开始准备成立专项工作组。他知道，这只是开始，接下来的路还很长，但他相信，只要大家齐心协力，就没有克服不了的困难。

三、 薪酬改革焕新生， 激励并进筑希望

（一）探寻薪酬症结，问题赫然显现

专项工作组精心策划并进行了一次全面的满意度问卷调查，收集了来自各层级员工的 150 份宝贵反馈。令人出乎意料的是，"工作待遇维度"的平均得分仅为 1.8 分（满分 5 分），这一结果显著低于预期。

为了深入挖掘这一低分背后的根源，李明迅速部署了更为细致的访谈计划，确保能够一对一倾听每位受访员工的真实心声。通过汇总与分析访谈资料，对比研究前期问卷调查的数据以及行业内外薪酬水平，一个清晰而严峻的问题浮现——公司现行的薪酬管理体系千疮百孔，具体表现为三大核心痛点：

一是市场竞争力不足。当前，公司员工的薪酬水平普遍位于市场 50 至 60 分位区间，虽略高于中位数，但竞争优势微弱，难以有效吸引并保留顶尖人才，长此以往恐将影响企业的整体竞争力。

二是公平性缺失。薪酬体系内部存在显著的"同工不同酬"现象，加之 Max90/Min10 比值过高（1.3~1.8），这意味着高绩效、高贡献员工的收入并未得到与其价值相匹配的回报，而普通员工与顶尖员工之间的收入差距过小，难以体现劳动价值的差异，严重挫伤了员工的工作积极性与忠诚度。

三是激励机制匮乏。薪酬结构中绩效奖金占比偏低，导致整体薪酬体系缺乏足够的激励性。员工收入以固定薪酬为主，缺乏灵活有效的激励机制，难以激发员工的内在动力与创造力，限制了企业整体绩效的进一步提升。

面对这一系列紧迫问题，李明和专项工作组着手制定从岗位评价开始到薪酬体系再设计工作的优化方案，重塑薪酬体系的竞争力、公平性与激励性，以便为公司的长远发展奠定坚实的人才基础。

（二）优化岗位价值体系，共筑双赢发展之路

专项工作组深入开展了全面的岗位评价与定级工作。此次评价严格遵循"岗位导向、普遍适用、标准统一、全员参与、结果公示"的核心原则，旨在精准衡量各岗位对于公司整体目标实现的贡献与价值。工作组创新性地融合了积分评估与强制排序两大科学方法，从七个关键维度——即岗位对组织战略的重要性、管理范畴的广度与深度、职责的复杂程度、问题解决的难度、能力要求的严格性、工作投入的努力水平，以及工作环境与潜在风险的考量，对公司内部技术、管理、服务营销三大领域共计 13 个核心职位进行了深入剖析与精准定位。基于宽带薪酬理论与行业实践的深入洞察，结合公司实际发展需求，为每一职位系列精心构建了五级（G1 至 G5）的阶梯式结构。对于普通岗位，保持适度的灵活性，通常设定三档薪酬区间；而对于关键岗位及高级管理层，则增设更多薪档，以更好地体现其独特价值与贡献。整体而言，这一设计构成了"五级二十档"的多元化薪酬框架，使得在不改变薪级的前提下，通过灵活调整薪档即可实现薪酬的有效激励与动态调整。为了更好地适应市场变化与人才发展需求，特别对技术、服务营销及管理三大核心职位类别进行了前瞻性规划，每类职位均向上增设一级，以拓宽员工的职业发展通道，激发其内在潜力与职业热情。同时，明确将公司的薪酬水平定位到行业标杆的 90 分位值，确保公司的薪酬策略能够持续吸引并留住行业内的优秀人才，超越主要竞争对手。此外，为了增强薪酬体系的灵活性与市场竞争力，为每个职位级别设计了薪酬档位的双向浮动机制，允许在特定情况下向上或向下调整一个薪档，以更好地匹配员工的实际表现，适

应市场环境的变化。同时，薪酬标准每两年根据市场行情进行调整，以保持薪酬体系的时效性与竞争力。

（三）明晰薪酬政策，强化信任基石

在管理职责与考核程序的构建与优化上，由人力资源管理部门主导测评编制与培训，确保考核与薪酬挂钩。职能部门参与测评与监督，行政部门策划考核现场与薪酬公示。薪酬制度编写经部门修订、会议讨论通过，职工代表参与反馈完善，确保公平透明与适应性。

将绩效考核分为工作态度与业务素质两部分。工作态度考核包括考勤、主动性和责任心，由测评领导组根据员工表现制定标准，确保新员工至少一年综合评估，工龄不足则灵活调整。业务素质考核则涵盖设备操作、安全知识及岗位基础，通过笔试、双述（现场分析与职责描述）和标准化操作考核来评估。考核标准由人力资源部门依据公司流程和手册制定，结果每月上报备案。此体系的目的在于促进持续学习与进步，明确员工发展方向，助力个人与组织目标实现。

提供个人绩效反馈是提升员工自我认知、促进成长及确保薪酬公正的关键环节。人力资源部门定期（如每季度或半年）进行绩效评估，以具体、客观的方式向员工反馈其工作表现，确保反馈内容与员工的工作目标和岗位职责紧密对应；同时，采用多样化的反馈方式（如面谈、书面报告等），以满足公司及员工的个性化需求。对于表现有待提升的员工，公司提供必要的支持和指导，帮助他们改进表现，从而提升整体工作满意度和忠诚度。

（四）薪酬结构优化：从"一刀切"到量身定制

为了有效解决公司薪酬制度目前存在平均主义的问题，工作组采用了多种薪酬策略，包括调和型薪酬策略、高固定型薪酬策略及高浮动型薪酬策略，并巧妙地将基本工资、员工福利、特殊津贴、短期激励与长期激励五大要素融入薪酬结构中。根据员工岗位特性的不同，灵活调整这五大薪酬组成部分的权重比例，旨在实现员工间薪酬分配的公正与合理。在构建薪酬体系时，首要任务是优化绩效考核制度，确保奖励机制紧密关联员工的实际工作绩效，而非简单地遵循平均主义原则分配奖金。此举旨在通过具体可见的奖励，激发员工的内在动力，鼓励其追求卓越表现。

同时，工作组在设计薪酬结构时，权衡了动力与稳定性之间的微妙关系。高固定型薪酬策略虽能为员工提供稳定的收入预期，增强职业安全感，

但其潜在的激励不足问题亦不容忽视。相比之下，高浮动型薪酬策略虽能显著提升激励效果，却可能因过大的收入差距引发员工间的不公平感，同时削弱薪酬体系的稳定性。因此，理想的薪酬结构应当是两者的巧妙融合，即调和型薪酬策略，既保持一定的稳定性，又不失灵活性与激励性。

针对财务、行政、人事等岗位，采用高固定型薪酬策略进行优化，旨在稳定员工收入预期，同时提升工作满意度与忠诚度。具体优化措施包括精简短期激励（如绩效工资），以及激励性较弱的交通与通信补贴，转而将节省的预算用于增设购房购车补贴等长期福利，以表彰工作完成度高的员工。此外，剩余预算将全部整合至年终奖中，确保在总薪酬预算不变的前提下，实现薪酬结构的优化调整，进一步增强薪酬体系的吸引力与稳定性。

针对基层管理人员与销售人员，采用高浮动型薪酬策略进行优化，即精简激励性较弱的固定补贴（如专业技术津贴、交通及通信补贴），同时重构薪酬结构，将基本工资的30%纳入绩效工资计算基数，以强化绩效与薪酬的直接关联。此举旨在通过明确的绩效标准与公正的评估机制，激发员工的积极性与创造力，促进销售业绩与客户满意度的双重提升，同时加强绩效反馈，助力员工个人成长与企业整体业绩的持续增长。

对于车间基层员工及仓储物流部等岗位人员，鉴于其工作性质既具有一定的稳定性，又需根据绩效进行适度调整，采用调和型薪酬策略进行优化。该策略旨在通过去除激励性较弱的专业技术津贴、交通补贴及通信补贴，并将基本工资的15%纳入绩效工资计算基数，来重构薪酬结构，使之既能保障员工的基本生活需求，又能根据工作绩效给予合理奖励。这样的调整不仅有助于提升员工的工作积极性与责任感，还能促进部门整体效能的提升。

四、 薪酬改革启新篇， 业绩腾飞映辉煌

HXM公司薪酬改革的深入实施，不仅显著改善了员工的薪酬福利状况，更为公司的整体业绩带来了质的飞跃。

从数据层面来看，改革后的第一年，公司员工的平均薪资增长率达到了前所未有的15%，远超行业平均水平。这一显著的增长，直接反映了新薪酬体系对员工付出的公正回报，有效缓解了基层员工（如生产线工人）面临的薪资压力，使得他们的生活质量得到了实质性的提升。同时，薪资结构的优化也使得不同岗位间的收入差距更加合理，减少了公司内部的不满情

绪，增强了团队的凝聚力。

在业绩方面，HXM 公司更是迎来了前所未有的增长高峰。改革实施后的首个财年，公司总营业收入实现了 20% 的同比增长，净利润率也提升了 5 个百分点。这一成绩的取得，离不开每一位员工在新薪酬体系激励下的积极贡献。技术人员在更加明确的薪酬激励下，重新找回了创新的热情，不断推出新产品和技术升级，为公司开拓了新的市场领域；销售人员则因提成比例的提高和限制条件的放宽，更加积极地开拓市场，销售额屡创新高。

如今，HXM 公司正站在新的历史起点上，以更加饱满的热情和坚定的信心，迈向更加辉煌的未来。薪酬改革的成功实施，不仅为公司解决了眼前的危机与挑战，更为公司的长远发展奠定了坚实的基础。

思考题

1. 在薪酬体系改革中，HXM 公司如何进行岗位评价与定级？

2. HXM 公司如何通过优化薪酬结构米解决不同岗位间薪酬差距问题？

案例二　力不从"薪"　——PL 公司薪酬困境下的员工动力缺失与应对策略

摘要：本教学案例聚焦 PL 公司在薪酬困境下所面临的员工动力缺失问题。薪酬制度不合理，导致 PL 公司员工士气低落，工作动力明显不足，进而影响公司整体业绩。案例深入分析了薪酬问题成因，包括成本压力、市场波动及激励机制缺失等，并探讨了通过改革薪酬体系、实施多元化激励策略等应对措施，以重振员工士气，激发工作动力，助力企业持续发展。本案例为企业管理者提供了宝贵的启示与参考。

关键词：薪酬困境；员工动力缺失；应对策略

一、引言

PL 公司曾是业界的一颗璀璨明星，以其创新的产品和高效的团队闻名遐迩。然而，随着市场环境的不断变化，公司逐渐陷入了发展瓶颈。2021 年的春天，对于 PL 公司而言，并非如春天般温暖明媚。公司内部，一股暗流悄然涌动——员工们对于薪酬的不满情绪日益高涨。

市场部的小张，一位入职三年的老员工，每天清晨总是第一个到达办公室，但最近，他的眼神中多了几分疲惫与无奈。"又是一天，这工资，真的值得我这么拼吗？"他心中暗自思量。午餐时间，小张与同事小李在休息区相遇，两人不约而同地叹了口气。

"小李，你最近怎么总是心不在焉的？"小张打破了沉默。

"哎，还不是因为钱的问题。你看看咱们这工资，别说跟行业标杆比了，就连新来的应届生都比我们高。"小李的话语中满是无奈。

小张深有同感地点了点头，两人相视一笑，那笑容背后却藏着无尽的苦涩。这一幕，只是PL公司薪酬困境的一个缩影。

二、 心声难诉薪酬苦， 动力缺失寻根源

随着小张和小李的对话在员工间传开，员工们开始私下议论纷纷，工作积极性大幅下降，昔日的高效团队变得人心涣散。

（一）薪酬不公，人心浮动

人力资源部总监王芳（化名），作为这场风暴的"前线指挥官"，倍感压力。她深知，薪酬不公是员工们最直接的痛点。在一次部门例会上，她向CEO李飞（化名）汇报了现状："李总，现在员工们普遍反映薪酬与工作量不成正比，尤其是老员工，他们觉得自己为公司付出了这么多，却得不到应有的回报。"

李飞眉头紧锁，他深知薪酬问题的严重性，但公司目前的财务状况并不允许大幅度提高薪酬。他叹了口气，对王芳说："王总监，这个问题我们必须解决，但也不能操之过急。我们需要找到一个既能激励员工又能控制成本的方案。"

（二）士气低落，效率下滑

市场部经理赵雷（化名）也感受到了薪酬问题带来的连锁反应。他注意到，最近团队的项目进度明显放缓，原本只需要一个月就能完成的项目，现在却拖拖拉拉地进行了两个月还没有结果。在一次项目复盘会上，他严厉地质问团队成员："为什么我们的效率会这么低？是不是都想着拿这点工资混日子了？"

团队成员面面相觑，无人应答。赵雷知道，自己的话可能有些过重，但

他也是心急如焚。他明白，如果再不改变现状，整个团队都有可能崩溃。

（三）沟通障碍，信任缺失

更让李飞担忧的是，薪酬问题还导致了公司与员工之间的信任危机。员工们觉得公司不重视他们的付出和贡献，而公司则觉得员工缺乏责任感和敬业精神。这种相互的误解和猜疑像一道无形的墙，隔阂了彼此的心。

一次偶然的机会，李飞在电梯里遇到了小张。他微笑着问小张："小张啊，最近工作怎么样？"

小张愣了一下，没想到 CEO 会主动关心自己。他犹豫了一下，还是鼓起勇气说："李总，其实我们都挺努力的，但有时候想想工资，就觉得……"

李飞听出了小张的言外之意，他拍了拍小张的肩膀说："小张啊，你的感受我理解。公司也在努力寻找解决方案。请相信我们一定会给大家一个满意的答复。"然而，这样的安慰并不能从根本上解决问题。员工们需要的是实际行动和结果，而不是空洞的承诺和安慰。

（四）成本控制与激励的博弈

面对薪酬困境，李飞和王芳等人进行了多次讨论，但每次都陷入了成本控制与激励平衡的困境。财务部总监刘伟（化名）坚决反对大幅度提高薪酬，他认为这会给公司带来沉重的财务负担，甚至可能导致资金链断裂。而王芳则坚持认为薪酬是激励员工最直接有效的方式，如果薪酬问题得不到解决，那么公司将很难留住人才，保持竞争力。

"我们不能只看眼前利益而忽视长远的发展。"王芳在一次会议上对刘伟说。"但我们也不能不顾及公司的实际情况啊。"刘伟反驳道。两人各执一词，互不相让，会议陷入了僵局。

三、 成本压力薪酬减， 市场波动策略偏

面对薪酬困境带来的重重挑战，PL 公司管理层决定采取一系列具体的行动措施来破解这一难题。

（一）成立薪酬改革小组

李飞决定成立一个由人力资源部、财务部、市场部等部门负责人组成的薪酬改革小组，负责全面梳理公司的薪酬体系并提出改革方案。他亲自担任组长并强调："这个小组的任务就是找到一种既能激励员工又能控制成本的

薪酬方案，我们要集思广益，共同努力。"

（二）深入调研，了解员工心声

薪酬改革小组成立后，王芳立即着手组织了一次全面的员工薪酬满意度调研。她设计了详细的问卷，涵盖了员工对当前薪酬水平的看法、对薪酬结构的建议，以及他们期望的激励方式等多个方面。为了确保调研结果的真实性和全面性，她还特意安排了多场面对面的访谈，直接听取员工的意见和建议。

在调研过程中，王芳发现员工们对于薪酬的不满不仅仅停留在数字，还有对薪酬体系的不透明、不公平及缺乏成长机会的不满。许多老员工表示，他们愿意与公司共同成长，但希望自己的付出能够得到相应的回报和认可；而新员工则更看重公司能否提供足够的培训和发展空间，帮助他们快速成长。

（三）设计多元化薪酬体系

基于调研结果，薪酬改革小组着手设计新的薪酬体系。他们摒弃了传统的单一薪酬模式，转而采用多元化薪酬体系，将基本工资、绩效奖金、股权激励、职业培训等多种激励方式相结合，以满足不同员工的需求和期望。

具体来说，他们提高了基本工资的竞争力，确保员工的基本生活需求得到满足；同时，设立了更为科学合理的绩效奖金制度，将员工的个人绩效与公司业绩紧密挂钩，激发员工的积极性和创造力。此外，他们还推出了股权激励计划，让优秀员工有机会成为公司的股东，分享公司发展的成果。他们还加大了对员工的职业培训投入，帮助员工提升职业技能和综合素质，为他们的职业发展铺平道路。

（四）公开透明，建立信任

为了确保新的薪酬体系能够得到员工的认可和支持，薪酬改革小组还特别注重公开透明原则的贯彻。他们通过内部会议、邮件通知、公司网站等多种渠道向全体员工详细介绍了新的薪酬体系的设计思路、具体内容和实施步骤，并耐心解答了员工们的疑问和关切。

同时，他们还建立了薪酬申诉机制，鼓励员工对薪酬问题提出自己的意见和建议。对于合理的申诉，他们会及时进行处理和调整；对于不合理的申诉，他们也会耐心解释和沟通，以消除员工的误解和疑虑。

通过这些措施的实施，PL公司逐渐建立起了与员工之间的信任关系。

员工们开始相信公司是真心实意地关心他们的利益和发展，而不仅仅是把他们当作赚钱的工具。

（五）强化沟通，凝聚共识

在薪酬改革的过程中，PL 公司管理层还特别注重与员工之间的沟通和交流。他们多次组织员工大会和座谈会，邀请员工代表参与讨论和决策过程，听取他们的意见和建议。同时，他们还通过内部通信、微信公众号等多种渠道向员工传递公司的战略目标和愿景，增强员工的归属感和使命感。

通过这些沟通和交流，PL 公司管理层成功地凝聚了员工的共识和力量。员工们开始理解并接受薪酬改革的必要性和紧迫性，他们纷纷表示愿意与公司同舟共济、共克时艰。

四、 改革薪酬激活力， 多元激励促发展

经过几个月的努力和奋斗，PL 公司的薪酬改革终于取得了显著的成效。新的薪酬体系不仅提高了员工的薪酬水平和满意度，还激发了员工的工作积极性和创造力。公司的业绩开始稳步回升，市场竞争力也得到了显著提升。

更重要的是，通过这次薪酬改革，PL 公司成功地建立起了与员工之间的信任关系，员工有了命运共同体意识。员工们开始更加珍惜自己的工作机会和职业发展平台，他们愿意为公司的发展贡献自己的智慧和力量。

如今在 PL 公司的办公室里，你可以感受到一种前所未有的活力和氛围。员工们面带微笑、充满激情地投入工作，他们相信只要大家齐心协力，就一定能够创造更加美好的未来。而这一切的改变都始于 PL 公司那次深刻的薪酬改革和员工不懈的努力与追求。

五、 薪酬改革启新程， 动力重燃映未来

在 PL 公司薪酬困境的波折与挑战中，员工们曾一度感受到"力不从薪"的沉重，但正是这份困境，激发了公司上下对于薪酬体系改革的深刻反思与坚定决心。随着一系列应对策略的逐步实施，从薪酬结构的优化到激励机制的创新，PL 公司的员工们重新找回了工作的热情与动力。

回望这段历程，CEO 李飞站在办公室的窗前，望着窗外渐渐西沉的夕阳，心中充满了感慨。他深知，每一次的变革都伴随着阵痛，但正是这些经历，让 PL 公司更加坚韧不拔，也让每一位员工更加珍惜眼前的工作与

团队。

如今，PL 公司的薪酬体系已焕然一新，它更加公平合理，也更具市场竞争力，有效激发了员工的积极性和创造力。李飞微笑着回想起那些加班加点的日子，那些激烈的讨论与碰撞，都化作了今日公司前进的动力。

"未来的路，或许还会遇到更多的风雨和挑战，"李飞心中暗想，"但只要我们保持这份对创新的执着，对员工的关怀，对市场的敏锐，就没有什么能够阻挡我们前进的脚步。"他轻轻拍了拍桌上的那份最新的薪酬改革报告，眼中闪烁着对未来的无限憧憬。

思考题

1. PL 公司面临的主要薪酬问题是什么？员工对此有何反应？
2. 薪酬改革小组采取了哪些具体措施来解决 PL 公司的薪酬问题？
3. 相比旧体系，新的薪酬体系主要有哪些改进？
4. PL 公司如何确保新的薪酬体系得到员工的认可和支持？
5. 薪酬改革后，PL 公司发生了哪些积极的变化？

案例三　千"薪"万苦——NH 公司员工流失引发的薪酬改革

摘要： 本案例聚焦于 NH 公司如何通过薪酬改革应对员工流失挑战。面对薪酬水平低与工作量大的双重压力，NH 公司采取了一系列针对性措施，包括提升底薪、强化绩效奖励、优化工作量分配等，成功稳定了员工队伍，提升了工作满意度。此案例不仅展示了薪酬管理的策略与方法，还强调了数据调研、持续反馈与优化在改革过程中的关键作用。通过本案例，学生可深入理解薪酬管理在人力资源管理中的核心地位及其对企业发展的深远影响。

关键词： 薪酬改革；员工流失；绩效激励

一、引言

在繁华与竞争并存的都市中，NH 公司曾是科技领域的一颗新星，其以创新的产品和前瞻性的战略，在行业内赢得了一席之地。然而，随着市场的快速变化和技术的日新月异，NH 公司逐渐感受到了前所未有的压力。在这场没有硝烟的战争中，人才成为决定胜负的关键因素。

然而，NH 公司却悄然面临着一场"人才危机"。近年来，公司的员工流失率持续攀升，尤其是那些掌握核心技术和拥有丰富经验的员工，纷纷选择离开，或转投竞争对手，或自主创业。这一现象不仅削弱了公司的技术实力和市场竞争力，更在员工中引发了恐慌和不安，影响了团队的稳定性和凝聚力。

李华（化名）作为 NH 公司的人力资源总监，是这场危机中最为焦虑的人之一。他深知，员工流失的背后隐藏着复杂的原因，但薪酬问题无疑是其中最为直接和敏感的一个。随着行业薪酬水平的不断攀升，NH 公司的薪酬体系却显得日益滞后和僵化，无法满足员工对于公平、合理薪酬的期望。

在李华的办公桌上，堆满了离职员工的报告和反馈，每一份都像是沉重的石头，压在他的心头。他开始反思，是什么让曾经充满活力和创造力的团队变得如此脆弱？是什么让那些曾经与公司共患难的员工选择了离开？

在深入调研和与员工交流的过程中，李华逐渐找到了答案。他发现，员工们对于薪酬的不满主要集中在三个方面：一是薪酬水平与市场脱节，缺乏竞争力；二是薪酬结构不合理，无法体现员工的价值和贡献；三是福利待遇单一，无法满足员工多样化的需求。

面对这些问题，李华深知，薪酬改革已经迫在眉睫。他必须带领团队，打破现有的薪酬体系框架，建立一套更加科学、合理、具有竞争力的薪酬管理制度，以吸引和留住优秀人才，为公司的长远发展奠定坚实的人才基础。于是，一场关于薪酬改革的战役在 NH 公司悄然拉开序幕。

二、 流失之痛， 薪酬之殇

2023 年 6 月，一个阴雨绵绵的下午，NH 公司的办公区笼罩在一片低沉的氛围之中。李华坐在自己的办公室里，手中紧握着一份最新的员工流失分析报告，眉头紧锁。报告上的数字触目惊心，尤其是技术部和销售部这两个核心部门的流失率，已经达到了前所未有的高度。

就在这时，一阵急促的敲门声打断了他的思绪。技术部的骨干员工赵工（化名），一脸凝重地站在门外。

"李总，我……我有些话想跟您说。"赵工的声音中带着一丝犹豫。

李华示意他坐下，心中已隐约猜到了几分来意。

"赵工，是不是关于薪酬的问题？你放心，我们已经在关注这个问题了。"李华尽量让自己的语气显得平和而诚恳。

赵工叹了口气，缓缓说道："李总，我不是来抱怨的。我在 NH 公司待了六年，从一名普通工程师成长为现在的项目负责人，这里有我太多的汗水和回忆。但是，最近我发现，我的薪酬水平不仅远低于行业平均水平，甚至还不如一些新入职的同事。这让我很困惑，也很失落。"

李华点点头，表示理解："赵工，你的能力和贡献我们都看在眼里。但你也知道，公司的薪酬体系一直比较保守，改革起来并不容易。不过，请相信，我们正在积极寻找解决方案。"

"我理解公司的难处，"赵工继续说道，"但我也希望公司能理解我们的处境。在这个行业里，人才流动是很正常的现象。如果我们不能提供具有竞争力的薪酬，就很难留住像我这样的老员工，更别提吸引新的人才加入了。"

这时，销售部的小刘也推门而入，显然是被刚才的对话吸引了注意力。"李总，赵工说得没错。我们销售部也是一样，业绩压力本来就大，如果薪酬再跟不上，谁还愿意拼命冲业绩呢？"

李华看着眼前这两位忠诚而又无奈的员工，心中五味杂陈。他意识到，薪酬问题已经不再是一个简单的数字游戏，而是关乎公司的未来和员工的信任与忠诚。

"你们说得对，"李华站起身，目光坚定，"薪酬问题必须解决，而且必须尽快解决。我会向公司高层汇报这个情况，并推动薪酬改革的进程。同时，我也希望你们能继续支持公司的工作，共同渡过这个难关。"

赵工和小刘相视一笑，虽然心中仍有疑虑，但李华的态度让他们看到了希望。"李总，我们相信你。希望这次薪酬改革能够真正改变现状，让我们这些老员工也能感受到公司的关怀和尊重。"

两位员工离去后，李华重新坐回办公桌前，他精心准备了一份详尽的报告，详细阐述了员工的不满及其对公司业绩的潜在影响。他满怀信心地将这份报告提交给了公司高层，期待能得到足够的重视和支持。然而初次的汇报并未引起高层的足够警觉。他们认为薪酬问题只是众多内部管理问题中的一个"小插曲"，不足以对公司造成实质性影响。于是，这个问题被暂时搁置，没有得到应有的重视和解决。

三、 漠视薪酬隐疾， 终酿业绩苦果

随着时间的推移，薪酬问题如同滚雪球般越积越大，其负面影响引发了连锁反应，让公司陷入了前所未有的困境。

员工们的工作热情逐渐消退，曾经那份对技术创新的执着追求和对公司未来的美好憧憬，在现实的薪酬差距面前变得黯淡无光。他们的积极性和创造力大幅下降，原本充满活力和创新的工作氛围变得沉闷而压抑。项目进展缓慢，创新成果稀少，公司的核心竞争力开始受到质疑。

团队间的合作也受到了严重影响。由于薪酬不公，员工之间开始产生隔阂和猜疑，信任和默契逐渐消失。团队会议变成了互相推诿和指责的场所，原本团结和睦、携手共进的伙伴关系变得脆弱不堪。这不仅影响了工作效率，更破坏了公司内部的和谐与稳定。

一些核心员工开始纷纷离职。这些员工是公司宝贵的财富，他们拥有专业的技能、丰富的经验和深厚的行业洞察力。然而，由于看不到职业发展的前景和满意的回报，他们选择离开，寻找更加适合自己的发展平台。这些核心员工的流失不仅削弱了公司的技术实力和市场竞争力，还带走了宝贵的客户资源和市场信息，给公司带来了巨大的损失。

而这一切的连锁反应最终都反映在了公司的财务报表上。公司销售额开始严重下降，客户订单减少，市场份额被竞争对手逐步蚕食。曾经引以为傲的业绩增长曲线如今却呈现出下滑的趋势，让公司高层感到前所未有的压力和焦虑。

面对一系列的危机和挑战，公司高层终于意识到薪酬问题的严重性。他们开始重新审视自己的管理理念和决策过程，并决定采取果断措施来解决这一问题。他们授权给李华，让他全权负责薪酬体系的改革工作，并承诺将全力支持他的工作。

四、 改革破冰， 薪火重燃

（一）深入调研，明确问题

李华组织了一支由人力资源部、财务部及各部门代表组成的调研小组，开始了一场全面而深入的调研之旅。通过问卷调查、一对一访谈、市场薪酬数据对比等多种方式，调研小组逐渐勾勒出了问题的全貌。

"我们的薪酬水平确实远低于行业平均水平。"财务部的张经理在调研总结会上直言不讳，"而员工的工作量却远超行业标准，这种不平衡是导致员工流失的主要原因。"

（二）精心策划，制定方案

基于调研结果，李华带领团队开始制定薪酬改革方案。他们决定从两个方面入手：一是提升薪酬水平，二是优化工作量分配。

在提升薪酬水平方面，他们提出了"底薪+绩效+年终奖"的薪酬结构，其中底薪根据市场水平进行调整，确保员工的基本生活需求得到满足；绩效奖金则与员工的工作表现直接挂钩，鼓励员工积极贡献；年终奖则作为年度表彰，奖励那些为公司做出突出贡献的员工。

在优化工作量分配方面，他们引入了"工作量评估与调整机制"，定期对各部门、各岗位的工作量进行评估，确保工作量分配合理，避免员工过度劳累。同时，他们还鼓励跨部门协作，通过团队协作来分担工作压力，提高工作效率。

（三）稳步推进，实施改革

方案制订完毕后，李华带领团队开始稳步推进薪酬改革。他们首先与各部门负责人进行沟通，确保每个人都了解改革的目的、内容和步骤。然后，他们开始逐一实施各项改革措施。

在提升薪酬水平方面，他们根据市场薪酬数据，对员工的底薪进行了全面调整，确保每位员工的底薪都能达到或超过行业平均水平。同时，他们还完善了绩效考核体系，确保绩效奖金的发放公平、公正、透明。

在优化工作量分配方面，他们启动了工作量评估与调整机制，对各部门、各岗位的工作量进行了全面梳理和评估。对于工作量过大的岗位，他们及时招聘新员工或调整工作流程以减轻负担；对于工作量不足的岗位，则通过培训提升员工技能或调整岗位职责来充分利用人力资源。

（四）反馈调整，持续优化

薪酬改革实施后，李华并没有停下脚步。他深知改革是一个持续的过程，需要不断地反馈和调整才能不断完善。因此，他定期组织员工座谈会，听取员工对改革效果的反馈和建议。

"我觉得现在的薪酬水平比以前好多了，工作也更有动力了。"一位老员工在座谈会上说。

"但是，我觉得工作量评估还需要更加精准一些。"另一位员工则提出了自己的建议。

针对员工的反馈和建议，李华带领团队进行了深入的分析和研究，并及时对改革方案进行了调整和优化。他们不断优化工作量评估机制，确保评估结果更加准确、公正；同时，他们还制订了员工培训和发展计划，帮助员工提升技能和职业素养，以更好地适应公司的发展需求。

五、 实施策略， 成效斐然

经过几个月的努力和奋斗，NH公司的薪酬改革终于取得了显著的成效：员工流失率大幅下降，新员工入职率攀升；员工的工作积极性和满意度显著提升；公司的整体业绩也实现了稳步增长。

站在公司的窗前，李华望着窗外明媚的阳光和忙碌而有序的景象，心中十分欣慰和自豪。他知道这场千"薪"万苦的薪酬改革虽然艰难重重，但最终为公司和员工带来了希望和未来。他相信在未来的日子里，只要他们继续携手并进、共同努力，NH公司的明天一定会更加美好。

思考题

1. NH公司员工流失的主要原因是什么？

2. 在薪酬改革过程中，NH公司采取了哪些具体措施来提升薪酬水平？

3. NH公司如何优化工作量分配以缓解员工压力？

4. 薪酬改革实施后，NH公司取得了哪些显著的成效？

5. 在薪酬改革过程中，NH公司如何确保改革方案的公平性和透明度？

第七章　员工关系管理

案例一　DDH 公司员工关系管理实践

摘要：DHH 公司是一家小白杏深加工企业，员工关系经历了初创阶段的家文化管理模式、快速发展阶段的制度化员工关系管理模式和变革发展阶段的精细化员工管理模式三个阶段。面对新生代员工，公司通过帮助员工进行职业生涯规划、开展深入沟通、加强员工自我管理、建立劳动关系促进委员会等方式让员工增强对公司的认同感，这一员工管理制度对于稳定新员工有较好的作用，但也给管理者带来了困惑。

关键词：员工关系；新生代员工；员工稳定

一、引言

2024 年 7 月 15 日，DDH 公司的董事长刘辉（化名）看到人事总监秦立（化名）正在为公司新进员工安排岗前培训，看着这批年轻的面孔，他的脸上写满了期待。同时，看着秦立这位得力干将，他也很有成就感。当年初进公司时，秦立并没有打算长期地干下去，是刘辉的鼓励给了他留下来的决心。如今，秦立作为老员工已经深谙企业管理之道和用人之法，他用独特的员工关系管理为企业留住新生代员工。但最近，他开始听到不少管理者抱怨，员工关系管理耗费过多精力，给企业增加了很多负担。

二、 DDH 公司简介

（一）公司简介

DDH 公司是一家民营企业，成立于 2011 年 4 月，所有产品均以新疆轮台县小白杏为原料，采用自主创新的国家发明专利技术精制而成，填补了国内高档杏产品的空白。十几年来，公司一直处于稳步发展的状态，人员数量从初创时的 13 人发展为如今的 100 余人。公司拥有发明专利 7 项，外观专利 2 项，实用新型专利 12 项，著作权 3 项，拥有独特的生产工艺，是国家高新技术企业、新疆维吾尔自治区农业产业化重点龙头企业、新疆维吾尔自治区食品质量协会常务理事单位。

（二）公司文化

传承杏林文化：DDH 公司秉承了中医文化中杏林的传统，以杏子为原材料，进行药食同源有机食品的研发和生产。

践行民族健康理念：DDH 公司致力于通过现代科技手段，将传统中医文化与现代健康理念相结合，为消费者提供健康、安全的产品。

注重科技创新：DDH 公司注重科技创新，拥有以胞液重组细胞抗原蛋白肽技术为核心的八条国际标准高科技加工工艺生产线，以及三十万级净化包装车间。

履行社会责任：DDH 公司通过联结农户、带动农户致富等方式，推动农业产业化经营，带动农民致富。

三、 员工关系管理的三个阶段

DDH 公司的员工关系管理随着企业的发展阶段而不断变换，大体可以分为三个阶段：

第一阶段：2011—2013 年，初创阶段，家文化的管理模式。

第二阶段：2014—2019 年，快速发展阶段，通过建章立制完善员工关系管理。

第三阶段：2020 年至今，变革发展阶段，精细化的员工管理。

（一）创业期家文化的管理模式

2009 年，从东北辽宁来的刘辉走过平原，穿过草地，一路向西寻找他心底的宝贝，眼前一片片杏林深深地吸引了他，使他的脚步停留在了新疆轮台县这片热土上。史书记载早在汉代，新疆轮台县就开始种植杏树，出产的珍珠玫瑰小白杏，因其当地得天独厚的光热水土条件，表现出极为优异的特质，如今当地已建成20余万亩的小白杏种植基地。

在刘辉创业初期，员工关系较为简单。据他回忆，由于当时公司地址在轮台县的镇上，招聘员工很困难，创业初期办公条件相对有限，他只能到一些中专院校去招聘一些食品、检验、行政等专业的学生，第一批员工中就招到了秦立。前期虽艰苦，公司的员工经常一起加班，刘辉会像老大哥一样辛勤地培养这批刚毕业的学生。工资水平在同行业中虽然不占优势，但是在能力许可的范围内，刘辉会送他们外出学习，学习食品生产工艺的流程、参加食品检验培训，鼓励他们积极考取质检员资格证书等。刘辉与大家同吃同住，经常也是在田间地头采收杏子，在生产车间一线烘烤杏干，在质量保证（QA）部门抽检产品，在各大商超、干果店等推销一线产品，在工厂中他没有领导的架子与排面，充分尊重员工、信任大家。

后来，公司业务日益繁忙，公司的行政和人事工作全权交给了秦立，这让秦立十分惶恐，他说："刘总，我才来公司不久，对于公司的业务也才刚刚熟悉，让我去管整个行政和人事工作，我怕自己不行，还是您给我安排工作吧。"刘辉说："你要试着去做决定，不要着急否定自己，做做看，一定可以的。"就是这样的信任，让中专毕业的秦立把公司当成自己的"第二个家"，勤勤恳恳地跟着刘总工作。在创业初期的几年间，公司主要采取直线制的管理方式，层级较少，大家沟通起来方便顺畅，工作效率也很高。经常能够看到刘辉和大家一起讨论问题，公开征求大家意见，对于如何延伸产品的产业链、如何更好地拓展市场，大家总能集思广益，碰撞出新的想法。讨论完的事情大家也能很快执行，不需要额外的催促和监督，遇上节假日大家还会经常一起旅游、聚会。刘辉坚信能一起奋斗、一起干事的都是家人。

（二）快速发展阶段的员工关系管理

伴随着物流的发展，2014年DDH公司的业务迎来了前所未有的好时机，员工人数由50余人发展到300余人。秦立感觉到公司的人事管理单纯地依靠前期的家族式管理已经无法满足企业的运行所需。一方面，小白杏种植与当地农户的合作之间缺乏合同约束和专人管理，导致后期生产杏干、蛋白粉、杏仁油等深加工产品原材料的紧缺；另一方面，生产车间的普通工人人数激增，大家对于生产流程和安全注意事项缺乏基本的认识，经常出现生产设备损坏的现象，人员培训迫在眉睫。此外，市场销售额的激增使得大家对于传统的绩效分配产生了较大的分歧，团队执行效率有待提升。秦立将种种现象多次向刘总进行汇报，希望他能改变管理方式。刘总在取得了中国人民大学工商管理硕士（MBA）学位之后，他意识到随着员工队伍迅速扩大，单纯依靠领导者"师徒传帮带"的方式已经无法跟上企业发展的脚步。他开始注重规章制度的建立，从公司整体的发展规划、人事制度、财务制度、生产制度、销售制度等多方面建立完善的制度，并安排人力资源部门分批次、分场次地对公司新建制度进行宣讲，要求员工分享自身心得，不断完善制度缺陷，进而使得员工充分了解并践行规章制度，逐渐形成从公司高层领导到普通员工都按章办事的风气。他还聘请行业专家对企业员工进行管理培训，不断打造学习型组织。"虽然公司的业务比较多，人员管理工作量也比之前大很多，但是能够不断地提升自身，我觉得是非常有意义的"，秦立说，"在刘总的影响下，我也积极地考取人力资源管理师的证书，攻读 MBA 学位，不断地积累专业知识"。

在接触了较多的企业家后，DDH 公司在 2016 年针对管理层引入 KPI 绩效管理，前期人家对这个普遍持反对态度，对于考核和业绩挂钩的方式表示担忧。在 KPI 绩效管理试行的第一个季度中，大家为了不被扣除奖金，都表现出极大的工作热情，看到整体形势向好时，这更坚定了刘总在全公司推行 KPI 绩效管理的想法。由于公司的地理位置较为偏僻，对吸引和留住优秀员工有一定的影响。企业要发展，最终还是依靠人才，我们不能让员工没有幸福感，要不断地稳定和提升其薪酬水平，鼓励他们多劳多得、优劳优得。因此，公司的人力资源部开始走进工人的工作岗位，经过多次的调研和与工人的深入访谈，编制出符合公司实际的考核指标，同时不断地鼓励员工参与到部门的管理事务工作中来。

在一次公司的例会上，刘总让大家谈谈对于 KPI 执行过程中的一些看法，生产部的王经理说："我们是通过茶话会的方式征求了大家的意见，大家起初有点担忧，但看到指标整体对于自身提高薪酬待遇有较大帮助时，大家表示可以先尝试一下"。销售部的李总说："我们部门从隔壁企业跳槽到咱们公司的员工反映，大家对于团队 KPI 和个人 KPI 的做法表示认可，避免了单纯追求个人绩效而造成员工关系紧张的局面，也能够形成合力，加强彼此之间的协作与配合，对于目前定的销售任务量，大家建议根据市场行情的变化而适度调整。"王经理补充道："是的，KPI 的实行使得员工的工作更加量化，这就更需要我们对于员工的培训、示范、沟通更加全面，不能说有了指标就以罚代管"。随后，大家你一言我一语，纷纷表达了自身的观点。

刘总在听完大家的意见后说："推行 KPI 考核要求各级管理者要转变自身管理方式，我们既要依靠制度来保障管理，又要注重深入基层，倾听职工心声，维护好员工关系。"

这次会议后，DDH 公司在原有的制度基础上推出了一系列人性化管理制度，避免大家只注重考核不注重意见反馈的情况。例如，注重沟通，在公司建立月例会制度，每个部门可自由选择开会方式，建立与员工的紧密联系，征求员工意见并汇总到人力资源部；推行合理建议奖金制度，及时听取和吸收员工提出的建议，根据建议的价值提供不同的奖金；设立总经理信箱，开通企业微信，便于员工及时与领导取得联系，反馈意见，对于员工反馈的问题，按照职责分工安排落实并在三个工作日向总经理汇报进度。这一系列的改革，使得原来家族式的管理转变为制度化的管理，在某种程度上维护了员工之间的良好关系。

（三）变革发展阶段精细化的员工管理

新冠疫情期间，DDH 公司的发展业务进入相对比较困难的时期，整个经济环境下行给企业的发展带来了严重的影响，员工整体的收入水平也大幅下降，部分员工纷纷选择离职。为寻求新的发展道路，公司逐步探讨销售方式的转变，从传统的线下销售走向直播带货，虽然疫情期间无法进行物流运输，但是通过直播的方式，更多人知道公司生产杏核、蛋白粉、化妆品等产品，更多了解到公司的"杏林文化"。随着疫情的结束，公司线上产品的成交量也开始大幅上升。

为了更加顺应市场需求，DDH 公司在 2023 年新进一批"00 后"员工，如何准确把握新生代员工的思想和需求呢？刘总通过座谈会、个别交流等方式加强与员工的沟通，他发现，现在的员工不像过去的"80 后"员工对领导唯命是从，也不像经历过洗礼的"90 后"，他们更多的是强调个人观点是否能够得到满足，对于工作表现得更加"佛系"，员工的"忠诚度"也逐渐降低，部分新进员工在工作一周后选择离职，原因竟然是"这个工作不好玩""这里的领导总是爱发布命令"等，这让刘总意识到公司要实现转型升级，就必须准确把握新生代员工的心理，保持员工队伍的相对稳定性。刘总对秦立说，前期我们强调的是"规范化管理"，现在我们更应该认识到"管理是为了更好地服务员工"这一理念。为此，他们对现行制度进行重新修订和完善。

1. 认真做好员工职业生涯规划，打通晋升渠道

DDH 公司开始对员工进行职业生涯规划，从注重外部招聘转为鼓励员工内部晋升，让员工感受到职业发展的前景。2023—2024 年，公司 90% 以上的员工都是自己培养的，对于推荐晋升的员工实行民主评议，力求做到全方位测评，保证公平、公正。公司指导员工认真思考自身的职业生涯规划，为员工提供更多的岗位支持，使其能够有清晰的晋升渠道，让员工觉得工作有未来。

2. 深入开展员工关怀，增强归属感

DDH 公司对于新进员工开展面谈，公司的总经理对员工进行沟通会，宣讲公司的企业文化，听取员工心声，组织员工讨论并提出工作期望；中层领导在员工入职一个月内对员工进行慰问，了解新员工工作中存在的困难和诉求，并妥善解决；基层管理人员对新入职员工进行单独沟通，每月随机沟通 2~3 名员工，并做好记录，及时了解员工心理状态，帮助其尽快适应新的工作岗位，增强其对公司的认同感。

3. 加强员工自我管理，鼓励自主学习

随着员工年龄层的变化，刘总为了加强员工之间协作与沟通，建立了员工自我管理制度。由员工推选产生 7 名委员成立员工管理委员会，对 DDH 公司的食堂、住宿、工作场所等进行监督，鼓励员工形成学习团队，促进不同工种员工进行交流，使员工更加全面了解企业的生产、运行和管理工作。原则上公司不干预委员会内部组织的活动，起初刘总还担心大家的参与度不高，没想到员工的积极性很高，新生代员工与老员工之间形成了良好的互动关系。

4. 建立劳动关系促进委员会，协调员工关系

DDH 公司组建了劳动关系促进委员会，作为劳企沟通的主管部门。委员会的主任由常务副总经理担任，委员中有管理部门的代表和普通员工的代表，负责公司内部的劳资纠纷，承担公司的员工满意度调查、离职调查等工作。

通过精细化的管理，"服务者"的管理理念逐步形成，员工的满意度不断提高，整体队伍的稳定性也不断增强。虽然公司整体的员工关系越来越和谐，但是管理者们的抱怨声越来越大，"公司自从取消了罚款制度，出现问题后只有我们这些人苦口婆心地去沟通"，生产部的王经理一边叹气一边说，"上班时我们不仅要做好自己的本职工作，还要带着年轻人成长，还要经常抽空去进行沟通和面谈，还要制定考核指标，压力太大了"。

刘总为了公司未来发展积极推行"认养杏树"活动，忙得焦头烂额，想起中基层管理者的抱怨，他也深表理解。实际上，他也经常穿梭在员工工作岗位、活动现场等，开展员工沟通和面谈活动。如何解决目前存在的难题，建立一支稳定的员工团队，是摆在刘总和秦立面前新的问题。

思考题

1. DDH 公司在员工关系管理的三个发展阶段中，分别采取了哪些主要措施？每个阶段的特点是什么？

2. 在公司快速发展阶段，DDH 公司引入 KPI 绩效管理系统时遇到了哪些挑战？公司如何应对这些挑战并改善员工关系？

3. 在精细化员工管理阶段，DDH 公司为了适应新生代员工的需求，采取了哪些具体措施？这些措施的效果如何，又带来了什么新的问题？

案例二　员工至上，利润共享
——胖东来集团的经营哲学

摘要： 胖东来，不仅是超市界的龙头企业，更是河南许昌人的一张明信片。一个本地超市能开成"网红景点"，这离不开创始人于东来的悉心经营与指导。作为胖东来集团的灵魂人物，创始人于东来在公司的发展和运营方面发挥着重要的作用，他以开放、平等、亲和的领导风格闻名于业内。于东来注重员工的发展，为胖东来集团树立了良好的员工关系范例。2024 年 2 月 15 日，有消费者在社交平台上发布了一段视频，将胖东来推向了风口浪尖。本案例以胖东来集团"食品安全风波"事件的成功化解，展示了胖东来集团在员工关系管理方面的成功实践，通过分析胖东来集团的企业文化及员工关系管理，来了解胖东来集团的经营哲学。

关键词：胖东来；企业文化；员工激励

一、 引言

许昌市胖东来商贸集团有限公司（以下简称"胖东来"）作为零售行业的传奇，备受称赞，在千万顾客心中树立了口碑。2024 年 2 月 15 日，有消费者拍到在胖东来许昌时代广场美食城小火锅员工在吃过面条后，将吃过面条的筷子放进锅中搅拌面。厨师试吃的做法虽然在很多地方是常规操作，只可惜"尝面"事件发生在名气响当当的胖东来，那就不是普通的常规操作了，而是在挑衅食品安全的底线。2 月 16 日，胖东来立即对当事员工解除劳动合同，其部门主管也受到相应处罚。然而，该通报却引发网友关注，不少人认为，因为此事解聘这名员工过于严厉，违背了胖东来的企业文化理念。

此事件在网络发酵后，胖东来的企业品牌形象受到了一定影响，迅速安排集团管理委员会，启动"民主合议庭"重新审议、决议此次事件，并展开对公司各项管理制度标准的讨论，形成一个更科学、更人性化的制度标准。2 月 19 日下午，胖东来通过民主合议庭的形式，本着公平公正的原则，重新决议对"尝面"员工的处理。经现场研讨，最终从四组处理方案中，共同研讨出 2 个投票方案。第一个方案：员工按照严重违纪解除劳动合同，对其进行安慰补偿；主管维持原处理结果；火锅档口关停。第二个方案：员工降学习期三个月，调离本岗位，转岗为非食品加工岗位；主管维持原处理结果；火锅档口关停。经投票，方案一支持票数 6 票，方案二支持票数 11 票，因此最终决议结果为方案二。当事员工学习期三个月，调离本岗位，转岗为非食品加工岗位；相关主管降一级三个月；火锅档口关停。

通过民主合议庭现场投票，胖东来从开除"尝面"员工改为岗位调整，允许其继续留在公司工作。这一转变体现了胖东来在处理内部事件时的透明度和民主性，也展示了其对员工和食品安全的双重关注。胖东来在处理"吃面事件"时，展现了其企业文化的核心价值，即公平与公正，同时强调食品安全与员工关系管理的双重考量。

二、 公司背景介绍

许昌市胖东来商贸集团有限公司，总部位于河南省许昌市，创建于

1995 年 3 月，是河南省四方联采成员之一，河南商界具有知名度、美誉度的商业零售企业巨头，现任董事长兼法定代表人为于东来。在许昌市，胖东来不仅有时代广场和生活广场两家大型购物中心，还开设电器城、服饰百货店和几家连锁超市。时代广场定位于高端市场，生活广场定位于中端市场，大众服饰百货则定位于低端市场，由此，胖东来的商品从珠宝到医药，从手机家电到蔬菜生鲜，从电影院到书店，从服饰鞋帽到餐饮小吃，所有普通老百姓的吃穿用和娱乐需求，一应俱全、一概满足，覆盖高、中、低全部的细分市场，被誉为"中国商超界的天花板"。

胖东来超市的成功，主要归功于其独特的经营理念。其以无可挑剔的服务态度和"不满意就退货"的经营理念，吸引了大量消费者，顾客可以更加放心地购买商品，如果不满意，可以随时退货。胖东来集团主体业务是超市，下属的子公司有电器公司、食品公司、药业连锁公司、珠宝公司等，最大程度避免了人员、品牌和资金的损耗，降低管理成本，提升了经营效率。

胖东来发展至今，在许昌市、新乡市等城市拥有 30 多家连锁店，员工人数超过 7 000 人，为当地创造了大量的就业机会，而且员工的收入普遍高于同行业，这不仅提高了员工及其家庭的生活水平，也带动了当地消费的增长。胖东来积极履行社会责任，参与社会公益事业，通过多种方式和项目进行公益活动，关注环境保护、教育支持、灾害救助等领域。胖东来积极履行社会责任不仅提升了公司的形象和声誉，更增强了员工对公司的归属感和荣誉感。

三、 崇尚自由的创始人——于东来

胖东来集团创始人——于东来，河南许昌人，中学毕业后做过售卖电影票、花生、冰棍等工作，后来家人劝说他开了一家超市，开辟了发家致富的道路。于东来信奉独立之人格与自由精神，他曾说："不信仰宗教，但我信仰善良、幸福和快乐。心里没有顾客，供什么财神都是无用的。"1995 年，于东来开了一家糖烟酒小店——望月楼胖子店，其凭借着朴实的做人准则，"用真品，换真心"的承诺收获了很多忠实顾客，并通过复制经营模式开了第二家、第三家店，后来成立了许昌市胖东来商贸集团有限公司。1998 年，胖东来购物中心被当地小混混报复，故意纵火，造成 8 人在火灾中遇难，几乎赔光所有积蓄，但于东来坚持重新开业，并陆续开设新店。1999 年，胖

东来在许昌引入量贩业态，成为当地人心目中的"良心企业"，其品牌影响力迅速扩大，吸引了大量忠实顾客。

胖东来的成功模式也引起了业界的广泛关注和学习，成为众多企业争相效仿的典范。创始人于东来把自己、员工和顾客都当作"人"来看待，强调真诚和善良的重要性。他坚信自由和爱可以带给人们幸福，言行举止中充满了对生活的热爱。于东来的家国情怀也为人所称道。1996年赚到钱后，他带着2万元从河南远赴北京捐给国家造航母；2003年非典期间，他捐款800万元；2008年汶川地震，他捐款捐物近千万；2020年，他为武汉市红十字会捐款5 000万元。他的善举体现了他的社会责任感和大爱精神。

在管理上，于东来实行了一系列让人称奇的措施，如把九成以上的利润分给员工，明令禁止员工加班，设立"委屈奖"，接受无理由退货等，这些举措让胖东来成为中国零售企业中的一个"另类"，反映了他对员工的关爱和对顾客的尊重。2023年6月15日、16日，胖东来董事长于东来首次通过舞台对话的方式亮相，宣布退休。于东来的个人魅力不仅影响了胖东来集团内部的企业文化，也对整个行业产生了积极的影响，成为许多年轻企业家和管理者的楷模，展示了一个成功企业家兼领导者应该具备的品质和能力。

四、企业文化

（一）开放创新

于东来强调"真诚、友爱、奉献、快乐"的企业精神，鼓励员工之间建立深厚的友谊和信任关系，共同营造一个温馨、和谐的工作环境。在胖东来，员工之间不分彼此，相互帮助，共同进步，管理层更是以身作则，深入一线，与员工同吃同住同劳动，真正做到了与员工心连心、共命运。公司通过设定具体的目标和奖励机制，激励员工努力工作，追求卓越的业绩。作为零售业的代表，胖东来首先提出每个门店在周二统一闭店休息，并在春节期间闭店五天，虽然短期内减少了营业时间，但长期来看，有助于员工更好地调整工作状态，减少职业倦怠感。这种企业文化提升了员工的归属感和幸福感，平衡了员工的工作与生活。

（二）客户至上

胖东来坚持以客户为中心的原则，在服务质量和体验上不断追求卓越。公司鼓励员工积极倾听客户需求，并不断改进产品和服务，以满足客户的期望。商超门口，胖东来集团不仅为顾客设置了带有凉棚和饮水机的宠物临时存放处，甚至还为路过的环卫工人设置了爱心驿站，可以 24 小时提供开水和温开水。胖东来超市每盒水果都按照甜度贴上标签，买海鲜时一定控干水分后再称重，每一个商品都会标明产地与进货价，利润透明。

此外，商超内还配置免费电竞区，母婴区的湿巾都是恒温加热的。胖东来公司坚持贯彻"不满意就退货"的经营理念，就算是三年前买的被单，拆封后发现一个小问题，都可以退换。在胖东来，顾客的需求永远被放在首位，无数的细节都在传递着他们的用心，哪怕每一个路过时代广场的人都可以享受到胖东来的服务。恰恰是这些超乎常理的举动，为胖东来积累了难以撼动的用户口碑和忠诚度。

（三）自由快乐

胖东来认为自身存在的意义和价值，绝不单纯是为了做企业、满足自己的生存需求，而是通过企业的载体和平台，像学校一样量力而行地分享、传播与践行先进的文化理念和先进的生活方式。企业真正的成就是，培养员工阳光、快乐、自信的生命状态，鼓励员工在遵守公司规章制度的前提下，拥有思想自由、表达自由和创新自由，促进创意的碰撞与融合。胖东来企业文化中所提及的快乐并非令员工强颜欢笑的苍白口号，相比之下，这里的"快乐"二字更像是一种真诚的希望和善意的提醒，希望员工在工作中帮助自己的顾客和同事，并从中获取、创造和分享快乐，将快乐作为工作的一部分，通过团队建设、文化活动等方式，营造轻松愉悦的工作氛围，让员工在享受工作的同时实现个人价值。

（四）公平公正

胖东来注重建立公平和公正的工作环境。公司鼓励员工遵守道德和伦理规范，提供公平的晋升机会和薪酬体系，激发员工的发展动力。胖东来对"吃面风波"处理结果的调整，挽回了一个老员工的就业岗位，较好地体现了"惩戒与教育相结合""过错与处分相适应"的原则，既凸显公司正视自身不足、严格执行食品安全标准的决心，又不失管理的温度，彰显包容关爱员工的企业文化，值得赞赏和借鉴。

五、 员工关系管理

（一）尊重包容，温暖人心

消费者和员工的态度，决定着一家企业的高度。无论是企业还是个人，想要长久走下去，首先要有直面问题的勇气和承担责任的底气，有原则，更有人情味。胖东来对顾客的好，不是毫无底线的，它的底线就是员工的尊严和体面。有网友曾在网上发布了一条因哄抢折扣商品的人太多，员工没有及时疏导，导致顾客产生误解后，言辞激烈的呵斥、辱骂员工的视频，被刷上热搜。事件一发生，胖东来就立刻成立调查组，进行了两次内部调查，并就这场纠纷出具了长达 8 页的调查报告。从起因、经过到调查结果，事无巨细，结合监控、谈话等一系列手段，最后展现的处理结果，更是让人挑不出毛病。胖东来尊重顾客，但绝不以贬低员工人格为代价。顾客如果不满意可以通过特有的渠道投诉，但不能在现场对员工大声呵斥，这是非常伤害人格以及尊严的行为。

公司最终决定，对员工给予 5 000 元精神补偿。而对于现场参与调停的员工，给予 500 元的礼品奖励。胖东来展示了一场教科书级别的危机公关。不逃避、不含糊其词，对外有错就认，为员工扛责，对内解决问题，奖罚分明，既安抚了顾客，又照顾了员工，不仅赚足了好感，更给很多企业做了一个表率。

（二）分享利润，薪酬丰厚

于东来曾经说过一句话："工资 1 800 就不要谈管理。"这句话深刻诠释了企业成功的真谛，更以实际行动证明了将员工视为企业最宝贵财富的重要性。胖东来的工资水平在河南零售行业一直是最高的，是最舍得给员工分钱的企业。据了解，胖东来实行"三三三"的分配机制：每年的利润，30%用于社会捐献，30%用于下一年的垫付成本，剩下的 30%按照级别分给所有员工。胖东来薪酬结构主要是由基本工资+绩效+岗位补贴组合而成。其中店长年薪约 100 万元，副总、总监级年薪 50 万~80 万元；生鲜处、百货处、采购处等处长级年薪 30 万~50 万元；科长级年薪 10 万~30 万元；基层员工底薪是 3 500 元左右；烟酒岗位底薪 3 900~5 000 元。

从薪酬来说，胖东来的薪酬水平是远超同行业水平的。这种优惠的待遇体现了胖东来对员工的尊重和重视，也激发了员工的工作热情。胖东来股权设置方案的核心内容为"岗位股权制"。股份不是固定的，随着员工能力的变化、岗位的变化，股权也会随之变动，岗位越高，股份也就越多，同时员工的责任也就越大。胖东来这样的股权分配，将员工利益与企业前途紧密结合，既能激励核心员工，也能为胖东来留住核心人才。

（三）全面福利，传播幸福

胖东来不仅在商业领域取得了巨大的成功，更在员工管理方面展现出了独特的理念。在加班、内卷席卷各个行业，无数打工人叫苦不迭时，胖东来却在想方设法给员工放假。作为当地人流量最大的商超，胖东来每周二关门歇业，全员休息一天。一旦发现加班，罚款 5 000 元。除了法定的婚假、产假，胖东来对普通员工和管理层员工设有带薪年假 30~40 天，其中 10 天要求员工必须用于长途旅行，还要将旅行感悟在公司系统上分享。在员工住房方面，基层员工是两三个人合租二居室；科长级有一套 60~80 平方米的住房；处长级有 100 平方米的住房。

在胖东来看来，高薪能满足体面的生活，调休要保证足够的休闲。胖东来认为，自己要做的不是一家企业，而是一个学校。2017 年，胖东来投资 600 万元给员工打造专属书店，以提升员工的品位和素质。胖东来员工入职时，会拿到两本手册《岗位实操手册》和《人生规划手册》，一本指导工作，一本指导生活。不管是对顾客，还是对员工，胖东来坚信好服务带来好体验，好体验带来信任，信任带来客流，客流带来持续的复购。

（四）温情关怀，归心家园

创始人于东来曾说过，不要把员工当作赚钱的工具。胖东来对员工的关怀更是无微不至，无论是婚丧嫁娶还是生日，都会提供相应的照顾和福利。这种关怀让员工感受到了家的温暖，也让他们更加珍惜自己的工作，愿意在岗位上奉献。一位清洁工在接受电视采访时满口赞誉，她说，胖东来把员工当作家人看待，她愿意在胖东来工作，直到退休。

胖东来推出相关制度和措施保障员工权益和安全。员工工作期间被无故指责，公司给予 5 000 元以上的补偿费；被辱骂，给予 1 万元以上的补偿费；被打，给予 3 万元以上的补偿费，并追究当事顾客的法律责任。胖东来的成功源于其人性化的员工管理方式和对社会责任的承担。通过优厚的薪酬待遇、无微不至的员工关怀，以及老板骨子里的善良和对员工的善待，胖东来创造了一个和谐、积极向上的企业文化氛围。在这个氛围中，员工能够感受到被尊重、被关心、被重视，从而更加愿意为公司付出自己的努力和汗水。

经过近三十年的不懈努力和奋斗，胖东来已经从一个名不见经传的小商场发展成为拥有多家分店、覆盖多个领域的综合性商业集团。其独特的经营理念和企业文化不仅赢得了市场的认可和赞誉，更为企业的持续发展奠定了坚实的基础。胖东来集团的经历告诉我们：在商业的世界里，真正的成功不仅仅是财富的积累和规模的扩张，更重要的是对人性的理解与尊重，以及对社会责任的担当与践行。胖东来公司通过建立积极的企业文化、建立激励机制和创始人于东来的领导方式，成功地构建了和谐的员工关系，这些实践经验能够为其他组织提供借鉴和启示。

思考题

1. 结合案例，胖东来的企业文化包含哪些方面？胖东来的企业文化对员工关系有哪些影响？

2. 结合案例，胖东来的员工关系管理运用了马斯洛需求理论的哪些层面？除了薪酬和福利待遇，你还建议胖东来通过哪些激励举措提高员工的积极性？

案例三 心系兄弟，人和企兴——
京东集团助力员工与组织契合发展

摘要："一日京东人，一生京东情。"这句话体现了刘强东对员工之间深厚情感纽带的重视，不仅仅是对京东企业文化的一种概括，更是刘强东个人管理理念的直接体现。刘强东凭借卓越管理与"为企业谋发展，为员工谋幸福"的理念，从中关村的一个小柜台，成功打造了一个中国领先的互联网企业，实现年营收破万亿，并引领56万员工共同成长，彰显了其对企业与员工关系的深刻理解与重视。

关键词：京东集团；员工关系；发展

一、 引言

在当今这个挑战与机遇并存的商业时代，企业的成功不再仅仅依赖资本的雄厚或技术的领先，更在于构建一个和谐、高效、富有凝聚力的团队，实现员工与组织的深度契合与共同发展。现代管理学之父彼得·德鲁克表示："一个公司要想成功，必须把员工放在第一位，其满意度、忠诚度与创造力直接关乎企业的兴衰成败。"当员工与组织的目标、价值观和文化一致时，他们在组织中就能实现个人发展并为组织带来更高的价值。因此，如何构建一套科学、高效的管理体系，以吸引、发展和留住优秀人才，实现员工与组织的深度契合与共同成长，成为一个关键的问题。

在京东集团公司董事会主席刘强东的带领下，京东创业 20 多年，如今员工总数已突破 56 万大关，随着源源不断的新生力量加入，京东的队伍迅速扩大。对于众多大学生和职场人来说，加入京东已成为他们职业生涯中的一大梦想，因为在这里，他们不仅能享受到完善的员工福利保障，更能拥有一个广阔的舞台来展示自己的才华和潜能。

二、 公司背景介绍

2004 年成立以来，京东集团植根于中国北京，迅速成长为一家以电子商务为核心，横跨物流基础设施、金融科技、健康等多个领域的综合性企业集团。作为中国最大的在线零售商之一，京东凭借其卓越的供应链体系、先进的技术创新能力和深厚的市场洞察力，不仅实现了企业规模的飞速扩张，更在业界树立了良好的企业形象，赢得了广泛的经济与社会效益。京东集团始终秉承"以人为本"的发展理念，将员工的幸福与企业发展紧密相连。公司深刻理解并尊重每一位员工的辛勤付出，尤其是那 80% 来自农村、怀揣梦想的一线员工，他们不仅是京东大家庭的重要组成部分，更是推动京东不断前行的重要力量。京东集团坚持"正道成功"的价值观，坚决反对任何牺牲员工利益以换取短期利润的行为，而是致力于通过持续优化薪酬福利体系、提供高于国家法定标准的各项福利保障，确保员工能够有尊严地工作和生活。

多年来，京东集团累计投入近 500 亿元用于员工住房保障、救助基金及节日关怀等项目，如"住房保障基金""员工救助基金"以及"我在京东过大年"等，这些举措不仅体现了京东对员工福祉的深切关怀，也进一步增强了员工的职业责任感和企业认同感。此外，京东还启动了"京东青年城"项目，规划建设近 4 000 套设施齐全的员工公寓，并配套丰富的休闲娱乐设施，旨在为员工创造一个更加温馨、便捷的生活环境。京东集团深知，员工的成长与发展是企业持续壮大的基石。因此，公司不仅提供丰富的培训资源和晋升机会，还积极营造开放包容的企业文化氛围，鼓励员工勇于创新、追求卓越。在京东，从一线快递小哥到高层管理者，每一位员工都是企业成长的参与者、贡献者和受益者。他们的辛勤付出不仅赢得了社会的广泛认可，也为京东赢得了更多的荣誉与赞誉。

三、　心系兄弟的创始人——刘强东

刘强东，京东创始人、首席执行官，作为一位优秀的企业家，他的管理策略和经验一直备受关注。毫无疑问，他的管理方式成为众多企业家学习和探究的对象。刘强东积极倡导"最相信人的文化"，鼓励员工发挥创新思维，勇于尝试新事物。这种企业文化不仅激发了员工的创造力和团队协作精神，也为京东的快速发展注入了不竭的动力。在刘强东的领导下，京东始终坚持"顾客至上"的原则，不断创新服务模式，提升用户体验，赢得了市场的广泛认可与信赖。他的管理哲学深深植根于对人才的重视与培养，强调"管理的核心是管人"，并将此理念贯穿于企业发展的每一个环节。通过构建开放、透明、激励的工作氛围，刘强东成功激发了员工的创造力和工作热情，推动了京东的持续快速发展。

刘强东坚信，一个企业的成功不仅取决于其市场战略和产品竞争力，更在于其内部员工的满意度和幸福感。因此，刘强东致力于为员工打造一个温馨、和谐、充满机遇的工作环境，提供具有竞争力的福利待遇。他深知，只有真心对员工好，员工才能以更加饱满的热情和真诚的服务回馈客户，进而赢得客户的信赖与忠诚。因此，京东在刘强东的推动下，不仅为员工提供了具有竞争力的薪酬和完善的社保体系，还设立了多项员工关怀项目，如"住房保障基金""员工救助基金"等，切实解决员工的后顾之忧，让每一位京东员工都能感受到家的温暖和归属感。

多年来，在刘强东的带领下，京东始终注重一线员工薪酬福利保障，确保每位一线员工都能享受到"五险一金"的完备保障，还积极创新，推出了一系列具有前瞻性和人文关怀的福利举措。2012年京东启动了"筑梦家园"计划，该计划为符合条件的员工提供最高达百万的专属购房资助，无需抵押、无需担保、更无需承担利息，极大地减轻了员工在特定区域购买首套住房的经济负担，让员工能够更加安心地投入工作，同时也为他们的家庭带来了实实在在的幸福与安定。

四、　企业文化

（一）以人为本

京东将员工视为企业最宝贵的财富，坚信只有员工得到充分的尊重与关

爱，才能激发出无限的潜能与创造力。因此，京东致力于为员工打造一个广阔的发展平台，提供多样化的学习资源和晋升机会，鼓励员工不断学习与成长。同时，京东还注重员工的生活质量，通过完善的福利体系、健康保障计划以及关怀员工身心健康的举措，让每一位员工都能感受到家的温暖。这种以人为本的企业文化，不仅吸引了众多优秀人才的加入，也极大地提升了员工的忠诚度和工作热情。

（二）追求卓越

京东始终将追求卓越作为企业的奋斗目标，不断挑战自我，力求在各个方面都达到行业领先水平。这种追求卓越的精神体现在京东对产品质量的严格把控、对服务体验的不断优化，以及对技术创新的不懈追求上。京东鼓励员工勇于尝试新事物，敢于突破传统思维束缚，用创新的思维和方法解决问题，推动企业不断向前发展。

（三）创新发展

创新是京东企业文化的灵魂。京东深知在快速变化的市场环境中，唯有不断创新才能保持竞争优势。因此，京东在技术创新、模式创新、管理创新等方面不断投入资源，鼓励员工发挥想象力和创造力，提出新点子、新方案。同时，京东还积极与国内外顶尖企业和科研机构合作，共同探索新技术、新应用，推动产业升级和转型。

（四）服务至上

京东将服务视为企业的生命线，始终坚持以客户为中心的原则，不断提升服务质量和效率。京东通过构建完善的供应链体系、优化物流配送网络、提升售后服务水平等措施，确保客户能够享受到便捷、高效、优质的购物体验。同时，京东还注重倾听客户的声音，积极收集客户反馈意见，不断改进产品和服务，以满足客户日益增长的需求。

五、员工关系管理

（一）坚持实用主义，将以人为本落到实处

2024年2月5日下午，京东旗下超2万名一线员工全年涨薪30%。2023年年底以来，京东集团频频提出涨薪计划，涉及京东采销一线业务人员、京东零售线上业务人员等。刘强东注重企业的实际运营，认为管理者不能追求虚名，必须将"以人为本"这个理念落到实处。他建议企业要注重

员工培训、提高员工的综合素质，为员工提供合理的福利待遇，使员工愿意留在企业内部，将员工视为企业的财富。企业底层员工的幸福基石在于稳固的生活保障，刘强东曾经在一次公司内部会议上说过："你不能牺牲员工60岁以后的保障来赚钱，现在兄弟们年轻，每个月跑来跑去，赚个六七千，生活还不错，但是等到他们跑不动了，却一点保障都没有，如果一家公司是靠着扣员工的'五险一金'来赚钱，那么一定做不长久。"在刘强东的带领下，京东在为快递员缴纳"五险一金"的基础上，增加了商业险，为快递员"六险一金"的保障措施树立了行业标杆。

京东深知，只有真正关心员工的每一个细节，才能赢得员工的心。京东员工的宿舍都是星级待遇，每间最多只能住两个人，工作满三年以上的员工，则每人单独一个房间，宿舍楼还配备了丰富的休闲与娱乐设施，如室内图书馆和健身房等，不仅提升了员工的居住体验和生活质量，也增强了员工的归属感和幸福感，进一步激发了他们的工作热情和创造力。为了解决员工子女的教育问题，京东成立了京东总部幼儿园，采用国际先进的看护环境，师资也是国际先进课程培训的老师，京东员工的孩子可以享受全额免费，孩子在幼儿园使用的母婴用品、奶粉也全都是免费的。从保障到福利待遇的不断提升，京东员工的幸福感不断增强，加速推动着京东这艘"巨轮"劈波斩浪，驶向未来！

（二）关注员工个人成长，提供发展机会

刘强东认为员工的个人成长和企业的发展是相辅相成的，员工的成长离不开企业的培养和支持。因此，刘强东注重为员工提供晋升和发展的机会，鼓励员工自我学习和提升，让员工进入不断地学习和成长的轨道上来。在技术人才上，刘强东更是不吝啬，应届博士生年薪最高可达两百万元。京东的一系列加薪晋升之举，意在持续加大对人才的激励，在互联网流量红利逐步衰减的背景下，如何吸引人才、留住人才，释放加薪红利，无疑是刺激人才留存的有效举措。刘强东认为，在经济发展过程中，人才是一个公司的支柱。行业与公司之间，围绕着顶尖人才的争夺，展开了一场场激烈而无声的"抢人大战"。京东通过构建规则化的管理体系，实施慷慨的薪酬政策，不仅为京东赢得了人才争夺战的胜利，更为企业的长远发展奠定了坚实的基础。

刘强东从多个方面、多个维度对京东物流的人才进行激励，建立起更加完善、全面、科学的人才激励机制，不仅积极响应社会对于多元化就业的需求，更是将目光投向了充满活力与潜力的"90后""00后"群体。京东物流2022年年初晋升数据显示，近50%的校招生获得晋升，25%表现优秀的校招生在年度内获得连续晋升机会，近80%的"90后"技术应届生快速成长为技术专家，越来越多的年轻人走上管理岗位承担重任。电商巨头京东宣布启动"万人招聘计划"，计划在2024年上半年吸纳约2万名新员工，这一消息无疑给处于寒冬的就业市场带来一股暖流。京东物流作为中国领先的物流服务提供商，此次大规模招聘不仅展现了其稳健的发展态势，更显示出其对于未来的坚定信心。这次招聘的岗位涵盖了供应链、运营、管理、销售等多个领域，旨在构建一个多元化、高效率的人才团队。重点引进的基层管理者、基层储备管理人才和一线操作员等岗位，都是京东物流实现高效运作的关键角色。这些岗位的招聘，不仅为京东物流注入新鲜血液，还将进一步增强其人才的专业能力。

（三）重视精神回馈，创造归属感

除了不断完善人才培养发展体系，帮助员工持续学习、提升个人素质及能力，刘强东还以员工尊严感、幸福感和成就感为衡量尺度，划定"关心员工工作、关爱员工及家人的健康、关怀员工日常生活、关注员工成长发展"四个维度，要求京东物流为员工提供全方位福利保障关怀，极力为员工打造"家"的氛围、让大家感受到"家"的温度。员工在工作中除了追求物质上的收获，更需要感受到自己为企业的成长和进步做出了贡献。

为此，刘强东注重给员工提供精神上的回馈，如让员工参与企业战略规划，参与产品开发等，让员工感受到自己为企业做了有意义的事情，有助于建立企业文化，提高员工的归属感和忠诚度。刘强东曾慷慨解囊，捐款一亿元，并带动集团及各业务单元（BG/BU）共同参与，大幅扩充"员工子女救助基金"的规模，这一举措无疑为京东大家庭中的每一位成员编织了一张温暖而坚实的保障网，为每一个在职的京东（包括德邦等）人，哪怕只是为京东（包括德邦等）工作一天，无论是因工伤还是非工伤遭遇重大不幸，导致丧失劳动能力或不幸离世，京东都承诺将承担起照顾其子女的责任，直至他们年满22周岁或完成大学学业。此举是为了确保每一个京东兄弟都有坚强的保障，确保在任何情况下都不会返贫或者让家庭难以为继！用实际行动践行"一日京东人，一生京东情"的企业理念！

（四）搭建开放平台，支持员工自我实现

刘强东鼓励员工创新，并且搭建了开放的平台，支持员工实现自我价值。京东集团自有创客平台为世界各地的创客个人和团队提供了展示其开发产品的平台。员工如果有自己的创新想法，可以得到相应的支持和资金。这样的平台搭建让创新者的个人生存空间更大，在团队内，创新者也更有归属感，可持续创造更多价值。

京东集团为帮助内部优秀员工在职期间提升学历，更轻松便捷地取得大专、本科、硕士学位，在一定程度上为公司留住优秀的专业人才，助力京东的业务发展，开展了"我在京东上大学"和"我在京东读硕士"项目。2014年至2018年，"我在京东上大学"项目招生共计3 595人，一线员工高达3 180人；已毕业906人，其中一线员工872人；享受公司级激励政策返款共计854人。"我在京东读硕士"项目招生共计141人，已毕业42人，享受公司级激励政策返款共计36人。

（五）开展文化建设活动，提高团队凝聚力

京东集团注重营造积极的团队文化，提倡团队合作和分享。公司组织各种员工活动，如团建、员工聚餐和庆祝活动等，为员工提供交流和互动的机会，增强员工之间的归属感和凝聚力。员工关怀作为现代企业管理的重要组成部分，做好员工关怀工作可以增进员工归属感、安全感、幸福感、获得感和成就感，进而提升企业凝聚力，达到员工与企业共同发展的目的。京东集团重视与员工的沟通，公司管理层和上级领导与员工保持密切联系，定期进行员工满意度调查和一对一交流，了解员工的需求和意见，并及时解决问题并提供支持。这种个人关怀和良好的沟通机制使得员工感受到公司对他们的重视和关心。

在当今竞争激烈的商业环境中，企业要想保持竞争力，就必须重视员工关系管理。通过分析京东集团的案例，可以看出该公司如何通过建立积极向上的企业文化、招聘和培养优秀人才，以及提供良好的发展和工作环境等措施，促进员工与组织的契合发展。这些策略不仅有助于留住人才，还可以提高员工的工作积极性和生产力，从而推动公司持续发展。

思考题

1. 结合案例分析，京东集团企业文化对员工与组织的契合发展有何影响？员工关系管理的价值有哪些？

2. 结合案例分析，京东集团员工关系管理对其他企业来说有哪些可以借鉴的经验？

第八章　国际人力资源管理

案例一　G 公司员工福利制度：
从吸引到激励的全方位影响

　　摘要： G 公司作为全球科技领域的领导者，其员工福利制度一直备受瞩目和赞誉。本案例深入分析了 G 公司的员工福利制度，探讨其设计原则、实施效果及对员工和企业的影响。G 公司的员工福利制度建立在多个核心设计原则之上，包括全面的医疗保健、免费或补贴的高质量员工餐饮、丰富的健身和休闲设施、弹性的工作制度，以及多样化的员工活动和社区支持。这些福利不仅有助于提升员工的生活质量和健康状况，还显著增强了员工的工作满意度和忠诚度。G 公司的福利政策不仅吸引了全球顶尖人才加入公司，也帮助公司留住了核心人才，奠定了稳定的人力资源基础。此外，G 公司的福利制度通过提升员工的健康和工作效率，对公司的创新能力和长期竞争力产生了积极影响，但 G 公司在全球化管理和持续优化福利策略方面仍面临挑战。未来，G 公司将继续致力于优化福利政策，以适应变化中的员工需求和科技行业的发展趋势，从而进一步提升员工的工作体验和公司的整体效能。

　　关键词： 员工福利；挑战；优化

一、 引言

在当今竞争激烈的科技行业中，公司如何吸引和留住顶尖人才成为关键问题。作为全球科技巨头的 G 公司，其员工福利制度一直被业界和学术界视为行业标杆。G 公司不仅在技术创新和市场领导地位上卓有成效，其独特而丰富的员工福利也成为吸引全球优秀人才的重要竞争优势之一。G 公司成立于 1998 年，由拉里·佩奇（Larry Page）和谢尔盖·布林（Sergey Brin）创立，总部设在美国加利福尼亚州的硅谷。从成立初期的一家搜索引擎公司，到今天涵盖搜索技术、云计算、人工智能、硬件产品等多个领域的综合科技企业，G 公司始终秉承着"不作恶"和"服务全球用户"的初心，致力于推动技术的进步和社会的发展。G 公司的员工福利制度不仅是为了满足员工的基本需求，更是一种战略性的投资，目的在于激励员工的创新能力和工作效率，从而推动公司的持续发展和全球影响力的扩展。本案例将深入探讨 G 公司的员工福利设计原则、实施效果，以及其对员工和企业的深远影响，以期为其他企业提供有价值的经验和启示。

二、 G 公司的员工福利设计原则

G 公司的员工福利设计原则体现了其对员工生活质量和工作满意度的高度重视，以下将对其主要设计原则进行深入探讨。

（一）全面医疗保健

在 G 公司的员工福利体系中，全面医疗保健被认为是其吸引和留住优秀人才的重要组成部分之一。G 公司通过其全面的医疗保健计划，为员工提供安全、全面和高质量的医疗保障，从而促进员工健康状况、幸福感和工作效率的提升。

1. 综合医疗计划覆盖

G 公司为其全职员工及家属提供综合的医疗保健计划。这些计划涵盖了从常见病到严重疾病的医疗服务，包括但不限于：基本医疗、牙科、视力、心理健康等方面的治疗和预防服务。员工可以通过公司的医疗保健计划获得及时的医疗帮助，无需担心高昂的医疗费用和长时间的等待。

2. 灵活的医疗选择

G 公司还提供了灵活的医疗选择，以满足员工个性化的健康需求。例如，员工可以选择参加健康储蓄账户（HSA）或灵活支出账户（FSA），用于支付医疗费用，并享受税收优惠。这些选择不仅增强了员工对自己健康管理的控制感，还有助于他们有效地管理个人和家庭的医疗开支。

3. 预防和健康管理

除了基本的医疗保健服务外，G 公司还重视预防医疗和健康管理。公司通过提供健康筛查、疫苗接种、健康教育和健康评估等服务，鼓励员工积极参与自己健康的管理和预防疾病的发生。这种综合的健康管理措施不仅有助于减少员工的工作缺勤，还能提升员工的整体健康水平。

（二）免费或补贴餐饮服务

在 G 公司的员工福利体系中，免费或补贴餐饮服务被视为其独特而吸引人的一部分。G 公司通过其高质量的餐饮服务，为员工提供方便、营养丰富且多样化的饮食选择，从而促进员工健康状况、幸福感和工作效率的提升。

1. 高质量的餐饮选择

G 公司的办公场所内设有多个餐厅和食堂，提供包括早餐、午餐和晚餐在内的各种餐饮选择。这些食堂不仅提供传统的美式餐点，还提供国际美食、健康饮食和特别饮食给员工选择，如素食、无麸质食品等。餐厅通常由专业的厨师团队负责，保证食物的新鲜度和品质。

2. 免费或补贴的福利

G 公司的餐饮服务通常是免费或者大幅补贴的，这意味着员工可以在工作期间享受到优质的餐饮服务，无需额外支付费用。这种福利不仅方便了员工的工作和生活安排，还减轻了员工在饮食方面的经济负担，特别是在硅谷地区生活成本高昂的背景下。

3. 社交和团队建设

G 公司的食堂和餐厅不仅是提供食物的场所，也是员工社交和团队建设的重要平台。员工可以在这些地方与同事交流和互动，促进团队之间的沟通和协作。这种社交氛围有助于构建积极的工作文化和团队精神，进一步增强员工对公司的归属感和忠诚度。

（三）健身和休闲设施

G 公司作为全球领先的科技公司，不仅在技术创新上保持领先地位，其员工福利体系中的健身和休闲设施也是吸引和留住顶尖人才的重要因素之一。

1. 先进的健身设施

G公司的办公场所通常配备有现代化的健身设施，包括但不限于：健身房（设有各种健身器材、自由重量区、有氧运动设备等，满足员工的各类健身需求，这些健身房通常由专业的健身教练和指导员工管理，提供个性化的健身指导和训练计划）、运动场地（G公司办公区域内通常设有室内篮球场、足球场等多功能运动场地，供员工进行团队运动和休闲活动，促进团队之间的沟通和协作）、游泳池（部分G公司办公场所还设有游泳池，员工可以在工作之余享受游泳和水中运动的乐趣，放松身心）。

2. 促进健康和生活质量

G公司通过提供先进的健身设施，提升员工的健康状况和生活质量。员工可以在工作期间方便地进行运动和健身活动，不仅有助于维持身体健康，还能减少久坐带来的健康风险，如肌肉疲劳、颈部和背部问题等。这种积极的健康促进措施有助于提升员工的工作效率和创造力，减少因健康问题而导致的工作缺勤。G公司重视员工的心理健康，通过提供健身和休闲设施，有助于减少员工工作压力，放松身心，提升心理健康水平。健康愉悦的工作环境不仅有助于提升员工的工作满意度和幸福感，还能吸引更多优秀的人才加入公司，提升员工的整体工作表现。

3. 提升员工的团队合作和企业形象

健身和休闲设施不仅给员工个人提供了健身的机会，也成为员工社交和团队建设的重要平台。例如，员工可以通过参加团队运动活动（如篮球比赛、羽毛球赛等），增强团队之间的协作和沟通能力，营造积极和谐的工作氛围。公司通过推广可持续的健身实践，如使用环保材料的健身器材和节能设施，积极履行企业社会责任，树立企业的环境友好形象。

（四）弹性工作制度

弹性工作制度在企业中越来越受到关注和重视，特别是在像G公司这样的科技公司中，它不仅是员工福利的一部分，更是提高工作效率和员工满意度的关键因素之一。G公司通过其弹性工作制度的施行，实现员工与公司的双赢。

1. 弹性工作时间

G公司鼓励员工根据自己的工作和个人生活需求制定灵活的工作时间安

排。这意味着员工可以根据任务和工作量自行安排工作时间，避免了传统朝九晚五的固定工作时间限制。例如，有些员工可能更喜欢早晨开始工作，而有些员工则更适应晚上或非传统时间段的工作。G公司倡导一种以任务和成果为导向的工作模式。这种模式下，员工更加关注完成任务所需的时间，而非固定的工作时间。这种自由度激发了员工的创造力和工作动力，有助于提升整体的工作效率和公司的创新能力。

2. 远程工作和分布式团队

G公司积极支持远程工作和分布式团队模式，特别是在全球化和数字化加速的背景下，G公司的员工可以根据工作性质和个人偏好选择在家办公或者是在不同的办公地点工作。这种灵活性不仅使员工能够更好地平衡工作和生活，还有助于吸引全球范围内的人才加入公司。为了支持弹性工作制度的实施，G公司提供高效的远程协作工具、安全的网络连接和数字化的办公环境，以确保员工在远程工作或分布式团队中能够顺畅的协作和交流。

3. 支持家庭和个人生活需求

弹性工作制度使G公司的员工能够更好地平衡工作和家庭生活。例如，员工可以根据孩子的学校放学时间安排工作时间，或者在紧急情况下更灵活地调整工作安排。这种支持有助于提升员工的生活质量和工作满意度，减少工作与生活之间的冲突。

（五）员工活动和社区支持

G公司以其创新的技术和独特的企业文化著称，其员工活动和社区支持计划是其企业文化的重要组成部分。G公司的员工活动促进员工互动和团队合作，其社区支持计划提升了企业社会责任感，增强了公司形象和员工归属感。

1. 员工活动促进员工互动和团队合作

G公司通过各种员工活动促进员工互动和团队合作，具体包括以下几个方面：团队建设活动（G公司定期组织团队旅行、户外拓展和团队建设活动，以增强团队凝聚力和合作精神；公司内部经常举办主题日和节日庆祝活动，如万圣节派对、圣诞节庆典等，增强员工的归属感，营造快乐氛围）、健康与福利活动（G公司提供多种健身课程，如瑜伽、普拉提等，还定期组织公司内部的运动比赛，鼓励员工保持健康的生活方式，定期邀请健康专家举办讲座，提供心理健康支持和咨询服务，关注员工的身心健康）、学习与发展活动（G公司经常举办职业发展讲座和技能提升工作坊，帮助员工提升职业技能和发展潜力，公司鼓励员工参与内部技术交流等活动，促进创新和知识共享）。

2. 社区支持增强公司的社会责任感

G公司在社区支持方面也投入了大量资源，具体包括以下几个方面：教育支持（G公司通过与学校和非营利组织合作，提供编程教育资源和培训，提升学生的计算机技能和兴趣；设立各种奖学金和助学金，支持有潜力的学生完成学业，特别是在科技领域的学习）、环保与可持续发展（G公司致力于减少碳足迹，通过可再生能源项目和环保倡议，推动可持续发展。鼓励员工参与社区环保活动，如植树、清洁社区等，共同保护环境）、社会公益（G公司通过捐赠和志愿服务支持各种社会公益项目，帮助弱势群体和社区发展；在自然灾害和紧急事件发生时，G公司积极参与救援工作，提供资金和技术支持）。

三、 G公司的员工福利制度对公司和员工的影响

（一）对公司的影响

首先，G公司的福利制度极大地增强了公司的吸引力，特别是在技术领域竞争激烈的市场环境下。丰厚的福利待遇和富有吸引力的工作环境使得公司能够吸引全球顶尖人才。与此同时，优质的福利制度也有助于降低员工流失率，使公司能够留住关键员工，从而维护团队的稳定性和连续性。这种稳定性对公司的长期战略和创新至关重要。其次，G公司提供的各种福利，如免费的餐饮、健身设施和灵活的工作安排，显著提升了员工的工作满意度。当员工在一个充满关怀和支持的环境中工作时，他们往往会更加积极和投入，员工的工作满意度直接转化为生产力和效率。此外，良好的工作环境也能减少员工的缺勤率和病假，从而进一步提高生产力。最后，G公司通过其福利政策，塑造了一种开放、创新和包容的公司文化。免费餐饮和休闲设施鼓励员工在工作中放松和交流，从而促进团队合作，激发创新思维。这样的公司文化不仅增强了员工的归属感，也吸引了那些认同这种文化的人才，从而进一步加强了公司文化的影响力。

G公司的员工福利政策形成了强大的品牌形象，这种良好的品牌形象有助于提升公司的市场声誉。积极的公众形象不仅有助于吸引潜在客户和合作

伙伴，也能够提升公司在投资者和市场中的地位。良好的品牌形象还能为公司带来更多的机会和资源，有助于公司的长期发展和竞争力。

（二）对员工的影响

G 公司的员工福利制度对员工的影响可以从多个角度来分析，涵盖了生活质量、工作满意度、职业发展和工作生活平衡等方面。首先，G 公司的员工福利政策极大地改善了员工的生活质量。例如，公司提供的免费餐饮和高质量的健康保险能够减轻员工的经济负担，提升他们的生活舒适度。G 公司提供各种子女教育津贴和家庭支持福利，这使得员工在平衡工作和家庭生活时能够得到更多支持。其次，G 公司的福利制度通过提供各种优厚待遇，显著提升了员工的工作满意度。灵活的工作时间、远程办公选项及丰富的休假政策，使员工能够更好地平衡工作与个人生活，从而减轻了工作压力，缓解了职业倦怠感。员工在享受这些福利的同时，更容易感受到公司的关怀和重视，这种积极的工作环境可以显著提高员工对工作的满足感和忠诚度。最后，G 公司的福利政策特别关注员工工作与生活的平衡。公司灵活的工作安排和远程办公选项使员工可以更好地兼顾个人生活和工作需要。公司还提供带薪休假、病假和家庭照顾假，这些政策帮助员工在有需要时能够得到充分的休息和家庭支持，避免因工作过度造成职业倦怠感。

思考题

1. 结合材料分析，G 公司的员工福利制度包括哪些主要内容？
2. G 公司的福利制度对公司的市场竞争力有何影响？

案例二　HF 公司在日本的国际派遣：
全球视野下的本地成功

摘要：在全球化的商业环境中，跨国公司对国际派遣管理的需求日益增加。HF 公司作为全球领先的金融机构，其在日本市场的国际派遣管理实践为其他企业提供了宝贵的经验。本案例分析了 HF 公司在日本的国际派遣策略、实施过程及面临的挑战，并总结了其成功经验。HF 公司通过精准的人才选派、全面的培训支持和本地化管理，实现了市场适应与全球资源优化。

尽管面临文化差异、法律合规和员工适应等挑战，HF 公司通过有效的应对措施成功地提升了业务表现，实现了人才发展。本案例还提出了对其他跨国公司在国际派遣管理中的建议，以帮助其在全球市场中实现本地成功。

关键词：跨国公司；国际派遣；本地成功

一、 引言

在全球化的商业环境中，跨国公司面临着复杂的市场动态和多样的文化挑战。国际派遣作为跨国公司管理全球业务和人才的重要手段，已成为公司全球战略的关键组成部分。有效的国际派遣管理不仅能够优化全球资源配置，还能够提升公司在本地市场的竞争力和适应能力。HF 公司作为一家全球领先的金融服务提供商，通过其精细化的国际派遣管理策略，在多个国家和地区实现了成功的市场拓展和业务增长。日本作为全球第三大经济体和亚洲重要的金融中心，对 HF 公司具有重要的战略意义。日本市场的独特性，其深厚的文化传统、高度规范的商业环境，以及复杂的法律体系，给跨国公司的业务运营带来了挑战。HF 公司在日本市场的国际派遣管理不仅展示了其全球视野，还体现了对日本市场的深刻理解和精准适应。本案例旨在深入探讨 HF 公司在日本的国际派遣管理实践，通过分析 HF 公司的战略目标、实施策略、面临的挑战及应对措施，揭示其在全球视野下实现本地成功的关键因素。HF 公司的经验为其他跨国公司提供了宝贵的参考，特别是在如何有效结合全球战略与本地实践方面。

二、 HF 公司国际派遣的战略目标

在 HF 公司的全球业务扩展和市场拓展中，国际派遣管理扮演了至关重要的角色。在国际派遣战略中，HF 公司明确设定了多个战略目标，以支持其全球发展战略并在不同市场实现成功。

（一）市场适应与本地化

HF 公司通过派遣具备全球视野的员工，确保公司能够迅速适应并有效融入日本市场，满足日本市场的独特需求。日本作为全球第三大经济体，具有独特的市场环境和文化特点。HF 公司的战略目标之一是确保其在日本的业务能够充分适应本地市场的需求。为实现这一目标，HF 公司派遣的员工不仅需要具备全球金融服务的专业知识，还需要对日本市场有深入的了解。

通过这种方式，HF 公司确保其产品和服务能够满足当地客户的需求，并迅速应对市场变化。

（二）全球人才培养与发展

HF 公司利用国际派遣机会培养具备跨文化背景和全球视野的高潜力员工，为公司未来的全球业务发展提供支持。HF 公司重视全球人才的培养与发展，将国际派遣视为一个重要的员工发展平台。通过在日本等关键市场的派遣，员工可以获得宝贵的跨文化经验，提升全球视野和综合能力。这种经验不仅对员工个人的职业发展有帮助，也为公司未来的全球战略实施提供了强有力的人才支持。HF 公司致力于通过这种方式建立一个全球化的领导梯队，支持公司在不同市场的业务拓展。

（三）提升市场竞争力

HF 公司通过国际派遣整合全球资源，提升其在日本市场的竞争力和业务表现。在竞争激烈的金融行业，HF 公司通过国际派遣管理将全球资源优势带到本地市场。派遣的员工不仅能够将 HF 公司在其他市场积累的最佳实践和创新经验带到日本，还能够帮助公司在本地市场中建立起更加高效的业务运营模式。通过这种资源整合，HF 公司能够提升其在日本市场的竞争力，推动业务增长，并更好地满足当地客户的需求。

（四）增强组织灵活性与全球整合能力

HF 公司通过灵活的国际派遣管理，增强公司在全球业务中的组织灵活性和整合能力。全球业务环境的复杂性要求跨国公司具有较高的组织灵活性。HF 公司通过有效的国际派遣管理，可以在不同市场中灵活调配资源，快速响应市场变化。派遣员工在全球不同业务单元之间流动，有助于促进全球业务的整合与协调，确保公司能够在全球范围内实现整体战略目标。HF 公司的国际派遣战略不仅关注单一市场的成功，还致力于全球业务的整体协同与优化。

三、 实施策略与过程

HF 公司在实现其国际派遣战略目标的过程中，采用了一系列系统化的实施策略和精细化的管理方法。这些策略和方法旨在确保派遣员工能够顺利融入本地市场，提升公司的全球竞争力，并促进人才的全面发展。

（一）人员选择与派遣

HF 公司施行精确选拔与全面评估。其选拔标准：HF 公司在选择派遣员工时，注重专业技能、跨文化适应能力及领导潜质；通过严格的选拔程序，确保选中的员工不仅具备金融专业知识，还能够适应日本市场的复杂环境。其评估工具：使用多种评估工具，如心理测评、跨文化能力评估和业务能力测试，以全面了解候选人的综合素质。其派遣计划：制订详细的派遣计划，包括派遣员工的具体职责、工作目标和时间框架，确保每一位派遣员工了解其角色和责任。

（二）培训与支持

HF 公司施行全方位培训与持续支持。其文化适应培训：为派遣员工提供有关日本文化、商业习俗和社会礼仪的培训。这些培训涵盖了工作礼仪、沟通风格及日常生活中的文化注意事项，帮助员工快速适应本地环境。其语言培训：提供日语课程，提高员工的语言能力，使其能够更有效地与本地客户和同事进行沟通。语言培训通常包括基础日语和业务术语的学习。其持续支持：在派遣过程中设立本地支持团队，提供生活支持、法律咨询、行政协助等服务，支持团队帮助员工解决在日本生活和工作的实际问题，确保他们能够顺利融入新环境。

（三）本地化管理

HF 公司建立本地化管理团队与实施反馈机制。其本地化管理：在日本设立本地管理团队，负责与派遣员工的日常工作联系。该团队由具有本地市场经验和文化理解的管理人员组成，与派遣员工紧密合作，确保业务策略与本地市场需求的对接。其反馈机制：建立定期反馈机制，包括定期的沟通会议和员工满意度调查，通过收集派遣员工的反馈意见，了解他们的工作体验和面临的问题，及时调整管理策略和支持措施。

（四）绩效评估与优化

HF 公司制定绩效评估标准与优化改进措施。其绩效评估：制定明确的绩效评估标准，评估派遣员工的工作表现和业务成果。绩效评估不仅关注员工的工作成果，还包括他们的适应能力和团队合作情况。其优化措施：根据绩效评估结果和员工反馈，识别管理中的不足之处，制定优化改进措施。这些措施可能包括调整培训内容、改进支持服务或优化派遣流程，以提高整体派遣效果。

（五）跨文化交流与整合

HF 公司促进跨文化交流与增强组织整合。跨文化交流活动：组织跨文化交流活动,如文化交流研讨会、团队建设活动等,促进派遣员工与本地员工之间的互动与理解。这些活动帮助员工建立更好的工作关系,提升团队协作能力。组织整合:通过定期的协调会议和工作汇报,确保派遣员工与总部及其他国际业务单元的协调与整合,促进信息流通和资源共享,以实现全球业务的一体化管理。

四、 成效与影响

HF 公司在日本的国际派遣管理实践不仅达到了其战略目标,还产生了显著的成效和深远的影响。通过系统化的派遣策略和有效的实施过程,HF 公司在日本市场取得了显著的成功,并对公司整体业务和人才发展产生了积极的影响。

思考题

1. HF 公司在日本实施国际派遣的策略是什么?

2. HF 公司在派遣员工到日本时,面临哪些文化适应和跨文化管理的挑战?

案例三　HR 公司: 全球培训与发展新纪元

摘要:本案例探讨了 HR 公司在全球培训与发展方面的实践与成效。本案例介绍了 HR 公司及其在中国的发展历程,接着详细分析了 HR 公司在新员工培训、专业技能培训、领导力发展和国际化培训方面的具体措施。通过建立全面系统的培训体系、高度重视员工发展、培养国际化视野和跨文化沟通能力,以及持续改进和创新,HR 公司在全球培训与发展方面取得了显著成效。然而,HR 公司也面临着多元文化融合、培训资源有效利用和培训效果评估等挑战。本案例最后提出了加强跨文化培训、优化培训资源配置、建立完善的培训评估体系和持续创新培训内容与方式的建议,以期进一步提升 HR 公司的全球培训与发展水平。

关键词:全球培训;挑战

一、 引言

HR 公司成立于 1849 年，总部位于美国纽约。作为全球领先的制药企业，HR 公司致力于研发、生产和销售创新药品和疫苗，覆盖广泛的治疗领域，如肿瘤、心血管疾病、免疫疾病等。HR 公司在全球拥有超过九万名员工，其产品在全球超过 150 个国家和地区销售。HR 公司于 1980 年进入中国市场，并迅速发展成为中国医药市场的重要参与者。HR 公司总部设在上海，在北京、广州等地设有分支机构。经过四十多年的发展，HR 公司不仅在销售和市场推广方面取得了巨大成功，还在研发、生产和供应链管理等方面不断加强投入，逐渐形成了完善的业务体系。HR 公司作为全球最大的制药公司之一，其在全球范围内的业务布局和创新能力有目共睹。在全球化进程中，培训与发展（training and development，T&D）成为 HR 公司提高员工素质、保持竞争优势的重要战略之一。本案例将通过分析 HR 公司在全球培训与发展方面的实践，探讨其成功经验和面临的挑战，并对未来的发展提出建议。

二、 HR 公司的全球培训与发展策略

在全球化背景下，跨国企业面临着日益激烈的市场竞争和快速变化的外部环境。员工素质和能力的提升成为企业保持竞争优势的关键因素。HR 公司深谙此道，始终将培训与发展视为企业战略的重要组成部分，致力于通过系统的培训与发展计划，提高员工的专业技能和管理能力，促进企业的可持续发展。

（一）新员工培训

1. 系统化的入职培训计划

HR 公司为新员工设计了一套系统的入职培训计划，帮助他们快速适应公司文化和工作环境。新员工培训通常包括以下几个环节：公司历史和文化介绍（通过详细介绍 HR 公司的历史、核心价值观和企业文化，让新员工了解公司发展的背景和理念，增强归属感）、产品知识培训（针对 HR 公司的主要产品线，新员工需要了解产品的研发背景、临床应用和市场表现，掌握基本的产品知识）、业务流程讲解（通过对公司各部门业务流程的详细介绍，新员工能够快速熟悉工作内容和工作流程，提高工作效率）、职业道德

和合规培训（HR 公司高度重视合规运营，通过职业道德和合规培训，确保新员工了解公司的合规政策和行为规范，减少运营风险）。

2. 导师制度

为了帮助新员工更好地融入公司，HR 公司还实施了导师制度。每位新员工都会被分配一名资深员工作为导师，提供一对一的指导和支持。导师在新员工的职业发展初期扮演重要角色，帮助他们解决工作中的实际问题，提供职业建议。

（二）专业技能培训

1. 定期专业培训课程

HR 公司注重对员工专业技能的培养，定期举办各类专业培训课程。这些课程涵盖医学知识、市场营销、客户服务等多个方面，旨在提高员工的专业水平和工作能力。其中包含：医学知识培训（针对销售和市场人员，提供深入的医学知识培训，帮助他们更好地理解产品的临床应用和市场需求）、市场营销培训（通过案例分析和实践操作，提高市场人员的市场分析和营销策划能力，增强市场竞争力）、客户服务培训（针对客服团队，提供客户服务技能培训，提升客户满意度和忠诚度）。

2. 外部培训和认证

HR 公司鼓励员工参加外部培训和专业认证考试，提升专业水平。公司提供培训补贴和考试费用报销，支持员工不断提升自己的专业能力。如销售人员可以参加国际认证的医学代表资格考试，市场人员可以参加市场营销专业认证考试。

（三）"未来领导者"计划

"未来领导者"计划是 HR 公司专门为培养高潜力员工而设计的领导力发展项目。该计划旨在发掘和培养公司未来的领导者，帮助他们提升管理和决策能力，为公司的长期发展储备人才。

1. 领导力培训课程

为了培养高层次管理人才，HR 公司推出了一系列领导力发展项目。领导力培训课程包括：战略思维培训（帮助管理者掌握战略分析和制定能力，提高决策水平）、团队管理培训（通过案例分析和实战演练，提高管理者的团队管理和沟通能力，增强团队凝聚力）、创新管理培训（鼓励管理者勇于创新，掌握创新管理的工具和方法，推动业务发展）。

2. 跨部门合作项目

IIR 公司还通过跨部门合作项目，提升管理者的综合素质。这些项目通常涉及多个业务部门，通过团队合作解决实际问题，锻炼管理者的协作和沟通能力。例如，研发部门和市场部门可以联合开展新产品上市的项目，从产品研发到市场推广，管理者需要全程参与，提升全局视野和统筹能力。

（四）国际化培训

1. 海外培训和交流

作为全球化企业，HR 公司重视员工的国际化视野和跨文化沟通能力。公司定期选派优秀员工参加海外培训和交流项目，与全球各地的同事分享经验，学习先进的管理理念和业务实践。例如：国际轮岗计划（选派优秀员工到海外分支机构进行短期或长期轮岗，拓展国际化视野，提升跨文化管理能力）、跨国项目合作（参与全球项目团队，与来自不同国家的同事合作，提升跨文化沟通和协作能力）。

2. 引入全球最佳实践经验

HR 公司积极引入全球最佳实践经验，通过培训和分享会，将全球范围内的成功经验和先进做法应用到本地业务中。例如，HR 公司全球研发中心的最新研究成果和技术突破，可以通过培训和交流，快速传递到中国市场，提升本地员工的专业水平和创新能力。

三、 未来发展建议

HR 公司在全球培训与发展方面取得了显著成效，通过系统化和创新性的培训项目提升了员工的专业技能和综合素质。为了进一步巩固和提升这一成果，应对未来的挑战和机遇，HR 公司需要在培训与发展策略上不断创新和优化。

（一）持续更新和优化培训内容

HR 公司应密切关注医药行业的最新趋势和技术进展，并及时将这些内容纳入培训课程中。例如，随着人工智能和大数据在医疗领域的应用日益广泛，公司可以增加相关培训课程，帮助员工掌握新技术的应用培训内容。HR 公司可以建立培训内容评估机制，定期收集员工反馈和行业动态，确保培训材料的前沿性和实用性。

（二）强化跨文化培训与全球视野

在全球化的背景下，跨文化沟通与管理能力对于企业的成功至关重要。HR 公司可以增加跨文化培训课程，帮助员工了解不同文化背景下的工作方式和沟通技巧，提升跨国合作的效率和效果。HR 公司可以进一步推动国际交流与轮岗项目，为员工提供更多在海外工作和学习的机会。通过参与全球项目和跨国轮岗，员工能够拓展国际视野，积累跨文化管理经验。

（三）强化数字化转型培训

在数字化转型的大趋势下，HR 公司需要加强员工的数字化技能培训。HR 公司可以引入数据分析、编程、数字营销等方面的培训课程，提升员工的数字化素养和能力，可以利用先进的数字化培训平台，如在线学习平台和虚拟现实技术，提供灵活多样的培训方式。数字化平台可以实现培训资源的高效分配和管理，提升培训的覆盖面和效果。

（四）完善培训评估与反馈机制

为了确保培训效果，HR 公司需要建立全面的培训评估体系。HR 公司可以通过量化指标和质性反馈相结合的方法，评估培训的实际效果和员工的学习成果；定期收集员工对培训项目的反馈意见，了解他们的需求和建议；通过分析反馈数据，持续改进和优化培训项目，确保培训内容和方式能够满足员工和业务发展的需求。

（五）个性化培训与职业发展规划

HR 公司可以根据员工的职业发展阶段和个人需求，提供个性化的培训方案，通过制定个性化的学习路径，帮助员工在专业领域和管理能力上取得更大的进步。在培训与发展的同时，HR 公司应加强员工的职业发展规划与支持，可以提供职业发展咨询和指导，帮助员工明确职业目标，并提供相应的资源和支持，促进员工的职业成长。

（六）加强企业文化与价值观培训

HR 公司应将企业文化和价值观培训常态化，使其贯穿员工的职业生涯，通过多种形式的文化培训活动，增强员工对企业文化的认同感和归属感。企业社会责任是 HR 公司的一项重要价值观，HR 公司可以通过培训项目，强化员工对企业社会责任的理解和认同，鼓励他们积极参与企业社会责任活动，提升企业形象和社会影响力。

思考题

1. HR 公司如何利用数字化技术来增强培训与发展的效果?

2. HR 公司在中国市场推行的培训与发展策略如何与其全球战略保持一致?

第九章 人力资源管理信息化 与外包

案例一 信息不对称背景下 EG 公司的人力资源外包困境

摘要：EG 公司是一家中型企业，为了降低成本和提高效率，决定将部分人力资源功能外包给一家专业服务提供商。然而，由于信息不对称，EG 公司在合作过程中遇到了诸多挑战，包括合作伙伴的服务质量不一、员工满意度下降和管理困难。本案例通过分析 EG 公司的经历，揭示了在人力资源外包决策中需要考虑的关键因素，并提供了减轻信息不对称影响的策略。

关键词：人力资源管理；外包；信息不对称

一、 引言

人力资源外包是现代企业管理中常见的一种人力资源管理策略，EG 公司通过与人力资源机构合作，优化资源配置，提高业务运作效率。然而，在信息不对称的情况下，合作双方在相关合作上会产生不平等的情况，导致外包项目的效果不如预期。

二、 背景描述

EG 公司是一家专注于科技产品开发与销售的中型企业，其业务模块主要分布在国内。随着科技行业竞争的日益激烈，EG 公司面临着持续的业务拓展和技术创新的压力，因此对于内部人力资源管理提出了更高的要求。

虽然人力资源部门在公司初创期为公司招聘了技术人才，开展了一系列培训，并建立了员工绩效管理体系，为企业的前期发展奠定了良好的基础，但随着公司规模的扩大，原有的人力资源管理模式开始显得力不从心。是通过增加人力资源部门的人手去满足业务的需求，还是将部分业务进行外包，成为摆在公司面前的一道选择题。

在经历了一系列内部评估和市场调研后，EG 公司的高管团队一致决定，将人力资源的部分功能外包给具有专业能力的第三方。外包的主要内容包括优化招聘流程、提升员工培训质量和改进薪酬福利管理，希望通过专业化、标准化的人力资源服务提升公司内部整体人力资源管理效率。

由于公司在人力资源管理领域的外包经验有限，EG 公司在选择外包供应商时主要关注供应商的名气及其过往成功的案例。根据筛选，EG 公司最终选择了一家知名的人力资源服务 B 公司作为供应商，期望通过合作引入先进的人力资源管理理念和技术。

三、 问题发现

在公司管理层决定开展外包服务后，人力资源部门的刘经理立即安排下属对市场上主要的外包公司进行调查了解，但事情进展得并不像想象得那么顺利。

（一）缺乏市场了解导致供应商评估不力

由于人力资源部门没有接触过此类业务，面对市场中众多提供外包服务的供应商时，如何评判供应商的优劣，大家陷入了迷茫。无奈之下，他们只能从网络上提供的排名筛选出前 5 名供应商，然后与他们进行对接，让供应商提供一些资质和成功案例。

EG 公司在选择供应商时过分依赖供应商提供的短期成功案例，忽略了评估其在长期合作中的表现和可持续性，尤其是供应商的行业经验、客户满意度及服务可靠性等关键指标。这导致了在执行复杂和持续变化的项目时，供应商的服务质量未能满足 EG 公司的预期，尤其是供应商在适应性和灵活性方面不足，在实际操作中暴露出服务质量不稳定、响应迟缓等问题，影响了 EG 公司的人力资源管理效率。

（二）合同条款样本化增加管理难度

EG 公司在与外包供应商签订合同时，存在合同条款样本化的问题，签订合同时采用的是供应商提供的通用合同模板。由于缺乏外包经验，EG 公司在具体合同条款中对服务标准、质量要求和结果预期的定义缺乏针对性，使得双方在实际服务交付过程中产生了分歧。例如，合同对"问题解决时间"的定义过于宽泛，没有考虑到 EG 公司不同类型问题的紧急程度和处理时限。这使得 EG 公司在监督和评估供应商服务质量时面临困难，难以进行有效的监控。因此，EG 公司不得不投入更多资源进行监督和沟通，以确保供应商及时履行合同义务，这不仅增加了管理成本，还降低了外包的整体效率。

（三）沟通与信息传递的障碍

由于外包服务涉及多个部门和层级，而 EG 公司与供应商的对接通过人力资源部门来完成，信息在传递过程中容易出现遗漏和误解。这种信息不对称使得 EG 公司在与供应商的沟通过程中，无法及时准确地传达需求和反馈，影响服务的效果。例如，EG 公司研发部门某业务线需要一名资深架构师，而人力资源部门对供应商提出的需求描述不够清晰，只是将需求人员所必须具备的任职资格发给了供应商，没有告知供应商更精确的信息，供应商无法准确地识别公司岗位所需的关键信息，导致双方的合作一直不尽如人意，这种信息传递的障碍使得服务质量和效率难以保证。

（四）监控机制的缺失

随着时间的推移，EG 公司逐渐发现，他们对外包机构的服务质量和进度几乎一无所知。EG 公司在与外包机构签订合同时，并未明确约定如何对外包服务进行监控。这使得外包机构在服务过程中出现了很多 EG 公司未预料到的问题，如招聘进度缓慢、员工培训质量不达标等。以招聘为例，EG 公司曾急需一批技术人才来推动新项目的开展，他们期望外包机构能够在短时间内为他们找到合适的人选。然而，由于缺乏有效的监控机制，EG 公司发现外包机构在招聘过程中进展缓慢，甚至出现了候选人质量不达标的情况。这使得 EG 公司的新项目受到了严重的影响，进度被大大拖延。

四、 解决策略

面对以上外包人力资源服务中的挑战，EG 公司深入剖析并提出对策。

他们与供应商 B 公司深入沟通，明确责任与期望，并建立监控机制，定期评估其服务质量与进度。同时，B 公司希望 EG 公司在提供需求信息时要更加精准，通过协商来解决问题。结合 EG 公司与 B 公司的沟通交流以及外包经验，EG 公司针对供应商管理召开内部会议，各部门互相交流来提出解决策略。

（一）加强供应商管理

1. 制定详细的评审过程

EG 公司人力资源部门提出，下一次在选择供应商时，首先要对供应商的基本资质、行业声誉、财务状况和历史经验进行评估，通过供应商提交的公司资质证书、财务报表、客户推荐信等文件，来初步了解其业务背景和稳定性。比如，要求供应商提供过去三年的财务报表和税务记录，由财务部门验证其财务健康状况和运营能力。此外，还需要参考行业内的评价和客户反馈，筛选出具有良好市场声誉和行业经验的供应商。

为了进一步验证供应商的服务能力和技术水平，人力资源部门计划设置实际业务场景进行模拟测试，通过这一环节观察供应商在面对实际工作中的表现，包括响应速度、问题解决能力和专业素养等。例如，设置模拟解决问题环节，考察供应商在突发问题处理上的应变能力和解决效率；设置模拟服务流程环节，验证供应商服务流程的合理性和高效性。通过模拟测试，EG 公司可以全面了解供应商的实际操作能力和服务水平，确保其能够满足公司的业务需求和服务标准。

2. 设立关键绩效指标

EG 公司管理层认为需要明确规定供应商在接到问题报告后的响应时间，确保供应商在合理时间内开始处理问题。例如：设定不同问题优先级的响应时间要求，紧急问题的响应时间不超过 1 小时，普通问题的响应时间不超过 24 小时。同时，EG 公司将自动化工单系统与 B 公司平台进行对接，实时跟踪供应商的响应时间和处理进度，确保问题能够迅速得到解决。

根据上述的响应时间，管理层认为同样需要设定问题解决时间，评估问题从发现到解决的时间长度，衡量供应商解决问题的效率。如：一般问题在 24 小时内解决，复杂问题在 72 小时内解决。管理层要求人力资源部门建立问题解决的评价体系，根据问题解决时间对供应商进行评价，确保供应商能够持续提高其解决问题的效率和服务质量。

管理层还要求财务部门牵头对成本效益进行计算，通过成本分析、对比和预算控制，评估外包服务的成本控制情况，包括成本的合理性和效益，确保外包服务的成本在可控范围内，尽可能地提高服务的性价比。

3. 建立供应商评估小组

管理层还要求建立跨部门的供应商评估小组，成员包括来自人力资源、采购、法律、IT、财务等部门。这样的构成可以确保评估的全面性和专业性，涵盖各个方面的专业意见和要求。评估小组的成员具备相关领域的专业知识和经验，能够从多个维度对供应商进行综合评估和审查。例如，评估小组可以与供应商的客户进行访谈，从不同角度了解供应商在项目执行中的表现，以及客户的真实反馈，特别是供应商在处理复杂问题、应对紧急情况时的能力。

评估小组的主要工作是定期对供应商的表现进行评估，评估结果作为续约、调整合作关系的重要依据。经过讨论，各部门认为定期评估的时间节点为每半年 次，评估供应商的服务质量、执行能力和合作态度等方面。评估结果通过评分、评级或报告的形式进行汇总和分析，为后续的合作决策提供参考。

人力资源部门提出要建立明确的反馈机制，定期将评估小组的评估结果与供应商进行沟通，让供应商可以了解自己的表现，并依据评估结果进行改进。人力资源部门还可以通过提供反馈报告、召开评审会议等方式，向供应商传达评估结果和改进要求，帮助供应商提高服务质量和业务水平。

由于本次外包出现了诸多问题，尤其是整个公司都缺乏外包经验，因此外包效果不佳，人力资源部门提议选择具有专业资质的第三方评估机构对供应商进行全面评估。第三方评估机构的评估报告作为供应商选择和管理的重要参考，确保评估结果的客观性和公正性。

（二）改进合同条款

1. 具体化合同条款

针对前面出现的合同样本化问题，法务部提出人力资源部门要明确具体服务需求，在合同中详细列出每项服务的具体内容、范围和执行标准，避免模糊描述导致的理解偏差，确保双方对服务内容有一致的理解。例如，将关键绩效指标中的服务响应时间和问题解决效率写入合同，避免出现在执行与承诺不一致的情况时双方之间出现合同争议的情况。同时，还要在合同中明确各个服务阶段的时间节点，确保服务按计划进行。由人力资源部门制订一些具体项目的进度计划，包括各个服务阶段的时间节点、里程碑和交付期限，通过自动化工单系统的对接，实时监控服务进展和时间节点，确保服务按时交付和实施。

人力资源部门认为合同中还需要制定问题解决的流程和标准，如问题的报告、处理、升级和反馈机制，确保问题能够按照规定的流程和时间节点得到解决。管理层根据人力资源部门的建议提出设定问题解决的责任人和协调机制，确保问题得到及时处理和解决。例如，在问题升级流程中，设立问题处理的责任人和处理时限，确保问题能够得到及时响应和解决，减少对业务进度的影响。

2. 质量保证条款

法务部提出要在合同中规定定期的服务质量检查程序，将管理层提出的评估小组和第三方评估机构的工作写进合同条款，评估供应商的服务质量和执行情况，确保服务质量符合合同要求；同时要在合同中规定，当服务质量未达标时的具体补救措施，由人力资源部门制定补救措施的具体内容和实施流程，例如，要求供应商重新提供合格的服务或者进行返工，还要设定补救措施的时间要求和质量标准，确保补救措施能够有效解决问题。

财务部提出要有相应的赔偿条款，明确供应商因服务不达标而承担的经济赔偿责任。在合同中设定补偿机制的具体条款，如赔偿金额、赔偿方式和赔偿条件，并设定赔偿责任的上限和赔偿期限，确保供应商的赔偿责任明确和可操作。例如，若供应商未按约定完成服务，EG 公司可以要求供应商支付一定比例的违约金或赔偿费用，确保 EG 公司的权益得到保障。

3. 增加灵活性和适应性条款

合规部门针对前期与 B 公司的沟通提出要添加变更管理的流程和标准，明确变更的提出方式、评估程序和批准流程，确保变更的合理性和合规性。例如，针对前期合同样本化的问题，EG 公司要根据本次会议制定出与 EG 公司相匹配的定制合同，与 B 公司变更合同条款，此时需要与 B 公司协商并提出纸质的变更申请，确保变更的影响和风险得到充分评估和控制。同时，在合同中，EG 公司、B 公司双方要设立调整条款，规定在业务变化时，如何调整服务的内容、范围和费用，确保合同的灵活性和适应性。例如，若 EG 公司在合同期内增加或减少服务内容，供应商应根据变更的要求，调整服务的内容和费用，确保双方的利益得到平衡和保护。

随着上述问题的解决，双方的合作虽在一定程度上取得了较好的发展。但信息的不对称依然存在，如何更好地发挥供应商的作用来缓解 EG 公司发展过程中的人事压力，依然是一个需要不断探索和关注的课题。

思考题

1. 什么是人力资源管理外包？结合材料，分析 EG 公司选择人力资源外包的初衷是什么。

2. 什么是信息不对称？结合材料，分析 EG 公司所选择的外包供应商为什么会出现大量的问题。

3. 人力资源管理外包的注意事项有哪些？结合 EG 公司的案例，分析如何避免人力资源外包中的合同纠纷。

4. 提升人力资源管理外包质量的措施有哪些？通过此案例，分析 EG 公司如何提升对外包项目的监控和管理能力。

案例二　美的集团人力资源信息化与数字化转型的深度剖析

摘要：美的集团作为中国家电行业的领军企业，其人力资源信息化与数字化转型历程可划分为四个关键阶段。在基础事务支撑阶段（2005 年以前），美的主要聚焦基础事务性工作。随着业务增长，美的于 2003 年启动管理提升项目，引入先进管理理念与 IT 技术，奠定了其数字化转型的基础。进入专业体系运作阶段（2005—2012 年），美的全面推广新 HR 系统，巩固组织、职位、薪酬体系，并深化绩效管理和人才管理，推行全面矩阵式考核体系，启动 HR-BI① 项目，构建完善的人力资源分析体系，为决策提供有力支持。人才与员工服务阶段（2013—2016 年），美的在专业上重点实施了人才管理系统和在线学习系统，同时加强了员工服务方面的移动互联网应用。最后是全球一体化支撑阶段（2017 年至今），美的集团基于以员工为中

---

① HR-BI（人力资源商业智能）是指借助专业的 BI（商业智能）工具，对 HR 相关数据进行深入挖掘和多维分析，使人力资源管理工作与企业经营连接，实现人力资源管理真正伴随企业战略变化，并真正实现人才拉动和驱动企业发展。

心的理念全面重新梳理 HR 业务流程、机制，并从 0 到 1 自研建设 HR 数字化产品，不仅为企业管理水平的提升树立了标杆，也为其他企业提供了宝贵的借鉴经验。本案例将深入剖析美的集团人力资源信息化与数字化转型的四个阶段，并结合具体实例，探讨其成功经验与启示。

关键词：人力资源管理；数字化；信息化

一、 引言

在全球经济一体化背景下，企业间的竞争愈发激烈，高效的人力资源管理成为企业持续发展的重要驱动力。美的集团作为中国家电行业的领军企业，其人力资源信息化与数字化转型的历程，展示了美的如何通过信息化、数字化手段，逐步构建并优化人力资源管理体系，为企业的快速发展提供有力支撑。

二、 基础事务支撑阶段 （ 2005 年以前 ）

在这一阶段，美的人力资源管理主要聚焦于基础事务性工作，如员工关系管理、员工入离职手续、劳动合同签订、工资发放及社保购买等。此时，美的集团尚未建立系统化的职群职种、职级职等、薪酬带宽及绩效管理体系。系统支持方面，主要依靠美的信息科技公司（赛意的前身）开发的 C/S 架构人事与工资系统，这些系统需要客户端安装，操作相对繁琐。

随着业务的快速增长，美的集团 2000 年营收突破百亿，2002 年更是达到 150 亿元。然而，集团人力资源部门意识到当前的人力资源管理水平未能跟上业务发展的步伐，难以满足复杂管理的需求。为了应对这一挑战，美的集团人力资源部于 2003 年年底启动了人力资源管理提升项目，旨在通过引入咨询公司与 IT 实施公司，将先进的管理理念与 IT 技术相结合，推动人力资源管理的专业化发展。在这一过程中，美的集团克服了系统老旧、操作不便等挑战，逐步建立起组织、职位、薪酬、绩效等体系，为后续的数字化转型奠定了坚实的基础。

三、 专业体系运作阶段 （ 2005—2012 年 ）

随着互联网时代的到来，美的集团在基础事务支撑阶段的系统研究也逐渐深入，人力资源部门追求更加便捷的 HR 系统。2005 年，美的集团新的

HR 系统在试点单位成功上线，美的集团迅速将这一系统推广至全国各地的生产基地，这标志着其人力资源管理全面进入专业体系运作阶段。此阶段，美的集团不仅巩固了前一阶段建立的组织、职位、薪酬体系，还逐步深化了绩效管理、人才管理等领域的专业化运作。

好景不长，由于"双信"团队中的软件公司发生业务调整，原系统支持不力，影响到 HR 系统的稳定运转，2007 年美的集团人力资源部门决定更换系统。在系统出现问题到寻求解决方案的过程中，人力资源部门十分苦恼，受限于软件市场环境以及公司内部个性化的定制需求，人力资源部门联合信息技术部门仔细对比国内外多家软件厂商，并逐一进行调研。在调研过程中，人力资源部门提出的最核心要求是软件能够满足集团内部个性化定制需求，由于当时的套装软件稀缺，国外软件定制价格昂贵且需求沟通困难，最终基于多方面的考虑，选择了与国内软件厂商合作。这次系统切换能够顺利进行，得益于前期形成的完善的基础数据标准，数据迁移及初始化整理的彻底，确保了新系统上线后数据的完整性和准确性。

2009 年后，美的集团重点加强了绩效管理。在绩效管理方面，美的集团逐步推行了全面矩阵式考核体系，将员工的绩效表现与公司的战略目标紧密联系在一起。通过 HR 系统，HR 可以轻松地收集、整理和分析绩效数据，为员工的晋升、薪酬调整等提供有力依据。这种以结果为导向的绩效管理模式极大地激发了员工的工作积极性和创造力。同时，招聘系统也开始投入使用，实现了校园招聘和社会招聘的全面线上化。这一举措不仅提高了招聘效率，还降低了成本，为美的集团吸引了更多优秀人才。

2011 年，美的集团启动了 HR-BI 项目，旨在构建完善的人力资源分析体系。在建设 IIR-BI 项目的初始，人力资源部门面临着巨大的挑战。面对众多的人力资源数据，如何去整合与标准化、如何梳理指标体系成为摆在人力资源部门面前的一道道难题。为了完成建议邀请书（RFP）的梳理，人力资源部门仔细整理了 HR 系统内部的指标形成了内部劳动力市场、人力资本管理、人力资源运营管理、信息与知识管理四大类别的分析体系。当人力资源部门带着 RFP 与咨询公司合作时，咨询公司反馈，这是他们做 BI（商业智能）业务以来，见到的最详细的 RFP，从来没有哪个客户在项目开始之前能有这么系统化的思维。该系统能够实时监控人力资源各项指标的变化情况，为管理层提供及时、准确的人力资源分析报告和决策支持。HR-BI 系统于 2012 年正式上线，至今仍在广泛使用。这一项目的成功实施，为美的集团提供了强大的人力资源数据分析能力，支持其更科学地进行决策和管理。

这一阶段的转型不仅使美的集团的人力资源管理更加专业化和规范化，也为公司的快速发展提供了有力的人才保障。然而，随着市场竞争的加剧和技术的不断进步，美的集团并未停下前行的脚步，而是继续探索更加高效、智能的人力资源管理模式。

四、 人才与员工服务阶段 （2013—2016 年）

在 HR-BI 项目成功上线以后，人力资源部门可以准确识别集团内部人才的需求，随着人力资源管理受到互联网和移动互联网的影响，美的集团人力资源管理软件逐步走向自研为主的阶段。有了 HR-BI 的支撑，美的集团能准确分析出公司人才的需求，在专业上重点实施了人才管理系统和在线学习系统（"美课"），同时加强了员工服务方面的移动互联网应用。

美的集团通过实施人才管理系统，支持了"航系列"的人才分层培养与人才梯队建设。该系统不仅为员工提供了清晰的职业发展路径和个性化的培训方案，还促进了内部人才的合理流动和优化配置。与此同时，美的还推出了"美课"在线学习平台，为全体员工提供丰富的学习资源。该平台不仅涵盖专业技能课程，还包括领导力、创新思维等软技能培训。员工可以根据自己的需求和时间安排，随时随地在线学习，实现自我提升。据统计，"美课"平台上线以来，员工参与率超过 90%，学习成效显著。

在移动互联网浪潮下，美的集团积极探索员工服务的新模式。通过美信、"美+"等移动应用，员工可以方便地办理各类人事手续、查询个人信息、参与内部交流等。这些应用不仅提升了员工体验，还增强了员工的归属感，提高了员工的满意度。基于美信的员工自助服务应用得到了广泛认可，特别是"美的人生"小应用。该应用通过便捷的操作界面和丰富的功能模块，为员工提供了包括薪资查询、假期申请、培训报名等在内的全方位服务。美的高管对"美的人生"的认可与分享，进一步推动了该应用的普及和应用效果的提升。"美+"是专为车间员工设计的移动应用，它让一线员工有了发声的渠道。员工可以通过"美+"对一线管理提出反馈意见，这些意见将直接传递给事业部总经理和集团人力资源部，确保问题得到及时解决。同时，"美+"还实现了与一线工人工资直接挂钩的"葡萄图"绩效管理，员工可以清晰地看到自己的绩效表现和工资收入，这激发了员工的工作积极性和创造力。

五、全球一体化支撑阶段（2017年至今）

随着经济全球一体化的发展，美的集团的人力资源管理自2017年起进入了全球一体化支撑阶段。这一阶段，美的集团基于以员工为中心的理念全面重新梳理HR业务流程、机制，并从0到1自研建设HR数字化产品。这些数字化产品不仅覆盖了人力资源管理的各方面，还实现与业务系统的深度集成和数据共享。

美的集团自研的HR数字化产品包括招聘管理系统、绩效管理系统、培训管理系统等多个模块。这些系统不仅功能强大、操作便捷，还具备高度的灵活性和可扩展性。例如：招聘管理系统通过AI智能筛选简历、视频面试等功能提升了招聘效率和质量；绩效管理系统则通过大数据分析为管理者提供了精准的绩效评估和反馈建议。此外，这些系统还支持多语言、多时区等功能，满足了美的集团全球化运营的需求。

在全球一体化支撑阶段，美的集团还全面优化了HR业务流程和机制。通过引入先进的流程管理理念和方法论，美的集团实现了HR业务流程的标准化、自动化和智能化。同时，美的还建立了完善的HR数据治理体系和数据安全机制，确保了HR数据的准确性和安全性。这些优化措施不仅提升了HR工作效率和决策能力，还为员工提供了更加便捷、高效的服务体验。

通过自研数字化产品的应用和业务流程的优化，美的集团不仅显著提升了员工的满意度和忠诚度，还促进了HR专业能力的不断提升。员工可以通过数字化平台轻松完成各类HR事务的办理和查询；HR则可以通过数据分析更好地了解员工需求和企业运营状况，为管理层提供更加精准、有价值的决策支持。这种双赢的局面为美的集团的持续发展奠定了坚实的基础。

在人才与员工服务阶段，美的集团通过自研为主、员工体验为核心的策略，实现了人力资源管理的新飞跃。他们不仅建立了完善的人才管理系统和在线学习平台，还通过移动互联网应用的创新和弹性福利平台的推出，为员工提供了更加便捷、个性化和贴心的服务。这些举措不仅提高了员工的满意度，增强了员工的归属感，还为公司的持续发展奠定了坚实的人才基础。展望未来，美的集团将继续深化人力资源信息化与数字化转型，不断探索新的管理模式和服务方式，为员工创造更加美好的工作环境和发展空间。

思考题

1. 美的集团在人力资源信息化与数字化转型的四个阶段中，每个阶段的主要任务和成就是什么？

2. 美的集团在实施 HR-BI 项目时面临了哪些挑战，又是如何克服的？

3. 美的集团自研 HR 数字化产品对其全球一体化运营有何影响？

案例三 "浴火重生" —— CW 公司校园招聘信息化的变革之路

摘要： 在数字化转型的浪潮推动下，CW 公司针对传统校园招聘中效率低下、流程复杂、人才匹配度不高等问题，发起了一场全面的信息化改革——"智慧招聘"计划。通过深度整合云计算、大数据、人工智能等前沿技术，CW 公司成功搭建了一个集高效性、智能化、用户体验优化于一体的数字化招聘平台。该平台不仅实现了从简历投递到录用通知的全流程自动化，还通过精准的数据分析和智能推荐算法，大幅提升了招聘的精准度和效率。同时，CW 公司还加强了雇主品牌的多维度宣传，进一步巩固了其在人才市场的竞争力。本案例将详细阐述 CW 公司"智慧招聘"计划的实施细节、面临的挑战、应对策略，以及取得的显著成效。

关键词： 人力资源管理；校园招聘；信息化

一、引言

随着信息技术的飞速发展，企业对人才的需求日益个性化、复杂化，但传统的校园招聘方式却难以满足这一需求。传统方式下，候选人需要穿梭于各大招聘网站、校园招聘会之间，而企业则需要投入大量的人力、物力去筛选简历、安排面试，整个过程繁琐且效率低下。此外，由于信息不对称和人为因素的干扰，招聘的精准度和满意度也大打折扣。CW 公司作为行业内的领军企业，深刻认识到这一问题的严重性，因此决定启动"智慧招聘"计划，利用信息化手段对校园招聘流程进行全面改造，以期在激烈的市场竞争中脱颖而出。

二、痛点分析与目标设定

（一）痛点分析

随着公司业务的发展和人才培养的需要，CW 公司每年需要招聘的应届生非常多，因此在每年校招季开始时，CW 公司人力资源部门员工不停奔走于线下的校园宣讲会，现场招聘耗时耗力，招聘的效果欠佳，难以满足公司所需。CW 公司人力资源部门在本年度校招结束后，开会讨论如何能够对校园招聘进行优化，大家在会上提出了以下问题：

简历投递渠道分散：候选人可能通过公司官网、第三方招聘网站、社交媒体等多个渠道投递简历，导致 HR 需要花费大量时间整合来自不同渠道的信息，且难以保证信息的准确性和完整性。

筛选过程耗时费力：面对海量的简历，HR 需要逐一阅读、筛选，这一过程不仅耗时耗力，还容易因为主观判断失误而错失优秀人才。

面试安排繁琐：面试时间、地点的协调需要 HR 与候选人、面试官进行多次沟通确认，且易受天气、交通等外部因素影响而变动，增加了招聘的不确定性。

人才评估主观性强：面试官在评估候选人时可能受到个人经验、偏见等因素的影响，导致评估结果不够客观、公正。

（二）目标设定

人力资源部门在对校园招聘痛点进行总结分析后，各抒己见，针对以上的痛点问题提出了一系列解决策略，整个部门围绕着痛点归纳出了以下目标：

建立统一的数字化招聘平台：通过数字化招聘平台实现简历的集中收集、自动筛选与匹配，提高招聘效率；同时，提供便捷的用户界面和流畅的交互体验，提升候选人的满意度。

优化面试流程：引入在线面试技术，打破地域限制，实现远程面试；利用智能调度系统自动安排面试时间、分配面试官，减少人工协调工作量；通过 AI 辅助评估技术，为面试官提供客观、全面的候选人评估报告。

增强雇主品牌宣传：通过多渠道、多形式的宣传手段，如社交媒体营销、高校合作、线上线下活动等，提升 CW 公司的雇主品牌形象和知名度；同时，打造沉浸式企业体验环境，让候选人深入了解企业文化和工作环境。

提高招聘精准度：利用大数据分析技术深入挖掘候选人的能力、兴趣、价值观等信息；结合岗位需求进行精准匹配；通过智能推荐算法为 HR 推荐合适的候选人，提高招聘的精准度和效率。

三、 信息化改造实施

针对以上目标，人力资源部门起初打算购买市面上现有的招聘软件来满足自身的需求，在与多家公司的对接后，萌生了建立自己的招聘平台的想法。人力资源部门总监在公司高管会议上提出该项需求，公司董事长认为这是一个展现公司软件研发实力的绝佳机会，会上决定由人力资源部门牵头，联合公司技术研发部进行软件开发，由两个部门联合深入分析校园招聘的痛点和需要实现的功能，设计出适合 CW 公司自身需求的数字化招聘平台，依据招聘平台对校园招聘进行优化。同时，在进行雇主品牌宣传时，人力资源部门借鉴其他公司成功的经验，采用多样化方式对 CW 公司进行宣传。

（一）构建数字化招聘平台

CW 公司采用先进的云计算技术构建数字化招聘平台底层架构，确保平台的可扩展性、稳定性和安全性；引入大数据处理技术和 AI 算法对海量数据进行快速处理和分析；采用响应式设计确保平台在不同设备和浏览器上的良好兼容性。

数字化招聘平台包含简历投递、在线测评、视频面试、进度追踪、智能推荐等多个功能模块。候选人可以通过平台一键投递简历并参加在线测评；HR 可以实时查看简历筛选结果并安排面试；面试官可以通过视频面试与候选人进行远程交流；候选人可以随时查看自己的招聘进度和面试反馈；智能推荐系统会根据候选人的能力和岗位需求为其推荐合适的职位。

人力资源部门在提出需求时着重提出要做好平台交互功能，注重平台界面的简洁明了和交互的流畅性；提供个性化设置以满足不同用户的需求；设置在线客服和常见问题解答（frequently-asked questions，FAQ）区域以便候选人及时解决问题；通过用户反馈和数据分析不断优化平台功能和用户体验。

（二）优化面试流程

CW 公司在数字化招聘平台中引入视频面试技术，与腾讯会议实现生态对接，助力 CW 公司实现远程面试；支持多对一、一对一等多种面试模式以满足不同岗位的需求；在视频面试中增加面试记录功能以便面试官后续回顾和评估；通过 AI 技术对面试过程进行实时监控和分析以提高面试质量。

在数字化招聘平台中，CW 公司加入了智能调度系统，使人力资源部门能够通过平台使用智能调度算法自动安排面试时间、分配面试官；支持面试时间的灵活调整以应对突发情况；提供面试通知和提醒功能以确保候选人按时参加面试；通过数据分析预测面试高峰时段并提前做好准备。

根据人力资源部门的需求，技术部门在平台中加入了 AI 辅助评估工具，利用 AI 技术对候选人的简历和在线测评结果进行初步评估；提供候选人的能力图谱和兴趣偏好分析供面试官参考；通过自然语言处理技术对面试记录进行情感分析和关键词提取以辅助面试官做出决策；结合历史数据和岗位需求为人力资源部门推荐合适的候选人。

（三）强化雇主品牌宣传

利用微博、微信、抖音、领英（LinkedIn）等国内外主流社交媒体平台，CW 公司构建了全方位的雇主品牌形象。CW 公司通过定期发布企业动态、行业洞察、员工风采等内容，展现公司的创新力、责任感和人文关怀。同时，与知名 KOL、行业意见领袖合作，进行精准的品牌推广，吸引目标受众的关注和讨论。此外，还策划了一系列线上互动活动，如#CW 公司梦想启航#话题挑战赛、校园大使招募计划等，鼓励用户参与并分享自己的故事，进一步扩大品牌影响力。

CW 公司积极与国内外知名高校建立长期稳定的合作关系，通过设立奖学金、举办职业规划讲座、开展校企联合项目等方式，深化与高校的合作交流；每年定期举办线上线下的校园宣讲会，邀请公司高管、技术专家分享行业趋势、公司文化及职业发展路径，增强学生对 CW 公司的认知和认同；同时，提供实习机会和校园招聘绿色通道，为优秀学生提供实践锻炼和职业发展的平台。

为了让学生更直观地感受 CW 公司的企业文化和工作氛围，CW 公司还利用 VR/AR 技术打造了企业虚拟展厅和工作环境模拟系统。候选人只需佩戴 VR 设备，就能身临其境地参观公司办公区、研发中心、实验室等场所，了解公司的日常运作和团队氛围。此外，CW 公司还提供了虚拟试岗体验，让候选人能够模拟完成某项工作任务，提前感受岗位职责和要求，从而更准确地评估自己与岗位的匹配度。

四、 面临的挑战与应对策略

在初步完成 CW 公司数字化招聘平台后，技术部门进行了几轮测试来检查系统的稳定性，并在下一年度的校园招聘中对该数字化招聘平台进行试用，辅助人力资源部门进行校园招聘，在开发及使用过程中也出现了一些挑战。

（一） 技术集成与数据安全

在构建数字化招聘平台的过程中，CW 公司面临着技术集成复杂、数据安全风险高等挑战。为应对这些挑战，CW 公司采取了以下策略：一是选择成熟可靠的技术供应商和合作伙伴，确保技术方案的稳定性和安全性；二是加强内部技术团队建设，提升技术人员的专业能力和协作效率；三是建立完善的数据安全管理体系，采取加密传输、访问控制、定期审计等措施保障数据安全。

（二） 用户习惯与接受度挑战

尽管数字化招聘平台具有诸多优势，但部分用户可能由于习惯问题或对新技术的担忧而持观望态度。为提升用户接受度，CW 公司采取了以下策略：一是加大宣传推广力度，通过多渠道、多形式的宣传手段提高用户对平台的认知度和信任度；二是提供详尽的使用指南和操作视频帮助用户快速上手；三是设置在线客服和反馈机制，及时解决用户在使用过程中遇到的问题和困惑。

（三） 人才评估的客观性与公正性挑战

在实际校园招聘过程中，虽然 AI 辅助评估技术能够提升人才评估的客观性和效率，但当简历数量超过一定界限之后，仍存在算法偏见和误判等问题。为确保评估结果的公正性，CW 公司采取了以下策略：一是不断优化算法模型，通过引入更多元化的数据源和评估维度，提高算法的准确性和泛化能力；二是建立人工审核机制，对 AI 评估结果进行复核和校验；三是加强面试官的培训和管理，确保其在面试过程中保持客观公正的态度和判断。

通过实施"智慧招聘"计划，CW 公司成功地将传统校园招聘流程转化为高效、智能、用户友好的数字化招聘模式。这一变革不仅大幅提升了招聘的精准度和效率降低了招聘成本，还增强了 CW 公司作为雇主的品牌形象和吸引力，为公司的长远发展奠定了坚实的人才基础。未来 CW 公司将继续深化数字化转型，探索更多创新的人力资源管理实践，为企业的可持续发展注入新的动力。

思考题

1 CW 公司为何决定启动"智慧招聘"计划?

2 CW 公司的"智慧招聘"计划主要包括哪些方面的内容?

3 在实施"智慧招聘"计划的过程中,CW 公司遇到了哪些挑战?采取了哪些应对策略?

下篇
案例使用说明

第一章 人力资源战略与规划

案例一 AQ 庄园人力资源战略规划——SWOT 矩阵

案例使用说明：

一、 教学目标与用途

1. 教学目标

知识目标：理解市场趋势与人力资源战略的关联，掌握人力资源战略的核心要素，能够明确人力资源战略在提升企业竞争力、应对市场挑战和抓住发展机遇中的关键作用。

能力目标：培养学生运用所学知识分析 AQ 庄园在人力资源战略上面临的机遇与威胁，以及如何通过调整人力资源策略来应对这些挑战的能力。提升学生制定和实施人力资源战略决策的能力，锻炼学生的团队协作精神和沟通能力。

素质目标：培养学生对市场动态的敏锐感知能力，引导学生树立对企业和社会的责任感与使命感，理解人力资源战略对企业长远发展的重要性，培养学生的跨文化沟通能力和全球视野，强化学生的环保意识和可持续发展观念。

2. 教学用途

本案例适用于人力资源管理相关课程，如人力资源管理概论、绩效管理等，也可用于工商管理类课程中的相关模块。

二、 分析思路

首先，对 AQ 庄园进行 SWOT 分析，以明确其人力资源战略制定的基础。AQ 庄园在制定和实施人力资源战略时，应充分利用其内部优势，积极把握外部机会，同时正视并克服内部劣势，有效应对外部威胁，以实现可持续发展和竞争优势的持续提升。基于 SWOT 分析结果，制定 AQ 庄园的人力资源战略规划。

其次，根据市场机会和内部优势，确定 AQ 庄园在人力资源方面的战略定位，针对内部劣势和外部威胁，制定具体的人力资源策略。

最后，将战略规划转化为具体的行动计划，并设立监控机制，确保各项策略得到有效执行并建立反馈机制，及时调整策略以应对市场变化。

三、 理论知识与案例分析

1. 如何根据 AQ 庄园的外部环境和内部条件制定其人力资源战略？

【理论知识】

人力资源战略的制定需要综合考虑组织的外部环境（如市场需求、竞争对手、政策法规等）和内部条件（如组织文化、资源能力、员工素质等）。通过 SWOT 分析（优势、劣势、机会、威胁）等工具，企业可以明确自身的战略定位和发展方向。

【案例分析】

在分析 AQ 庄园在当前外部环境下（市场竞争加剧、消费者口味变化快、环保法规严格）及其内部条件（资源能力、企业文化）下如何制定符合发展需求的人力资源战略时，我们可以从以下几个方面进行深入探讨：

（1）外部环境分析

加强人才引进与培养，特别是市场营销、品牌管理、客户关系管理等方面的专业人才，以提升品牌影响力和市场份额。建立创新激励机制，鼓励员工提出新产品、新服务的市场策略，以快速响应市场变化，保持竞争优势。灵活构建跨职能团队，促进不同部门间的沟通与合作，快速捕捉消费者需求变化，并转化为产品开发或服务优化的行动。加强对产品研发、市场调研等人员的培训，提升他们对市场趋势的敏感度和创新能力。将环保理念融入企业文化，通过培训增强全体员工的环保意识，确保业务活动符合环保法规。招聘具有环保专业知识的人才，如环境工程师、可持续发展专家等，支持企业的环保项目和技术改造。

（2）内部条件分析

根据企业战略需求，合理配置人力资源，确保关键岗位有足够的高素质人才支撑。利用现代信息技术提升人力资源管理效率，如建立人力资源信息系统（human resource information system，HRIS），实现招聘、培训、绩效管理等流程的数字化、智能化。将企业的市场扩张、产品创新、环保投入等战略目标融入企业文化，使之成为员工共同的价值追求。营造开放、包容、创新的工作氛围，鼓励员工提出新想法、新建议，共同推动企业发展。

（3）人力资源战略制定

制定具有竞争力的薪酬福利政策，吸引并留住优秀人才。建立完善的职业发展路径和晋升机制，为员工提供成长空间和晋升机会。实施科学的绩效管理体系，将个人绩效与企业目标紧密挂钩。设计多元化的激励机制，包括物质奖励、精神激励、职业发展机会等，激发员工积极性和创造力。根据企业发展战略和员工个人发展需求制定系统的培训计划。鼓励员工参与外部培训、行业交流等活动，拓宽视野，提升能力。适时调整组织结构，优化流程，提高组织效率和灵活性。建立创新机制，鼓励员工参与创新活动，推动产品和服务的持续改进。

2. AQ 庄园在制定人力资源规划时，应如何确保规划与战略的匹配性并有效执行？

【理论知识】

人力资源规划是人力资源战略的具体化，包括人员需求预测、供给分析、招聘选拔、培训发展、绩效评估、薪酬管理等环节。规划应紧密围绕企业战略展开，确保人力资源配置与企业发展目标一致。

【案例分析】

AQ 庄园在制定人力资源规划时，确保规划内容与企业人力资源战略相匹配并有效执行，是一个系统性工程，涉及需求预测、培训发展、激励机制及执行机制等多个方面。以下是对这些方面的详细分析：

（1）市场需求扩张预测未来人才需求

AQ 庄园需进行详尽的市场调研，了解行业趋势、竞争对手状况及潜在市场需求，以此为基础预测未来的业务增长点和市场扩张方向。基于市场预测，明确未来业务发展所需的新岗位及现有岗位的升级需求，进而分析岗位所需的关键技能和能力。对比内外部人才供应情况，评估人才缺口，确定招聘和培养的重点领域。

针对不同岗位和员工发展需求，设计分层次、个性化的培训计划，包括技能提升、领导力培养、创新思维等。结合 AQ 庄园实际运营情况，引入案例分析、模拟演练等实战教学方式，增强培训的实效性和针对性。建立学习型组织，鼓励员工自主学习，提供在线学习资源、外部培训机会等，营造持续学习的氛围。

建立公平、透明的绩效考核体系，将员工绩效与薪酬、晋升、培训机会等挂钩，激发员工积极性。针对不同层级和类型的员工，设计差异化的激励措施，如股权激励、项目奖金、职业发展规划等，满足不同员工需求。强化企业文化建设，增强员工对企业的认同感和归属感，通过团队建设、文化活动等方式提升团队凝聚力。

（2）建立有效的执行机制

确保高层领导对人力资源规划的高度重视和支持，为规划执行提供必要的资源和决策支持。成立由各部门负责人组成的人力资源规划执行小组，明确各自职责，加强跨部门沟通与协作。

建立定期评估机制，对人力资源规划的执行情况进行跟踪和评估，及时发现问题并调整策略。利用数据分析工具，收集并分析人力资源相关数据，为决策提供科学依据。密切关注市场变化，根据外部环境和内部需求的变化，灵活调整人力资源规划的内容和策略。建立持续改进机制，不断优化人力资源管理体系，提升管理效能和员工满意度。

3. AQ 庄园在人力资源战略与规划的实施过程中，可能面临哪些风险，应如何预防和应对？

【理论知识】

人力资源战略与规划的实施过程中，企业可能面临多种风险，如人才流失风险、招聘失败风险、培训效果不佳风险、政策法规变化风险等。有效的风险评估和应对措施对于保障战略与规划的成功实施至关重要。

【案例分析】

AQ 庄园在人力资源战略与规划实施过程中，确实面临多种风险，这些风险来自市场环境、政策法规、内部运营等多个方面。以下是对遇到的具体风险及其预防和应对措施的分析：

（1）存在的风险

随着行业竞争加剧，竞争对手通过恶意提高薪酬、改善工作环境或提供更多发展机会来吸引 AQ 庄园的关键人才，导致 AQ 庄园人才流失。人才流失不仅会增加招聘和培训成本，还会影响团队稳定性和企业竞争力。

随着环保意识的增强，政府出台更严格的环保法规，要求企业投入更多资源用于环保设施建设、运营管理和废弃物处理等，从而导致企业运营成本增加。成本上升会进一步挤压企业利润空间，影响人力资源投入和员工福利。

技术进步导致部分岗位被自动化取代，同时催生新的岗位需求。员工需不断学习新技能以适应岗位变革，否则可能面临失业风险；企业则需投入资源，培训员工或重新招聘。

（2）预防和应对措施

构建积极向上的企业文化，强化员工对企业的认同感和归属感；举办各类团建活动，增强员工间的沟通和协作；关注员工职业发展，提供清晰的职业晋升路径。

利用线上线下多种招聘渠道，如社交媒体、专业招聘网站、校园招聘、内部推荐等，扩大人才来源；制定科学的招聘流程和标准，确保招聘到符合岗位需求的人才；根据岗位需求和员工能力制定个性化的培训计划；引入先进的培训方法和工具，如在线学习平台、虚拟现实技术等；建立培训效果评估机制，及时调整和优化培训方案。

建立政策法规监控机制，及时了解并研究相关政策法规的变化；根据政策变化调整企业战略和人力资源规划，确保企业合规运营；加强与政府部门的沟通与合作，争取政策支持和指导。

提供具有竞争力的薪酬福利体系，建立完善的绩效考核和激励机制；关注员工工作生活平衡，提供灵活的工作时间和远程工作机会；开展员工满意度调查，及时解决员工关切的问题；加大技术研发投入，推动产品和服务的创新；关注行业动态和技术发展趋势，提前布局新领域和新岗位；为员工提供技术培训和转岗机会，帮助他们适应岗位变革。

四、 关键要点

1. 改革与创新：AQ 庄园通过深刻反思与改革，实现了人力资源管理的转型与优化，展示了企业战略规划的重要性。

2. SWOT 分析：通过 SWOT 分析明确 AQ 庄园自身优劣势及外部环境的机会与威胁，为制定科学合理的人力资源战略提供了有力支持。

3. 专业团队建设：专业团队建设是人力资源战略规划的重要环节，构建多元化、专业化的团队，注重人才梯队建设与知识传承，确保企业长期稳定发展。

4. 持续改进：不断优化人力资源管理体系，引入先进管理工具与方法，提升管理效率与水平。

5. 以人为本：坚持"以人为本"的管理理念，关注员工成长与发展，增强员工归属感与忠诚度，为企业发展奠定坚实基础。

五、 课堂教学计划参考

1. 课前准备课堂教学设计方案

（1）课前预习阶段

资料预习：指导学生预先研读 AQ 庄园的案例材料，并深入学习与之相关的人力资源战略制定、实施流程、SWOT 分析等核心理论框架，为后续课堂讨论奠定坚实的知识基础。

问题导向预习：设置一系列与案例紧密相关的思考题，鼓励学生带着问题深入阅读，激发其主动思考与探索的兴趣，为课堂上的深入剖析做好心理准备。

（2）课堂实施环节

开篇引入：简短而精炼地阐述人力资源战略的核心价值与意义，随后概述 AQ 庄园的历史沿革及其当前面临的挑战，为案例分析的展开铺设背景。

问题分析：详细解析 AQ 庄园初期所面临的问题与挑战，引导学生理解企业转型的迫切性与必要性。

策略解析：通过 SWOT 分析框架，深入讲解 AQ 庄园如何识别自身优势、劣势，以及面临的机遇与威胁，并据此制定出一系列战略优化措施。同时，探讨这些措施的具体实施过程及其初步成效。

绩效优化：强调 AQ 庄园在持续改进绩效考评体系方面的努力与成效，探讨其对整体战略实施的支撑作用。

分组讨论：将学生划分为若干小组，每组聚焦一个关键思考题进行深入探讨，鼓励组内成员积极交流观点，碰撞思想火花。

成果展示：每组推选一名代表，在全班范围内分享本组的讨论成果，促进班级间的知识共享与思维碰撞。

问答环节：其他学生可就展示内容进行提问或补充，营造活跃的课堂氛围，促进知识的深入交流与理解。

教师点评：教师针对各组的展示内容及课堂互动情况进行点评，既要肯定亮点，也要指出不足，并提供进一步的学术指导。

总结升华：总结 AQ 庄园战略调整与优化过程中的经验教训，提炼出具有普遍适用性的原则与策略。

知识迁移：引导学生思考如何将所学知识与经验应用于更广泛的情境中，培养其跨领域、跨情境的问题解决能力。

（3）课后巩固与拓展

书面作业：要求学生撰写一篇关于 AQ 庄园人力资源战略规划与实施的综合报告，不仅要分析案例的成功之处，还需提出改进建议，以锻炼其批判性思维与综合分析能力。

阅读拓展：推荐学生阅读与人力资源战略相关的经典案例与最新研究成果，拓宽其视野，深化其对人力资源战略重要性的认识。

案例二　BM 公司的人力资源战略环境

答案解析：

1. 哪些具体政策对 BM 公司的人力资源战略有直接影响？BM 公司应如何利用这些政策优势？

【案例分析】

（1）具体政策或措施

税收优惠政策：针对农业、旅游业的税收减免或优惠，可降低 BM 公司的运营成本，增加盈利空间。

资金补贴政策：政府可能提供的项目补贴、研发补贴等，有助于 BM 公司扩大生产规模、提升技术水平。

人才引进政策：包括高层次人才引进计划、边疆和民族地区人才发展基金等，有助于 BM 公司吸引和留住优秀人才。

（2）利用政策优势

深入研究政策细节：BM 公司应成立专门小组，负责研究国家和地方政府的各项政策，确保全面了解并充分利用政策优势。

申请资金补贴：积极申请与公司发展相关的资金补贴，用于技术升级、产品研发或市场拓展等关键领域。

利用人才引进计划：结合公司实际需求，制订详细的人才引进计划，利用政策优势吸引和保留关键岗位人才。

参与政府合作项目：积极参与政府主导的人才培训、技能提升等项目，提升员工整体素质和技能水平。

2. 经济环境中的哪些因素可能对 BM 公司的人力资源战略产生重大影响？BM 公司应如何调整其人力资源战略以应对这些经济变化？

【案例分析】

（1）影响因素

经济增长速度：经济增长放缓可能导致市场需求减少，影响公司招聘和扩张计划。

消费水平：消费升级促使消费者对产品和服务提出更高要求，需要公司调整招聘和培训策略以满足市场需求。

产业结构与布局：产业结构调整可能导致某些岗位需求减少，同时催生新岗位需求。

金融市场与投资环境：金融市场波动可能影响公司融资能力，进而影响员工薪酬和福利水平。

（2）调整策略

灵活招聘计划：根据经济增长速度和市场需求调整招聘计划，避免过度扩张或招聘不足。

优化培训方案：针对消费升级和市场需求变化，优化员工培训计划，提升员工技能和服务质量。

调整岗位设置：根据产业结构调整趋势，及时调整岗位设置和人员配置，确保公司竞争力。

稳定薪酬福利：在金融市场波动时，保持员工薪酬和福利水平的相对稳定，增强员工归属感和忠诚度。

3. 技术环境中的哪些变化对 BM 公司的人力资源管理提出了新要求？BM 公司应如何适应这些变化并提升人力资源管理的效率和效果？

【案例分析】

（1）技术变化

数字化转型：要求 BM 公司实现人力资源管理的数字化、信息化和智能化。

智能化升级：如 AI、大数据、云计算等技术的应用，将改变工作方式和人员结构。

（2）适应策略

引入数字化工具：如智能招聘系统、在线学习平台、智能绩效管理系统等，提升招聘、培训和绩效管理的效率。

加强员工培训：针对数字化和智能化技术变革，加强员工的相关技能培训，确保员工能够适应新的工作环境和要求。

优化工作流程：利用数字化和智能化技术优化人力资源管理的工作流程，减少人为错误和繁琐环节。

建立数据驱动决策机制：通过收集和分析人力资源数据，为公司的战略决策提供有力支持。

关注员工体验：在数字化转型过程中，注重提升员工的数字化体验和工作满意度，增强员工的归属感和忠诚度。

案例三　大数据时代背景下
农业公司该何去何从

答案解析：

1. CTD 公司为何选择全面推进数字化转型作为其核心战略之一？

【案例分析】

CTD 公司选择全面推进数字化转型作为其核心战略之一，主要是因为数字化转型能够显著提升公司的信息化水平和数据分析能力。通过构建云计算平台、大数据处理中心以及智能化管理系统，CTD 公司能够打破传统农业的信息壁垒，实现数据的实时共享与协同处理。这不仅能够提高公司的决策效率，加大执行力度，还能够为精准农业、市场洞察与响应等战略提供强有力的数据支持。数字化转型是公司适应大数据时代背景、提升竞争力的关键举措。

2. CTD 公司如何通过精准农业战略提升农业生产效率和资源利用率？

【案例分析】

CTD 公司通过精准农业战略，利用物联网、人工智能等前沿技术，实现农业生产过程的精准化管理。公司部署智能传感器、无人机等设备，对农田环境、作物生长状态进行实时监测和数据分析。基于这些数据，公司能够制定个性化的种植方案，包括精准灌溉、精准施肥、病虫害预警等，从而显著提高农业生产效率和资源利用率。此外，精准农业还有助于减少农药和化肥的过量使用，提升农产品的品质和安全性，增强市场竞争力。

3. CTD 公司在人才引进与培养方面采取了哪些具体措施来支持其大数据战略？

【案例分析】

CTD 公司在人才引进与培养方面采取了多项具体措施来支持其大数据战略。首先，公司通过校园招聘、社会招聘等方式积极引进具有大数据分析和信息技术背景的高素质人才。其次，公司建立了内部培训机制，为员工提供系统的培训课程和实践机会，不断提升他们的专业技能和素质。再次，CTD 公司还与高校和培训机构建立合作关系，共同培养符合市场需求的大数据人才。最后，为了留住人才，公司还建立了健全的激励机制和晋升通道，为优秀员工提供广阔的发展空间和职业发展机会。这些措施共同构成了CTD 公司人才引进与培养的综合体系，为公司的大数据战略提供了坚实的人才保障。

第二章 职位分析与胜任力素质模型

案例一 XJZF 公司中层管理人员胜任力素质模型构建： 应对市场扩张与技术迭代的实践策略与反思

案例使用说明：

一、 教学目标与用途

1. 教学目标

学习目标：学生能够系统掌握胜任力模型的核心理论框架，包括其定义、发展历程、理论基础以及在现代人力资源管理中的重要性和应用价值；学生将深入了解胜任力模型在企业中层管理人员选拔、培训、绩效管理及职业发展规划中的具体应用技巧，掌握如何通过模型指导招聘面试、设计定制化培训计划以及进行绩效反馈与辅导。

能力目标：培养学生掌握胜任力模型的构建方法，包括岗位分析、绩效标准确定、行为事件访谈（BEI）、能力素质项提炼、分级描述及模型验证等步骤，并学会运用关键行为指标（KBI）、问卷调查、专家小组讨论等工具和技术，收集并分析数据，科学、客观地构建出符合企业实际需求的胜任力素质模型。

素质目标：培养学生的创新思维，鼓励他们不断探索和尝试新的管理理念和工具，推动人力资源管理领域的持续进步与发展；提升学生在人力资源管理领域的战略思维能力，使其能够从企业整体战略出发，思考和应用胜任力模型；锻炼学生在复杂情境中的应变能力和问题解决能力，使其能够在实际工作中灵活应对各种挑战。

2. **教学用途**

本案例旨在通过 XJZF 公司中层管理人员胜任力素质模型的构建过程，为学生搭建一个理论与实践相结合的学习平台。通过这一平台，学生能够全面提升在人力资源管理领域的实践能力、创新能力及战略思维，为未来的职业生涯奠定坚实的基础。

二、 分析思路

本案例细致且系统地探讨了 XJZF 公司中层管理人员胜任力素质模型的构建过程及其重要性。首先，本案例通过背景描述深入剖析了公司面临的市场扩张、技术迭代及管理复杂度提升等多重挑战，凸显了构建胜任力素质模型的紧迫性和必要性；其次，详细阐述了模型构建的具体过程，包括全面而细致的需求调研、基于专业团队的深入分析与能力要素提炼、运用因子分析与聚类分析进行模型构建与验证等关键环节，确保模型的科学性与实用性；再次，深入探讨了胜任力素质模型在公司人才选拔、定制化培训设计、绩效管理及职业发展规划中的具体应用，展示了模型如何助力公司实现精准识人、用人与育人，促进组织效能提升；最后，通过对构建过程的反思，提出了确保胜任力素质评估公正性与有效性的策略，同时探讨了如何根据企业内外部环境变化动态调整和优化模型，以持续适应公司发展需求。整个分析思路条理清晰，逻辑严密，为学生提供了宝贵的实践经验和理论指导。

三、 理论知识与案例分析

1. 为什么 XJZF 公司需要构建中层管理人员胜任力素质模型？

【理论知识】

胜任力素质：又称为胜任特征，是指能将某一工作（或组织、文化）中有卓越成就者与表现平平者区分开来的个人的潜在特征。这些特征可以包括动机、特质、自我形象、态度或价值观、某个领域的知识、认知或行为技能等。

胜任力素质模型：是指担任某一特定的任务角色所需要具备的胜任特征

的总和，即针对特定职位表现优异的那些要求结合起来形成的胜任特征结构。胜任力素质模型的构建通常需要组织内部的专业人员和领导者共同参与，以确保模型能够充分反映组织的价值观和文化。构建这一模型可能需要通过访谈、问卷调查、数据分析等多种方式收集相关信息和数据。构建完成后，胜任力素质模型可以在招聘、培训、绩效管理等多个方面得到广泛应用，以提高人力资源管理的科学性和有效性。

【案例分析】

（1）随着公司规模的不断扩张和业务范围的日益复杂化，中层管理人员逐渐成为连接高层战略决策与基层执行操作的桥梁与纽带，其角色重要性愈发凸显。作为战略执行的关键力量，中层管理人员不仅需要深刻理解公司的长远规划与发展蓝图，还需具备将宏观战略转化为具体行动方案的能力，以确保各项任务的高效执行与目标的顺利达成。

（2）在这个过程中，中层管理人员的能力水平直接成为衡量公司整体运营效率与战略目标实现程度的重要标尺。他们的领导力、决策能力、沟通协调能力、团队协作能力，以及对业务领域的深入理解，都将在很大程度上影响团队的士气、工作效率及创新潜力，进而影响整个公司的运营绩效和市场竞争力。

（3）构建一套科学、全面且符合公司实际需求的中层管理人员胜任力素质模型显得尤为重要。这一模型旨在通过系统梳理和分析，明确中层管理人员在当前及未来发展中应具备的核心能力要素，包括但不限于战略思维、团队管理、业务洞察力、变革推动能力、情绪智力，以及持续学习与创新等。这些核心能力的界定，不仅为公司提供了清晰的人才选拔标准，帮助公司从众多候选人中筛选出最符合岗位需求的人才，同时也为中层管理人员的个人发展指明了方向，激励他们不断提升自我，以更好地适应公司发展的需要。

2. 在构建胜任力素质模型时，如何确保识别出的素质具有代表性和实用性？

【理论知识】

素质是指个体在特定工作岗位或组织中，所具备的有利于高效完成工作任务的内在品质和能力。这些品质和能力可以是动机、特质、自我形象、态度或价值观、某个领域的知识、认知或行为技能等，它们能够明显区分出优秀绩效者与一般绩效者，是组织进行人员甄选、培训开发、绩效考核的重要依据。

【案例分析】

（1）在构建胜任力素质模型的过程中，一个不可或缺的环节便是通过广泛而深入的文献回顾来为模型的构建奠定坚实的理论基础。这一步骤旨在搜集并整理国内外关于中层管理人员胜任力研究的前沿理论、经典模型，以及行业最佳实践案例。通过系统分析这些文献，公司能够提炼出普遍适用于中层管理岗位的核心素质要素，如领导力、决策能力、沟通协调能力等，这些要素构成了胜任力素质模型的基本框架。同时，文献回顾还帮助公司把握未来管理趋势，确保所识别的素质具有一定的前瞻性和预见性，以应对不断变化的商业环境和挑战。

（2）为了确保识别的素质能够紧密贴合公司实际需求和文化背景，公司可以采取内部访谈与问卷调查相结合的方式。内部访谈旨在直接听取高层管理者、现任中层管理人员，以及关键岗位员工的声音，了解他们在日常工作中的真实体验、面临的挑战，以及对未来中层管理人员的期望。这些一手资料给公司提供了宝贵的洞察，能够帮助其识别出在特定情境下尤为重要的素质。同时，公司通过设计科学合理的问卷，面向全体员工发放问卷，收集对中层管理人员胜任力的看法和建议，进一步拓宽了信息收集的渠道，确保了数据的全面性和代表性。

（3）为了确保识别的素质既具有普遍性又能在实际工作中得到有效应用，我们进行了多轮次的反复验证和修订工作。这一过程中，我们可以邀请来自不同部门、不同层级的员工参与讨论，就初步识别的素质进行审议和反馈；根据反馈意见对素质进行逐一审视，剔除那些与公司实际情况不符或难以量化的要素，同时补充和完善那些被多次提及且对实际工作具有重要影响的新素质。我们通过这样的迭代过程，不断优化和完善胜任力素质模型，直至其能够全面、准确地反映公司对中层管理人员的期望和要求，并在实际工作中发挥实质性的指导作用。

3. 如何确保胜任力素质评估的公正性和有效性？

【理论知识】

（1）公正性指的是在胜任力素质评估过程中，所有参与者（包括评估者、被评估者，以及可能涉及的利益相关者）都能感受到评估的公平性、客观性和无偏见性。公正性主要体现在以下几个方面：

标准一致性：评估标准应当对所有被评估者保持一致，没有歧视或偏袒。这意味着评估标准应当明确、具体，并且是基于岗位需求和组织目标来设定的。

程序透明性：评估过程应当公开透明，所有参与者都能清楚地了解评估的步骤、方法和标准，这有助于减少误解和猜疑，增强评估的可信度。

评估者中立性：评估者应当保持中立和客观的态度，避免将个人偏见、喜好或情绪带入评估过程中。评估者应当接受专业培训，以确保他们具备评估所需的专业知识和技能。

反馈机制：评估结果应当及时、准确地反馈给被评估者，并提供明确的改进建议。这有助于被评估者了解自身在哪些方面存在不足，从而有针对性地进行改进和提升。

（2）有效性指的是胜任力素质评估能够准确地反映被评估者的实际能力和素质，为组织的人才选拔、培训和发展提供有价值的参考。有效性主要体现在以下几个方面：

标准相关性：评估标准应当与岗位需求和组织目标紧密相关，能够准确反映岗位所需的关键能力和素质。这有助于确保评估结果与实际工作需求的一致性。

方法科学性：评估方法应当科学、可靠，能够准确地测量被评估者的能力和素质。这包括选择合适的评估工具、确保评估过程的标准化和可重复性等方面。

结果预测性：评估结果应当具有一定的预测性，能够预测被评估者未来的工作表现和业绩。这有助于组织做出更明智的人才决策，如选拔合适的候选人、制订个性化的培训计划等。

持续改进：评估过程应当是一个持续改进的过程。组织应当根据评估结果和反馈意见，不断优化评估标准和方法，以增强评估的有效性和准确性。

【案例分析】

为了确保评估过程既公平又高效，我们可以从以下几个方面着手：

（1）设计科学合理的评估工具是确保评估公正性和有效性的基石。在制定评估体系时，应充分考虑中层管理人员的岗位特点、工作性质及胜任力素质要求，采用多元化的评估方法，如 360 度反馈评价表、行为事件访谈、项目案例分析、专业能力测试等。360度反馈评价表通过收集来自上级、同事、下属及自我等多方面的评价信息，能够更全面地反映被评估者的综合素质和表现，有效避免单一评价视角可能带来的偏见。同时，评估工具的设计应注重可操作性和实用性，确保评估过程简便易行，评估结果易于理解和应用。

（2）实施匿名评价是提升评估真实性和客观性的关键措施。在评估过程中，许多评价者可能会因为担心影响人际关系或得罪同事而有所保留，导致评价结果失真。因此，采用匿名评价的方式可以在一定程度上消除评价者的顾虑，鼓励他们更加真实、客观地表达自己的看法和意见。同时，为了保障匿名评价的有效性，需要确保评价过程的保密性和安全性，防止评价信息泄露或被篡改。

（3）定期对评估结果进行复核和校验是确保评估准确性和一致性的重要环节。评估结果可能受到多种因素的影响，如评价者的主观判断、被评估者的自我展示技巧等，因此公司需要建立科学的复核机制，对评估结果进行仔细审查和比对，确保结果的准确性和可靠性。此外，公司还可以通过与其他评估结果（如绩效考核、能力测试等）进行关联分析，进一步验证评估结果的一致性和有效性。

（4）建立有效的反馈机制是确保评估成果得以充分利用的关键。评估不仅仅是为了了解中层管理人员当前的素质水平，更重要的是，为了指导他们的未来发展。因此公司需要将评估结果及时反馈给被评估者，让他们了解自己在哪些方面表现优秀、在哪些方面存在不足，并明确未来的改进方向和发展目标。同时，公司还需要为被评估者提供必要的支持和帮助，如制订个性化的培训计划、提供导师辅导等，以促进他们的成长和进步。

公司通过设计科学合理的评估工具、实施匿名评价、定期对评估结果进行复核和校验，以及建立有效的反馈机制等措施，可以有效地确保胜任力素质评估的公正性和有效性，为公司的人才选拔、培养及绩效评估提供有力支持。

4. 基于胜任力素质模型的人才培养计划应如何实施？

【理论知识】

人才培养计划是一个组织或机构在特定时期内，为实现其战略目标，对人才进行系统规划、设计和实施的过程。它包括对人才需求的预测、培训课程的设计、教学方法的选择、评估机制的建立等多个环节。人才培养计划不仅关注个人在专业知识、技能和素质上的提升，还注重培养个人的综合素质、创新能力和社会适应能力。

【案例分析】

基于胜任力素质模型的人才培养计划，是一个系统而全面的发展框架，旨在通过精准定位与持续支持，助力中层管理人员实现能力与职位的精准匹配，进而推动公司整体战略目标的实现。该计划具体应涵盖以下几个核心方面：

（1）个性化培训方案的制订是人才培养计划的基石。通过前期对中层管理人员的全面评估，我们能够清晰地识别出每个个体在胜任力素质上的优势与短板。因此公司需量身打造一系列有针对性的培训课程与学习活动，不仅涵盖理论知识的学习，更注重实战技能的提升。这些培训方案将聚焦于每位中层管理人员的薄弱环节，通过定制化的学习内容、灵活多样的培训方式（如在线学习、工作坊、研讨会等），确保培训内容的精准对接与高效转化，助力其能力水平的显著提升。

（2）导师制度的建立为中层管理人员的快速成长提供了强有力的支持与引导。我们鼓励并安排高层管理者作为导师，与中层管理人员建立一对一或小组辅导的关系。导师们凭借丰富的管理经验与深厚的行业洞察，能够为中层管理人员提供宝贵的职业指导与经验分享，帮助他们解决工作中遇到的实际问题，明确职业发展方向。同时，这种紧密的师徒关系还能促进组织内部的知识传承与文化融合，增强团队的凝聚力与向心力。

（3）实践锻炼机会的提供是人才培养计划中不可或缺的一环。我们深知，理论学习与实践经验的有机结合是提升能力的关键，因此，我们要积极为中层管理人员创造多样化的实践平台，如跨部门合作项目、重大任务挑战、海外交流机会等。这些实践锻炼不仅能够让中层管理人员在真实的工作场景中运用所学知识，检验学习成果，还能锻炼他们的跨部门协作能力、问题解决能力及创新能力。通过不断地实践与学习循环，中层管理人员的综合素质将得到全面提升。

（4）定期跟踪与评估培养效果是确保培养计划有效实施的关键步骤。公司须建立一套完善的跟踪评估机制，对中层管理人员在培训过程中的表现、能力提升情况，以及工作绩效进行定期监测与评估。通过收集反馈意见、分析评估数据，公司能够及时发现问题与不足，并据此对培养计划进行必要的调整与优化。这种动态的调整机制确保了培养计划始终与公司的战略目标保持一致，同时也为中层管理人员的持续发展提供了有力的保障。

四、 关键要点

1. 市场扩张：XJZF 公司面临快速扩张的市场需求，需要快速响应并占领新市场。

2. 技术迭代：行业技术日新月异，要求管理层具备快速学习和适应新技术的能力。

3. 胜任力素质模型构建过程

（1）需求调研：通过问卷调查、访谈、小组讨论等方式，收集内部员工、高层管理者及外部专家的意见，明确中层管理人员所需的核心能力。

（2）能力要素提炼：基于调研结果，提炼出中层管理人员应具备的关键能力要素，如战略规划、团队管理、决策能力、创新思维、技术洞察力等。

（3）模型构建：将提炼出的能力要素进行系统化整理，形成胜任力素质模型框架，包括能力维度、具体能力项及行为描述。

（4）模型验证：通过小范围试运行、反馈收集与评估，对模型进行验证和调整，确保其有效性和实用性。

4. 模型成果与应用

（1）人才选拔：基于胜任力素质模型设计招聘流程和评估标准，提高人才选拔的精准度和效率。

（2）培训与发展：针对模型中的能力短板，定制个性化培训计划，促进中层管理人员的成长与发展。

（3）绩效管理：将胜任力素质纳入绩效评价体系，激励管理层不断提升自身能力，适应公司发展需要。

五、 课堂教学计划参考

1. 导入阶段（10 分钟）

引入话题：通过分享当前市场环境下企业面临的共同挑战（如市场扩张、技术迭代），激发学生的兴趣。

案例背景介绍：简述 XJZF 公司的基本情况及其面临的挑战，为后续讨论奠定基础。

2. 理论讲解（20分钟）

胜任力模型基础：介绍胜任力模型的概念、发展历程、构成要素及在企业中的应用。

构建方法：详细讲解胜任力素质模型构建的主要步骤（需求调研、能力要素提炼、模型构建与验证）。

3. 案例分析（40分钟）

分组讨论：将学生分为小组，每组负责分析案例中的一个关键环节（如需求调研、模型构建等）。

汇报分享：各小组派代表分享分析结果，全班讨论补充，教师适时引导。

关键问题探讨：引导学生围绕四个关键问题展开讨论，深化对案例的理解。

4. 实践应用（20分钟）

模拟构建：要求学生以小组为单位，模拟构建一个小型企业的中层管理人员胜任力素质模型。

评估反馈：各组展示模型，全班进行点评，教师提供反馈和指导。

5. 总结与反思（10分钟）

总结要点：回顾本节课的主要内容和关键点，强调胜任力素质模型的重要性及其构建方法。

学生反思：鼓励学生分享学习心得，提出自己在构建模型过程中遇到的问题及解决方案。

作业布置：要求学生结合所学，分析自己所在行业或企业构建中层管理人员胜任力素质模型的可行性和具体策略。

案例二　SDFJ 公司人力资源
各岗位胜任力素质模型的应用与成效

答案解析：

1. SDFJ 公司为何选择构建人力资源各岗位胜任力素质模型？

【案例分析】

SDFJ 公司选择构建人力资源各岗位胜任力素质模型，主要是为了提升人力资源管理效率，确保各岗位人员能力与公司战略目标相匹配。通过明确各岗位的胜任力要求，公司可以更加精准地进行招聘选拔、培训发展、绩效管理及职业发展规划，从而构建一支高素质、高绩效的人力资源队伍。

2. 在构建胜任力素质模型的过程中，SDFJ 公司采用了哪些主要方法？

【案例分析】

在构建胜任力素质模型过程中，SDFJ 公司采用多种方法，包括行为事件访谈法（BEI）、问卷调查、专家小组讨论等。这些方法有助于全面、深入地了解各岗位优秀员工的关键行为特征和能力要求，为提炼胜任力素质提供有力支持。

3. 胜任力素质模型在 SDFJ 公司的招聘选拔中如何应用？

【案例分析】

在招聘选拔中，SDFJ 公司依据胜任力素质模型设计招聘测评工具，如结构化面试题、能力测试等。这些测评工具旨在评估应聘者是否具备岗位所需的核心素质。通过对比应聘者的测评结果与岗位胜任力素质模型的要求，公司可以更加精准地筛选出符合岗位要求的优秀人才。

4. 如何确保胜任力素质模型的有效性和适应性？

【案例分析】

为确保胜任力素质模型的有效性和适应性，SDFJ 公司需要采取以下措施：一是定期对模型进行回顾和修订，根据业务发展需要和市场环境变化及时调整模型内容；二是建立反馈机制，收集员工、管理者及外部专家对模型的意见和建议，不断优化模型；三是加强培训宣传，确保全体员工对模型有深入的理解和认同，从而在日常工作中自觉践行模型要求。

5. 胜任力素质模型如何促进员工的职业发展？

【案例分析】

胜任力素质模型为员工职业发展提供了清晰的路径和方向。通过明确各岗位所需的胜任力素质及其权重，员工可以清晰地了解自己在职业发展中的优势和不足，从而有针对性地制订个人发展计划。同时，公司可以根据员工的胜任力素质评估结果，为员工提供个性化的培训和发展机会，帮助员工不断提升自身能力，实现职业目标。

案例三　XK 公司任职资格体系与胜任力素质模型的联系和区别

答案解析：

1. XK 公司的任职资格体系和胜任力素质模型在提升员工能力方面各有哪些侧重点？

【案例分析】

任职资格体系侧重于通过明确岗位要求和晋升标准，引导员工逐步提升知识、技能等外在能力以满足岗位需求；而胜任力素质模型则更关注对员工内在特质和潜在能力的挖掘与培养，以激发员工的内在动力和高绩效行为。

2. 在 XK 公司的人才招聘过程中，任职资格体系和胜任力素质模型是如何协同发挥作用的？

【案例分析】

在招聘过程中，XK 公司首先会根据任职资格体系的要求筛选符合基本条件的候选人；然后通过胜任力素质模型评估候选人的核心素质、潜在能力及与岗位的匹配度，从而选出最适合的人才。两者协同作用，确保了招聘的准确性和有效性。

3. 请简述 XK 公司如何根据企业战略发展动态调整任职资格体系和胜任力素质模型。

【案例分析】

XK 公司会根据企业战略发展的方向和重点，定期评估和调整任职资格体系和胜任力素质模型。具体来说，首先，企业会分析市场环境、竞争对手及内部资源的变化情况，识别出关键岗位和核心素质项的变化趋势；其次，通过专家小组讨论、员工反馈等方式收集意见和建议；最后，根据收集到的信息对任职资格体系和胜任力素质模型进行修订和完善，以确保其与企业战略发展的高度契合。

第三章　人员招聘

案例一　色彩斑斓的应聘者——
BL 公司背景调查规避潜在风险

案例使用说明：

一、　教学目标与用途

1. 教学目标

（1）理解背景调查的重要性

通过分析张栋这个案例，学生可以了解到背景调查在招聘流程中的关键作用，尤其是在帮助企业验证候选人个人信息时，可以看出候选人的真实能力以及诚信度。

（2）掌握问题解决和决策制定技巧

该案例是一个真实案例，所有流程与内容都是真实发生的，学生在学习案例的过程中，能够探讨并练习在发现候选人信息不一致时如何采取适当的措施，出现此类问题时如何汇报和解决，最终得出招聘决策。

（3）增强公正和透明的招聘意识

学生可以通过此案例学习如何保持招聘过程公正和透明的重要性，如何实施多部门协作和如何与候选人进行有效交流沟通。

（4）发展批判性思维和伦理考量

通过分析案例中的伦理困境和复杂情况，学生将增强批判性思维能力，学习在伦理和法律框架内做出职业道德决策，尤其在大部分人都认可候选人时，不丧失自己的判断能力，在关键时刻冷静思考，为每次招聘工作负责。

2. 教学用途

（1）案例研究：张栋的案例可以作为商学院或人力资源管理课程中的案例进行研究，用于讨论和分析招聘过程中的各种挑战和实践。

（2）角色扮演活动：教师可以利用此案例进行角色扮演活动，学生可以分别扮演 HR 经理、候选人及其他决策者，通过模拟面试和决策会议来加深对招聘流程的理解。

（3）辩论和小组讨论：该案例提供了多个讨论点，适用于组织辩论和小组讨论，帮助学生探索如何处理招聘中出现的道德问题和信息不一致情况。尤其是出现张栋这种情况时，多数人都在催促尽快办理入职手续以解决他们工作上的难题，作为 HR 该如何应对。

（4）写作和反思作业：教师可以要求学生就张栋案例撰写分析报告或反思文章，探讨他们如何应对类似情况，以及从中学到的人力资源管理和伦理课题。

（5）策略规划练习：利用案例中的信息，学生可以练习制定招聘策略和优化流程的方法，以提高招聘活动的效率。

二、　分析思路

（1）详细回顾案例情境

理解背景：首先，清晰地了解案例的背景信息，包括公司的类型、行业背景、职位描述、目前公司内部对于职位的看法以及招聘的具体要求。

审查事件流程：详细回顾张栋从申请到面试，再到背景核查的整个过程，注意每一阶段所涉及的关键活动和决策点。

（2）识别关键问题和挑战

识别问题：明确案例中出现的主要问题，如信息不一致的发现以及其对招聘流程的影响。

分析挑战：探讨 HR 如何应对这些挑战，包括与张栋的沟通、内部决策过程及最终的招聘决策。

（3）评估决策制定过程

决策依据：分析 HR 在做出不录用决定时所依赖的信息和标准。

程序正义：评估招聘过程中保持透明度和公正性，包括保持多部门参与和记录的详尽程度。

（4）探索替代方案和潜在解决方案

替代决策：讨论如果情况有所不同（如张栋提供了更多证据或解释），HR 可能会有哪些其他的决策选项。

改进措施：基于案例的经验，提出改进招聘流程和增强背景调查的策略。

（5）提炼教训和应用的实践建议

关键教训：总结从张栋的案例中学到的关键教训，如诚信的重要性和细致入微的背景调查的必要性。

策略建议：根据案例分析，提出具体的实践建议，以帮助其他组织优化他们的招聘和人力资源管理实践。

（6）撰写分析报告

结构化报告：将分析结果整理成结构化的报告或演示文稿，确保每一部分都清晰表达了分析的深度和广度。

三、 理论知识与案例分析

1. 请论述背景调查在招聘流程中的重要性。结合张栋的案例，分析背景调查结果如何影响 HR 部门最终的招聘决策。

【理论知识】

背景调查是确保招聘质量的关键环节，在企业招聘中是不可或缺的一个重要步骤，涉及人力资源的核心职能——确保企业吸纳合适、可靠的人才。此过程基于人力资源管理中的风险管理理论，旨在通过降低错误招聘的可能性来减少法律和声誉风险。

【案例分析】

背景调查不仅是核实信息的手段，更是一个筛选合适人才的关键步骤。这一过程直接体现了尽职调查原则，即企业在招聘前需充分了解候选人的过往经历和能力，以降低未来潜在的风险。实际操作中，这要求 HR 部门具备强大的信息收集和分析能力，同时需要配合法律规定和道德标准，避免侵犯隐私。

背景调查在招聘流程中至关重要，它有助于验证候选人提供的信息的真实性和准确性，确保候选人的资历和经验符合职位要求。在张栋的案例中，背景调查揭示了他的教育经历存在问题，这直接影响了 HR 部门的决策。这种调查有助于公司避免潜在的法律风险和声誉风险，确保招聘的质量和公司的长远发展。

2. 针对张栋的背景调查中出现了信息不一致的问题，HR 部门是如何处理这一问题的？你认为这种处理方式是否合理？请提出你的改进建议。

【理论知识】

当发现信息不一致时，与候选人进行沟通提供了解释或更正信息的机会。这符合人力资源管理中的道德和公正原则，确保每位候选人都能被公平对待，同时增强了招聘的透明度和 HR 与候选人之间的信任。

【案例分析】

沟通和反馈的理论强调的是信息交流的开放性和建设性，它有助于构建正面的候选人体验和企业文化。在实际应用中，企业可以通过建立标准化的反馈机制，确保所有候选人都能在面试后获得有价值的反馈。这种做法不仅有助于候选人的个人发展，还可以提高企业的吸引力，形成良好的雇主品牌。

在张栋的案例中，HR 部门发现他的教育背景与申请材料中提供的信息不符。HR 部门的处理方式是与张栋进行面对面的讨论，询问他关于背景信息不一致的具体情况。这种处理方式是合理的，因为它给了候选人一个解释或澄清的机会。然而，为了提高处理这类问题的效率和公正性，HR 部门可以考虑建立一个标准化的查询和反馈流程，确保所有类似情况都能得到一致和公正的处理。

3. 招聘决策会议中应采取哪些措施以确保决策的公正性和透明度？基于张栋的案例，分析如何平衡候选人的专业能力、背景调查结果与公司文化的适配性。

【理论知识】

招聘决策的公正性和透明度是决策理论的一部分，强调了多方参与和系统的决策过程的重要性。例如，公司通过使用评分系统或共识模型来提高决策的客观性和一致性。

【案例分析】

有效的决策过程需结合多方数据和意见来达成最终的招聘决定。实际操作中，企业可采用跨部门的决策小组，利用多元化的观点和评价标准来进行决策。此外，引入科技工具如人工智能和数据分析可以进一步提高决策的准确性和效率。

为确保招聘决策的公正性和透明度，招聘会议应包括多个部门的代表，并确保决策过程中的每一步都有详细的记录和相应的审核。在张栋的案例中，HR 团队通过评估他的专业技能、背景调查结果和与公司文化的匹配程度来做出决策。为平衡这些因素，团队可以设立评分系统或采用共识决策模型，以增强决策的客观性和一致性。

4. 对于未被录用的候选人，HR 部门应如何提供有效的反馈和职业发展建议？讨论此种做法的重要性及其可能带来的长期效益。

【理论知识】

提供具体而有建设性的反馈涉及人力资源的发展职能。这种实践不仅有助于候选人的成长，还能提升企业的品牌形象，符合人力资源管理中的人才管理和品牌管理理论。

【案例分析】

在人力资源管理中，持续的职业发展支持和正面的反馈机制是关键的员工留存策略。对于未被录用的候选人，提供具体的发展反馈可以转化为未来潜在的人才库资源。企业应定期审视和优化其反馈流程，确保它们具有建设性，符合企业的长期人才战略。

对于未被录用的候选人，如张栋，HR 部门应提供具体而富有建设性的反馈，指出其在哪些方面表现良好，以及哪些方面需要改进。这种做法不仅有助于候选人的职业发展，也能提升公司的品牌形象，并能吸引更多优秀人才。长期而言，这种透明和正面的沟通方式能增强公司的吸引力和员工的忠诚度。

5. 结合张栋的招聘案例，讨论 HR 部门在评估和总结招聘活动后，可以采取哪些措施来优化未来的招聘流程？提供具体的建议和理由。

【理论知识】

招聘流程的持续优化和评估涉及战略人力资源管理，强调招聘流程应与公司的整体战略相对接，并随着外部环境的变化进行适时调整。通过引入技术工具和定期培训，企业可以提高招聘流程的效率和效果，这体现了人力资源管理中的技术和战略整合理论。

【案例分析】

战略人力资源管理强调招聘流程需要与企业战略紧密对接。企业应不断回顾和更新其招聘策略，以适应快速变化的市场和技术环境。实施自动跟踪系统和候选人关系管理（CRM）工具可以提升招聘活动的效果，同时确保招聘流程的透明性和公平性。

根据张栋的案例，HR 部门在总结招聘流程后，可以采取以下措施来优化流程：首先，增加招聘前的内部培训，确保所有参与招聘的员工都对流程和评估标准有清晰的了解；其次，引入更多技术工具来管理和分析招聘数据，从而提高招聘的效率和质量；最后，定期回顾和调整招聘策略，确保它们能够适应市场变化和公司的战略目标。这些措施将有助于提升招聘流程的整体效率和效果。

四、 关键要点

1. 决策的任务：持续优化招聘流程，确保其与企业战略紧密对接，并能灵活适应市场和技术的快速变化。

2. 组织的内外部环境要素：招聘环境包含多层面因素，可以分为宏观经济环境（如市场就业率、行业发展趋势）、微观环境（如候选人的技能供需）和组织内部环境（如企业文化、内部人才需求）。

3. 决策的影响因素：招聘策略的制定受到外部市场环境、组织文化、HR 部门的能力和历史招聘效果的影响。

4. 背景调查的重要性：背景调查是了解和评估候选人真实性和适合性的重要工具，对维护企业的声誉和法律地位至关重要。

5. 招聘流程中的沟通策略：有效的沟通不仅有助于澄清信息不一致，还能增强候选人的参与感和对企业的好感。

6. HR 专业人士的关键能力：需要具备强大的判断力、沟通技能和道德观念，以确保招聘过程的公正性、透明性和效率。

五、 课堂教学计划参考

本案例可以辅助课堂教学。下面是课堂教学计划，仅供参考。整个案例教学的时间可以控制在 55 至 60 分钟。

1. 课前计划：提供案例正文和思考题，让学生在上课前完成预习和初步思考。

2. 课中计划：简单介绍案例的主要内容，明确本案例教学的目的和要求。

（1）分组讨论（10 分钟），按照班级学生人数，将学生分为若干组，每组以 4 至 8 人为宜，告知学生发言要求。

（2）小组发言（每组 5 分钟），每个小组选一位代表进行发言。

（3）归纳总结（15 至 20 分钟）通过分析问题和相关理论知识，加深学生对决策的任务、影响因素和原则等知识点的理解和思考。

3. 课后计划：如果有必要，请学生根据课堂上讨论的情况，以作业的形式给出更加具体的分析方案，使学生加深对知识点的理解，为后续章节内容的学习打好基础。

案例二　打破 PD 公司招聘边界：
社交软件的潜力与机遇

答案解析：

1. 考虑到 PD 公司之前使用传统招聘方法的挑战，社交招聘平台脉脉具有哪些独特的优势？这些优势如何帮助公司解决招聘难题？

【案例分析】

行业与职业相关的社区：在脉脉上，招聘者可以针对特定的行业和职业建立社区，这有助于吸引具有相应背景和技能的专业人士。这种有针对性的社区建设可以精确地聚焦目标候选人群，减少无关应聘者的干扰。

脉脉的社交属性给予了求职者与其他软件不同的使用感受，从应聘者的角度来看，接触新公司 HR 的感觉更像是与网友交流聊天，整个过程不会有非常"官方"感，交流更顺畅。

2. 社交招聘在招聘流程中起到了怎样的作用，尤其是在提升招聘效率和质量方面？

【案例分析】

提高招聘效率：对于招聘而言，找到更适合岗位的人员是最重要的，在脉脉的活动圈子中，交流的都是同行业的人员，能够排除大多数"跨行业"的应聘者。本次案例中，在其他招聘软件多次找寻不到合适人选的情况下，使用脉脉定点找寻，对特定的公司、部门进行收集，短期就可以得到意向的人选，社交招聘确实可以拓宽招聘渠道，提高招聘质量和效率。

3 为什么详细定义目标人群画像对于社交招聘至关重要？

【案例分析】

在本次案例中，正是因为公司对战略进行了调整更新，需要广告创意员这一岗位。目标人群画像中的能力、背景、过往公司，都是最终决定录用刘西的重要考量因素。有了这些关键因素，可以快速筛选候选者，选出最适合的人选。

案例三　信任之锚：对 ZJ 公司跳槽求职者个人信息真实与安全的探索

答案解析：

1. ZJ 公司在招聘过程中遇到的隐私保护问题是什么？具体分析一下产生这种情况的原因。

【案例分析】

ZJ 公司在招聘过程中面临的候选人隐私问题主要是个人信息的透露程度。由于招聘职位的级别较高，属于公司中上层管理者，候选人的管理能力和职业能力是招聘前需要彻底摸清楚的信息，这对于 HR 来说是有必要问清楚的。而对于候选人来说，这些内容都是较为敏感的信息，如果被流传到行业中，尤其是在自己现公司的系统中，对于候选人极为不利。所以在案例中，HR 希望尽可能地了解候选人的信息，而候选人则对于这些信息非常敏感，因此产生了矛盾。

2. 在本案例中，HR 团队在处理候选人信息时有哪些道德和法律上的疏忽？你认为这些问题应如何得到解决？

【案例分析】

在案例中，HR 团队可能在处理敏感信息、遵守平等就业机会法等方面存在疏忽。解决这些问题需要从制度和文化两方面入手：一方面，建立更严格的内部合规检查和审计流程；另一方面，通过培训和文化引导，提升员工对道德和合规的自觉性。公司人力资源部门应该根据市场情况，综合道德与法律因素，制定一套相对合适的隐私信息问询机制。

3. 如果你是 HR 部门的负责人，你会如何制定和执行一套内部监督机制来防止此类事件再次发生？

【案例分析】

需要制定一套标准化背景调查机制，涵盖学历、工作经历等关键信息，并分阶段实施：初步筛选时核实基本信息，面试通过后委托第三方机构深入调查。公司引入双重核查机制，提前告知候选人并获得授权，使用自动化工具管理流程，减少人为错误。同时，定期培训招聘团队，明确合规要求，并指定专人监督调查质量。发现信息不符时，及时终止流程，避免资源浪费。通过定期分析数据并持续优化，公司显著提升了招聘效率，确保了录用人员的真实性，减少了因信息不实导致的中断，使招聘流程更加高效、合规。

第四章　员工培训与开发

案例一　SG 艺术学校员工综合培训体系的革新之旅

案例使用说明：

一、 教学目标与用途

1. 教学目标

知识目标：理解员工培训与开发在人力资源管理中的战略地位，掌握有效培训计划的核心要素（如需求分析、课程设计、效果评估等），明确培训策略对提升员工效率、满意度及降低客户流失率的实际作用。

能力目标：培养学生通过分析 SG 艺术学校面临的挑战，识别企业人才战略问题的能力，掌握制订和实施培训计划的关键步骤，提升运用理论知识解决实际问题的能力，强化团队协作与沟通能力。

素质目标：增强学生对企业人才发展的责任感，引导其关注培训策略与组织可持续发展的关联，培养批判性思维和创新意识，理解跨文化背景下培训管理的适应性需求。

2. 教学用途

本案例适用于人力资源管理专业课程，如"人力资源开发与管理"，以及工商管理类课程中的人力资源模块。本案例可用于本科及研究生层次的案例教学，也可作为企业培训师或管理者的实践参考材料。

二、 分析思路

问题识别：引导学生分析 SG 艺术学校在员工培训方面所面临的挑战，探讨影响 SG 艺术学校学生流失率的关键因素。

解决方案：深入研究李校长和管理层如何设计和实施有针对性的员工培训计划，包括互动式培训、均等的培训机会和个性化职业发展路径等。

成效评估：让学生探讨改革后 SG 艺术学校的师生变化，如学生流失率降低、工作效率和员工满意度提升，以及这些变化背后的培训元素。

实践反思：基于案例结果，引导学生讨论如何在其他组织中应用或改进类似的培训计划。

三、 理论知识与案例分析

1. 结合案例分析，员工培训对于 SG 艺术学校为什么非常重要？

【理论知识】

培训需求分析：是指在规划与设计每项培训活动之前，由培训部门采取各种办法和技术，对组织及成员的目标、知识、技能等方面进行系统的鉴别与分析，从而确定培训必要性及培训内容的过程。培训需求分析就是采用科学的方法弄清谁最需要培训、为什么要培训、培训什么等问题，并进行深入探索研究的过程。它具有很强的指导性，是确定培训目标、设计培训计划、有效地实施培训的前提，是现代培训活动的首要环节，是进行培训评估的基础，对企业的培训工作至关重要，是使培训工作准确、及时和有效的重要保证。培训效果评估：是在受训者完成培训任务后，对培训计划是否完成或达到效果进行的评价、衡量。内容包括对培训设计、培训内容以及培训效果的评价。通常采用对受训者反应、学习、行为、结果四类基本培训成果或效益的衡量来测定。种类包括：培训及时性信息，培训及时性信息是指培训的实施与需求在时间上是否相对应；培训目的设定合理与否的信息，培训目的来源于培训需求分析。在设定培训目的时，是否真正全面、细致地对培训需求进行研究；培训内容设置方面的信息，培训的内容设置合理，就有可能达到培训目的，否则事倍功半；教材选用与编辑、教师选定、培训时间选定、培训场地选定、受训群体选择、培训形式选择与培训组织与管理等方面的信息。常用的指标包括：

（1）认知成果：可用来衡量受训者对培训项目中强调的原理、事实、技术、程序或过程的熟悉程度。认知成果用于衡量受训者从培训中学到了什么，一般通过笔试来评估认知成果。

（2）技能成果：用来评估技术或运动技能及行为方式的水平，它包括技能的获得与学习，以及技能在工作中的应用两个方面。

（3）情感成果：包括态度和动机在内的成果。

（4）绩效成果：用来决策公司为培训计划所支付的费用。

（5）投资回报率：指培训的货币收益和培训成本的比较。培训成本包括直接和间接成本，收益指公司从培训计划中获得的价值。

【案例分析】

从案例中赵先生儿子和王女士的经历可知，由于招生专员缺乏培训，服务不到位，引发学生退学和家长不满。经过培训改革后，学校通过增加"微笑服务月"等培训活动，提升了员工的服务意识和沟通能力，有助于改善与学生、家长的关系，提高学生满意度，减少学生流失率。黄老师提到班级人数过多影响教学质量，部分学生因课程难度或内容与预期不符而退课。通过培训，教师可以学习到更丰富的教学方法，提升教学能力，根据学生需求调整教学内容，从而提高教学质量。高学历招生专员因缺乏培训，过于依赖传统推销手段，不了解市场动态和招生策略，导致招生工作低效。培训能够使招生人员掌握有效的招生技巧，了解市场需求，精准定位生源，提高招生效率，拓宽招生渠道。培训资源分配不均衡导致团队内部出现隔阂与不满，通过均衡分配培训资源，建立共享平台等措施，可以促进员工之间的交流与合作，增强团队凝聚力，使员工更好地理解和认同学校文化。员工培训能够提升员工队伍的整体素质，使员工行为与学校整体利益保持一致，有助于实现学校的发展目标，为学校的长远发展奠定坚实基础，使学校在激烈的市场竞争中脱颖而出。

2. SG 艺术学校管理层在制订培训计划时应考虑哪些因素？

【理论知识】

成人学习理论：是研究成人在学习过程中所表现出的特点、规律及其影响因素的理论体系。美国教育心理学家马尔科姆·诺尔斯（Malcolm Knowles）是成人学习理论的主要代表人物。他认为，成人学习具有自我指导、目的性、经验性、实用性等特点。他的理论模型强调了成人学习者需要知道学习的目的和原因、具有自我指导的需求、拥有丰富的经验等。

【案例分析】

员工岗位需求：根据不同岗位，如招生专员、任课教师等的职责和技能要求，制定有针对性的培训内容。如招生专员需要学习招生策略、沟通技巧，教师需要提升教学方法、专业技能等。

员工培训需求：通过问卷调查、访谈等方式收集员工的培训需求，了解员工在工作中遇到的问题和希望提升的技能，确保培训内容贴近员工实际需求。

培训目标：明确培训是为了提升服务质量、教学质量，还是增强团队协作等具体目标，以便确定培训的方向和重点。

培训方式：结合传统课堂讲授与现代科技手段，如在线学习平台、智慧机器人互动、角色扮演等多样化培训方式，提高员工的培训互动性和参与度。

培训资源：合理分配培训资源，确保资源分配公平、公正、透明。既要考虑核心岗位员工，也要关注非核心岗位和新晋员工的需求，建立资源共享平台，提高资源利用效率。

培训预算：将培训预算纳入学校年度预算管理体系，确保培训投入的稳定性和可持续性。建立培训预算监控系统，对各项培训项目的开支进行核查和评估，保证资源有效利用。

培训评估：建立多维度的培训评估体系，包括培训前、中、后的评估，及时收集员工的反馈意见，了解培训效果，根据评估结果对培训计划进行调整和优化。

3. 结合案例思考，SG 艺术学校在进行员工培训改革后可能面临哪些新的难题？

【理论知识】

学习迁移理论：学习迁移理论主要研究一种学习对另一种学习的影响，即学员在培训中所学的知识、技能等能否有效地迁移到实际工作中。影响学习迁移的因素包括学习材料的相似性、学习者的原有知识经验、学习情境的相似性等。

【案例分析】

SG 艺术学校培训改革后虽然取得了一定效果，但如何长期保持员工的学习积极性和培训效果是一个难题。员工可能会在一段时间后出现懈怠，导致服务质量和教学质量再次下降。引入多样化的培训方式和建立资源共享平台等措施，可能会增加培训成本。在确保培训质量的前提下，如何控制培训成本，避免资源浪费，是学校需要考虑的问题。虽然学校为员工设计了个性化培养路径，但在实际操作中，可能会出现部分员工的个性化需求与整体培训计划之间的矛盾。如何在满足员工个性化发展的同时，保证整体培训目标的实现，需要进一步探索。另外，艺术培训行业市场变化较快，新的教学方法、艺术形式不断涌现。学校需要不断更新培训内容，以适应市场变化，但这可能会面临培训内容更新不及时、与市场需求脱节等问题。

尽管学校鼓励教师将培训成果应用于实际教学，但可能存在部分员工难以将所学知识和技能有效转化为实际工作成果的情况，影响培训的实际价值。

四、 关键知识点

员工培训是指企业或组织为了提升员工的技能、知识、工作效能和职业发展，以及促进组织目标的实现，而实施的一系列系统的、有计划的学习和训练活动。通过培训，公司可以帮助提高员工在专业技术或岗位操作上的能力，包括软技能（如沟通、团队合作、领导力）和硬技能（如编程、会计、制造工艺）的提升；帮助员工树立正确的工作态度，培养符合企业文化和价值观的行为模式；为员工提供发展和晋升的机会，通过培训和学习支持员工的职业生涯规划和发展；通过投资员工的培训和发展，增加员工对组织的认同感和忠诚度，降低员工流失率。

五、 课堂教学计划参考

本案例可以作为辅助课堂教学的案例来使用，下面的课堂教学计划，仅供参考。整个案例教学时间可以控制在 45 分钟以内。

1. 课程引入（20 分钟）

（1）学习员工培训与开发的相关知识。

（2）介绍 SG 艺术学校的背景和面临的问题。

（3）提出讨论问题：为什么员工培训对一个企业而言至关重要？

2. 小组讨论（15 分钟）

（1）学生分组，从不同角色的视角（如 HR 经理、团队领导、员工）研读案例。

（2）分析李校长及管理层团队采取的培训措施，讨论其创新之处及可能的改进点。

3. 学生交流（10 分钟）

（1）各小组分享讨论成果，对比不同组的分析差异。

（2）教师补充关键的培训与开发理论，指导学生理解理论与实践的结合点。

4. 作业与深入分析（课后）

学生根据课堂讨论和理论学习，思考如果你是 SG 学校的管理层，将如何设计有效的员工培训方案，使学生能够更清晰地理解和掌握员工培训与开发的重要理论和实践技能，从而在未来的工作中更有效地应用这些知识。

案例二　新员工蜕变记——
AK 公司的入职培训革新之路

答案解析：

1. 从 AK 公司成功改革新员工入职培训的经验来看，员工入职培训的要点包括哪些方面？怎样确保这些要点在企业中得到有效落实？

【案例分析】

第一，员工入职培训的要点

（1）企业概况与文化

企业背景：公司业务范围、创业历史、企业现状、行业地位、未来前景等。

企业文化：传达企业的经营理念、价值观、使命、愿景等，帮助新员工了解并认同企业文化。

（2）规章制度

员工守则：详细讲解企业规章制度、奖惩条例、行为规范等，确保新员工明确工作要求和纪律规范。

财务制度：费用报销程序、相关手续及流程，以及办公设备的申领使用等。

（3）岗位知识与技能培训

岗位职责：明确新员工的职位内容、工作目标及期望成果。

业务知识与技能：针对具体岗位，提供必要的基础知识和专业技能培训，包括业务流程、操作实务等。

（4）团队协作与沟通

团队合作：培养新员工的团队合作精神，促进跨部门沟通与协作。

沟通技巧：提供有效的沟通技巧培训，帮助新员工更好地与同事、上级及下属沟通。

（5）职业发展与规划

职业规划：引导新员工思考个人职业发展路径，提供必要的职业规划和成长建议。

晋升渠道：公司的晋升机制和晋升通道，激发新员工的工作积极性和进取心。

第二，确保要点有效落实的措施

（1）制定详细的培训计划

在新员工入职前，制订一份详细的培训计划，明确培训目标、内容、时间、方式等，确保培训过程的有序性和连贯性。

（2）个性化培训方案

根据新员工的职位、技能背景和入职岗位的要求，为其量身定制培训内容和方式，增强培训效果。

（3）选择专业的培训师资

指定有经验和专业知识的培训师进行授课，确保培训的专业性和质量。培训师应具备良好的沟通能力和教学技巧，能够与新员工建立良好的互动关系。

（4）多样化的培训方法

采用课堂讲授、实践操作、案例分析、角色扮演等多种培训方法，提高培训的趣味性和互动性，激发新员工的学习兴趣和积极性。

（5）定期评估与反馈

培训过程和结束后，通过问卷调查、考试或观察等方式了解新员工的学习情况和掌握程度。根据评估结果及时调整培训方案，确保培训效果达到预期目标。

（6）建立知识共享平台

建立内部知识共享平台或数据库，将培训资料、经验分享等内容进行整理和归档。新员工可以随时访问平台获取所需信息，提高培训的持续性和可复制性。

（7）持续跟踪与辅导

在新员工入职后的一段时间内，安排专人进行持续跟踪和辅导。了解新员工的工作进展和遇到的问题，及时给予指导和帮助，确保新员工能够顺利融入团队并适应工作环境。

2. 结合材料分析，新员工在培训期间遇到困惑或问题时，应该如何寻求帮助？

【案例分析】

新员工在培训期间，面对全新的工作环境、复杂的业务流程，以及可能存在的专业知识壁垒，难免会遇到困惑或问题。面对这些挑战，新员工首先应保持积极主动的态度，与培训师或指定的指导导师进行沟通。他们作为培训的专业人士，不仅熟悉培训内容和目标，还具备丰富的行业经验和教学技巧，能够迅速识别新员工的疑惑点，并提供及时的解答和指导。这种一对一的交流方式，不仅有助于新员工快速获得答案，还能加深其对知识点的理解和记忆。

在某些情况下，问题可能较为复杂或超出培训师和指导导师的即时解答能力和范围。此时，新员工不应气馁或放弃，而应进一步寻求帮助，例如，可以向上级主管反映情况，因为主管通常具有更全面的视野和更丰富的管理经验，能够针对新员工的问题给出更为全面和专业的建议。同时，人力资源部门也是新员工可以依赖的重要资源，他们不仅负责员工的招聘和培训，还关注员工的成长和发展，能够为新员工提供必要的支持和协助。

除了正式的沟通渠道外，许多公司还建立了内部论坛、社交媒体群组或专门的交流平台，以促进员工之间的信息共享和经验交流。新员工可以充分利用这些平台，发帖提问或参与讨论，向同事请教并分享自己的见解。这种方式不仅能够快速获得同事的帮助和建议，还能促进新员工与团队其他成员的互动和融合，加速其融入团队的过程。

案例三　ZC 公司员工培训体系的涅槃之路

答案解析：

1. 结合材料分析，为什么员工培训与开发对企业如此重要？

【案例分析】

在当今快速变化的市场环境中，技术和业务模式的更新迭代速度极快。ZC 公司通过员工培训与开发，能够确保员工掌握最新的行业知识、技术动态和业务流程，从而迅速适应市场变化，保持企业的竞争力和创新能力。经过专业培训的员工能够更准确地理解岗位职责，掌握高效的工作方法和技巧，从而提升工作效率。同时，专业技能的提升也意味着工作质量的提升，有助于 ZC 公司为客户提供更高品质的产品和服务，增强客户满意度和忠诚度。员工培训与开发不仅仅是技能的学习，更是企业文化的传承和强化。通过培训，员工能够更深入地理解 ZC 公司的文化理念、价值观和战略目标，增强对企业的认同感和归属感。这种共同的文化背景和价值观有助于形成强大的团队凝聚力，促进员工之间的协作与配合。员工是企业最宝贵的资源之一。ZC 公司注重员工的个人成长和职业发展，通过提供多样化的培训和发展机会，帮助员工实现自我价值的提升。这不仅有助于激发员工的工作热情和创造力，还能增强员工的忠诚度和稳定性，降低人才流失率；持续的员工培训与开发有助于 ZC 公司构建完善的人才梯队和储备体系。通过系统的培训和评估，企业能够识别并培养具有潜力的员工，为企业的长远发展提供源源不断的人才支持。这有助于确保企业在面对市场变化或业务扩展时，能够迅速调配人力资源，保持竞争优势。一个注重员工培训与开发的企业往往能够吸引更多优秀人才的关注，这些优秀人才的加入不仅提升了企业的整体实力，还通过他们的努力和成就进一步提升了企业的品牌形象和声誉。此外，员工在培训过程中获得的知识和技能也能够直接转化为企业的生产力和竞争力，从而为企业赢得更多的市场份额和客户信赖。

2. 在员工培训中，如何平衡理论与实践？

【案例分析】

在员工培训中，理论学习为员工提供了必要的知识框架和理论基础，帮助他们理解概念、原理和方法。而实践操作则能让员工将所学知识应用于实际工作中，加深理解和记忆，提高解决问题的能力。为了实现这一平衡，培训计划应包含足够的理论知识传授环节，如讲座、研讨会等，同时也要设置实践环节，如模拟演练、案例分析、实地考察等。此外，培训讲师应鼓励员工在培训过程中积极参与讨论、提问和分享经验，以促进理论与实践的有机结合。同时，企业还可以为员工提供实习机会或项目参与机会，让他们在实际工作中应用所学知识和技能。

第五章　绩效管理

案例一　敢问路在何方？　凯瑞集团绩效考评的困境

案例使用说明：

一、 教学目标与用途

1. 教学目标

知识目标：理解绩效考评体系的基本概念及其在企业管理中的重要性；掌握绩效考评体系的设计原理与实施方法；了解绩效考评体系中常见的问题及其产生的原因。

能力目标：培养学生分析和解决绩效考评体系问题的能力；提升学生在团队中协作解决问题的能力；锻炼学生批判性思维和创造性思维的能力。

素质目标：增强学生的责任感和职业道德观念；培养学生的团队精神和社会责任感；培养学生树立"以人为本"管理思想，关注员工需求，实现共同发展。

2. 教学用途

本案例适用于人力资源管理相关课程，如人力资源管理概论、绩效管理等，也可用于工商管理类课程中的相关模块。

二、 分析思路

第一，全面剖析凯瑞集团原绩效考评制度，从各个维度，如任务目标设定、个人综合素质考核、民主测评等方面入手，深挖其中存在的问题，如目标难以衡量、考核主观且不科学、人情因素影响等。第二，深入研究集团为应对这些问题所推行的优化措施，包括设定多维度任务目标、制定量化考核标准、改进民主测评机制等，评估这些措施在解决既有问题、提升考核公平性和科学性方面的作用及成效。第三，探讨优化措施在实际推行过程中可能面临的阻碍，如员工对新制度的适应问题、指标合理性的持续检验等。第四，综合整个过程，总结出具有普适性的绩效管理要点和策略，为其他企业提供可参考的经验。

三、 理论知识与案例分析

1. 结合材料分析，凯瑞集团原绩效考评制度存在哪些问题？

【理论知识】

绩效考评对组织发展至关重要，确保绩效考评的准确、科学、公正是每个组织追求的目标。然而在实际操作中，绩效考评制度常常会出现一系列问题，其中客观因素导致的问题，如考评目的不明确、考评标准缺失、绩效考评信息来源单一、考评方法选择不当、考评周期确定不合理；主观因素导致的问题，如晕轮效应、趋中倾向、宽大化或严格化倾向、考评者个人偏见、第一效应和对照效应等。

【案例分析】

（1）任务目标设定不合理。原始的绩效考评制度中，任务目标往往过高且难以衡量，如销售部门的销售额目标。这不符合 SMART 原则中的可达成性和可测量性，导致员工压力过大，且无法准确评估自己的表现。目标的设定没有很好地体现市场情况和员工的实际能力，缺乏灵活性和适应性，当市场条件变化时，固定的目标显得不切实际。

（2）个人综合素质考核过于主观。原考核体系中，对于员工的个人素质（如工作态度、团队合作等）的评价过于依赖直接上级的主观判断，缺少客观的评价标准和量化指标。这种主观性可能导致评价的不公正，增加员工的不满，降低绩效考评的公信力和激励作用。

（3）民主测评不真实。民主测评环节存在人情因素干扰，员工可能因为顾虑同事关系而不愿意给出真实的低分评价，使得测评结果失去参考价值。缺乏匿名和监督机制，进一步强化了测评结果的失真问题，影响了绩效考评的全面性和准确性。

2. 从凯瑞集团绩效考评制度优化的案例中，可以提炼出哪些对其他企业具有借鉴意义的绩效管理原则或经验？

【理论知识】

一个完善有效的绩效考评制度应具备明确合理的目标设定、清晰具体且可衡量的考核标准、公平公正的考核过程、及时有效的反馈与沟通机制，以及合理恰当的结果应用方式。实施绩效考评应当遵循公开性原则、客观性原则、及时反馈的原则、有差别的原则和避免"鞭打快牛"的原则。

【案例分析】

（1）目标设定的科学性与合理性。原绩效考评中任务目标设定不合理，过于依赖销售额，忽略了市场情况和员工的实际能力。张总将销售目标从单一的销售额转变为包括市场份额和新客户开发在内的多维度指标，这些指标更贴合实际市场情况和员工的工作内容。因此，企业在设定考核目标时，应确保目标的可达成性和相关性，考虑到市场变化和员工的实际工作环境，使目标既具挑战性又可实现。

（2）绩效考评的客观性与量化。原先的个人综合素质考核过于主观，缺乏客观的评价标准。现在引入详细的评分标准和量化指标，如解决技术难题的数量、团队合作的具体行为等，减少了直接上级的主观评价影响。因此，公司在制定绩效考评标准时，应使用具体、可衡量的指标，减少模糊和主观的评价标准，从而提高考核的公正性和有效性。

（3）民主测评的真实性与有效性。原绩效考评民主测评环节存在人情因素，导致评价结果不真实。现在实施匿名打分制，制定了具体的案例要求和评分细则，提高了民主测评的客观性和真实性。因此，在同事互评或下属评价中应引入匿名机制，确保评分的公正和真实，减少社会称许性和人情因素的影响。

（4）反馈机制的及时性与开放性。原绩效考评制度中，员工对制度的疑问和不满没有得到有效处理。如今张总亲自解释新制度的内容，及时回应员工疑问，并根据实际情况调整政策。因此，企业应建立开放和及时的反馈机制，允许员工对绩效考评制度提出疑问和建议，管理层需及时回应和适当调整，以提升制度的接受度和有效性。

（5）重视员工参与和反馈。员工参与是绩效管理体系中不可或缺的一环，能够让员工感受到自己的声音被重视，从而提高其对绩效考评制度的认可度。凯瑞集团通过召开员工座谈会，直接听取员工的意见和建议，这表明了企业对员工声音的重视。通过这种方式，企业能够更好地理解员工的需求和期望，制定出更加合理的绩效考评制度。

3. 请结合案例分析，谈谈你认为企业在设计和实施绩效考评体系时应该注意哪些问题。

【理论知识】

绩效管理不是短时期内一次性完成的活动，它是一个长期的动态过程，既是管理者和员工就应当实现何种目标以及如何实现这种目标大正公示的过程，也是一个行为改善和绩效改进的过程。因此。绩效管理应具有目标导向、强调发展、以人为本、系统思维、注重沟通等特征。

【案例分析】

（1）目标导向。绩效管理需以企业战略目标为核心，通过科学分解将组织目标转化为可执行的部门和个人目标，确保员工行为与战略方向一致。凯瑞集团初期因目标设定与战略脱节，如销售部仅以销售额为单一指标，导致员工行为偏离长期价值创造。优化后，任务目标结合行业竞争和战略，如市场份额增长、新客户开发，并引入弹性机制，根据市场变化调整目标，使考核真正服务于企业战略落地。

（2）强调发展。绩效管理不仅是奖惩工具，更应通过反馈和支持促进员工能力提升，实现个人与组织共同成长。原综合素质考核仅关注结果，如出勤率、工作态度，缺乏对员工能力短板的具体指导。优化后，引入量化行为指标和360度反馈，帮助员工识别改进方向，并通过动态调整机制，推动能力发展。

（3）以人为本。绩效管理需关注员工需求与感受，通过公平、透明的制度设计激发员工积极性，避免因考核引发抵触情绪。凯瑞集团初期因绩效问题导致员工离职率上升。优化过程中，通过员工座谈会收集意见，并实施匿名测评、弹性目标等措施，体现对员工权益的尊重。新制度实施后，员工满意度提升，离职率下降，体现了以人为本的重要性。

（4）系统思维。绩效管理需要具备全面的、相互联系的观点，需要掌握和使用多种技能和技巧，对绩效结果恰当归因并正确运用。查找问题时，公司从财务、业务、人事等多角度综合分析；优化措施制定也体现系统思维，任务目标设定结合市场、战略及多维度指标；民主测评改进从评分保密、评价维度细化到案例说明及监督小组设立，全方位确保测评客观性。

（5）注重沟通。绩效考评需通过双向沟通确保目标理解、参与过程，并及时调整。原制度因缺乏沟通导致问题频出。优化中，张总通过高层会议、员工座谈会收集意见；实施时，张总亲自向全体员工进行了详细的解读和培训；后续优化小组通过持续沟通调整方案，体现动态沟通的重要性。

四、 关键要点

1. 实施绩效考评的原则

公开性原则、客观性原则、及时反馈的原则、有差别的原则、避免"鞭打快牛"的原则。

2. 绩效考评中常见的问题

客观因素导致的问题：考评目的不明确、考评标准缺失、绩效考评信息来源单一、考评方法选择不当、考评周期确定不合理。

主观因素导致的问题：晕轮效应、趋中倾向、宽大化或严格化倾向、考评者个人偏见、第一效应和对照效应等。

3. 凯瑞集团案例的应用

识别并解决绩效考评体系中的问题，实施有效的优化措施，持续改进绩效考评体系。

五、 课堂教学计划参考

1. 课前准备

（1）阅读材料：要求学生提前阅读凯瑞集团的案例及相关理论知识，包括绩效考评的基本概念、原则和常见的问题等。

（2）预习思考题：提供案例中的思考题，让学生带着问题阅读案例，思考如何解答。

2. 课堂安排

（1）导入：简要介绍绩效考评在企业管理中的重要性；概述凯瑞集团的发展历程和面临的挑战。

（2）案例讲解：分析凯瑞集团原有绩效考评体系中存在的问题；讲解凯瑞集团采取的优化措施及其实施效果；强调凯瑞集团如何持续改进绩效考

评体系。

（3）小组讨论：将学生分成小组，每组围绕一个思考题进行讨论；每组选出一位发言人，准备在班级分享讨论结果。

（4）班级分享：每组发言人分享讨论结果，其他同学可以提问或补充；教师根据学生的回答进行点评和补充。

（5）总结与反思：总结凯瑞集团绩效考评体系优化的经验教训；强调绩效考评体系设计和实施的关键考虑因素；引导学生思考如何将这些经验和原则应用于其他情境。

3. 课后作业

（1）书面报告：要求学生提交一份关于凯瑞集团绩效考评体系优化的书面报告，分析其成功之处，以及可以进一步改进的地方。

（2）拓展阅读：推荐学生阅读其他关于绩效考评的最佳实践案例，以便更全面地理解绩效管理的重要性。

案例二　中化环境的 OKR 进击：
解锁绩效管理密码，　拥抱绿色发展

答案解析：

1. 从中化环境成功实施 OKR 的经验来看，OKR 实施的要点包括哪些方面？怎样确保这些要点在企业中得到有效落实？

【案例分析】

（1）上下沟通共同确定目标。中化环境总经理崔焱在关岗培训班上提出试点 OKR，随后各层级通过沟通明确公司的整体目标以及各部门、各岗位的具体目标。确保落实这一要点，企业需要搭建畅通的沟通渠道，如定期的会议、一对一的交流等，让上级的战略意图能够清晰传达，下级的意见和需求能够充分反馈，从而共同确定切实可行的目标。

（2）目标与关键成果是重要且具体直接的。中化环境在确定 OKR 时，明确了如提升管理效率、实现业务突破等重要目标并将其细化为具体可衡量的关键成果。企业前期应进行充分的调研和分析，确保目标与关键成果紧密围绕企业的核心业务和发展需求，具有明确的指向性和可操作性。

（3）倡导公开透明、客观公正。中化环境通过飞书OKR系统，实现了目标的公开透明，让各部门和员工能清晰了解彼此的工作重点和进展。要落实这一点，企业需建立透明的信息共享平台，同时营造公平公正的企业文化，避免主观偏见和内部政治影响OKR的评估。

（4）推进执行。中化环境通过组织内部对齐会、引入工具等方式推动OKR的执行。为确保落实，企业需为员工提供必要的资源支持，明确责任分工，建立有效的监督和激励机制，鼓励员工积极投入到OKR的执行中。

（5）定期回顾与复盘。中化环境注重持续复盘，对照OKR检查偏差并进行调整。要落实好这一要点，企业应明确评分的目的是总结经验，设定固定的复盘周期，深入分析执行过程中的问题和成功经验，及时调整目标和关键成果，以适应不断变化的内外部环境。

2. 结合材料分析，OKR相较于其他绩效管理工具的优势是什么？同时，讨论在实施OKR过程中可能遇到的潜在挑战及其解决方案。

【案例分析】

（1）OKR相较于其他绩效管理工具的优势

①充分激发员工。中化环境通过引入OKR，让员工（如技术骨干）能更明确技术研发的重点方向，集中精力攻克关键难题，激发员工主动思考和创新的积极性。

②促进团队协同。在大型环保工程项目中，OKR帮助不同部门明确分工，紧密协作，确保项目顺利推进，体现了其在促进团队协同方面的优势。

③实现绩效增进。OKR的实施显著提高了中化环境的项目执行效率和客户满意度，为公司带来业务突破和持续发展的动力，实现了绩效的提升。

④注重长期目标。中化环境积极响应国家的"十四五"规划，制定的OKR不仅着眼于当前业务，还考虑到长期的战略发展，保障提升集团主业、促进绿色低碳发展等。

（2）在实施OKR过程中可能遇到的潜在挑战及其解决方案

①对员工素质要求高。中化环境的员工背景多样，部分员工可能缺乏自驱力和主动创造价值的热情。解决方案是加强员工培训，提升其能力和素质，同时建立激励机制，激发员工的内在动力。

②组织内部沟通成本较高。不同背景员工在交流时可能存在障碍，导致信息传递不准确。中化环境可通过建立统一的沟通规范和术语表，加强跨部

门沟通培训，提高沟通效率。

③对于管理者的要求提高。部分管理者在角色转变和工作重点把握上存在困难。对此，中化环境应提供更多的管理培训和指导，帮助管理者提升规划和决策能力。

④对组织营造公开透明氛围的要求高。中化环境在信息流通方面曾存在问题，使用飞书OKR之后得到很好解决。同时，中化环境还需要注意通过构建完善的信息共享平台，鼓励员工分享和交流，形成公开透明的文化氛围。

案例三　数字化浪潮中的绩效革新——
良品铺子与北森的绩效管理之旅

答案解析：

1. 请分析一个有效的绩效管理循环体系应包含哪些关键环节。并结合案例讨论如何确保这些环节在组织内得到有效执行和持续优化。

【案例分析】

一个有效的绩效管理循环体系应包含绩效计划、绩效辅导、绩效考评和绩效反馈这四个关键环节。

（1）绩效计划。它是整个绩效管理的起点，明确了组织和个人的工作目标和期望。在良品铺子的案例中，每年定期开展战略规划，成立以HRBP为核心的战略解码专项小组辅助各业务部门进行目标拆解和策略制定，借助北森技术建立矩阵化绩效目标体系，帮助员工明确个人目标和行动计划，这为后续的工作奠定了基础。要确保绩效计划各环节有效执行和持续优化，需要高层的支持和参与，确保战略目标清晰明确；同时要与各部门和员工进行充分沟通，使目标既符合公司战略又具有可操作性，并根据内外部环境变化及时调整。

（2）绩效辅导。它是在绩效实施过程中对员工的支持和指导。良品铺子借助北森的绩效管理系统实现了绩效的线上化管理，系统自动提醒员工更新目标进度，通过"红黄绿"亮灯机制标识风险等级，管理者和HRBP能实时跟进并调整策略，确保过程管理的及时性和有效性。要做好这一环节，管理者要具备良好的沟通和指导能力，及时发现问题并提供帮助；组织要建立畅通的沟通渠道，鼓励员工反馈问题；还要利用技术手段实现实时监控和预警。

（3）绩效考评。它是对绩效结果的评估和衡量。良品铺子考虑不同部门和人员差异，制定多套绩效模板，采用多种考评方式相结合的综合评价模式，并依据绩效分布规则校准，确保考核结果客观公平。为有效执行和优化绩效考评，需明确具体、可衡量的考评标准，根据不同岗位和业务特点制定个性化的考核方式，同时保证考评过程的透明公正，对考评结果进行深入分析和反馈。

（4）绩效反馈。它将考评结果反馈给员工，并为其提供改进建议。良品铺子在每个考核周期结束后安排管理者与员工进行一对一的绩效面谈，分析优点和不足，提供辅导建议。要使这一环节有效，管理者要以客观公正的态度与员工沟通，反馈尽量具体明确，帮助员工理解自身表现；员工要积极参与，共同制定改进计划；组织要跟进改进情况，将反馈结果应用于后续的绩效计划中。

2. 结合材料分析，总结绩效管理的特征，并探讨这些特征如何适应数字化时代企业管理的需求。

【案例分析】

从良品铺子与北森合作的案例中，可以总结出绩效管理具有以下特征：

（1）目标导向。良品铺子每年开展战略规划，将公司战略目标层层分解到部门和个人，建立矩阵化绩效目标体系，体现了明确的目标导向。在数字化时代，企业面临复杂多变的市场环境，目标导向能使企业聚焦核心目标，集中资源和精力实现战略意图，快速响应市场变化，提高竞争力。

（2）强调发展。良品铺子不仅关注绩效结果，还通过一对一的绩效面谈为员工提供辅导和发展建议，帮助员工提升能力。数字化时代，知识和技能的更新速度加快，员工需要不断发展以适应变化。强调发展的绩效管理能够激发员工的潜力，提升其适应新技术、新业务的能力，为企业创新和持续发展提供动力。

（3）以人为本。在绩效管理过程中，良品铺子重视员工的参与和反馈，关注员工的成长与发展。数字化时代，人才是企业的核心竞争力，以人为本的绩效管理能够提高员工的满意度和忠诚度，吸引和留住优秀人才，营造积极的企业文化。

（4）系统思维。良品铺子引入北森全面绩效管理系统，实现了从绩效计划到反馈的闭环管理，综合考虑了各个环节的相互关系和影响。数字化时代，企业管理更加复杂，系统思维能使绩效管理与其他管理模块有效整合，形成协同效应，提高企业整体的管理效率和效果。

（5）注重沟通。良品铺子通过线上化管理和一对一面谈等方式，促进管理者与员工之间的沟通。在数字化时代，信息传递迅速，注重沟通的绩效管理能够确保信息准确及时传递，减少误解和偏差，提高决策效率和执行效果，增强团队协作能力和执行力。

第六章　薪酬管理

案例一　相由"薪"生——HXN 公司薪酬体系优化策略

案例使用说明：

一、 教学目标与用途

1. 教学目标

本案例旨在通过 HXN 公司薪酬改革的实际经历，让学生深刻理解薪酬管理作为企业管理核心环节的重要性，掌握薪酬体系设计的科学方法，包括结构优化、绩效考核与激励机制的建立等。同时，教师通过案例分析，培养学生的问题解决能力，引导他们将理论知识应用于实践，增强团队协作与沟通能力，为未来职业生涯奠定坚实基础。

2. 教学用途

本案例主要适用于人力资源管理、组织行为学等课程的教学，尤其适用于薪酬管理的教学。

二、 分析思路

教师可以根据自己的教学目标来灵活使用本案例。这里提出案例的分析思路，仅供参考。首先，通过描述 HXN 公司员工薪酬体系变革的前期背景，总结引起公司员工薪酬体系变革的关键因素；其次，通过描写 HXN 公司设计员工薪酬体系的过程，理清薪酬体系设计步骤；最后，通过对 HXN 公司新版员工薪酬管理制度取得良好效果的简单叙述，大体完成薪酬体系设计的全过程。

三、 理论知识与案例分析

1. 在薪酬体系改革中，HXN 公司如何进行岗位评价与定级？

【理论知识】

根据美国薪酬管理学会的定义，宽带薪酬结构就是指对多个薪酬等级以及薪酬变动范围进行重新组合，从而变成只有相对较少的薪酬等级以及相对较宽的薪酬变动范围。宽带中的"带"是指工资等级，宽带则指工资各等级浮动范围较大，其实质就是从原来注重岗位薪酬转变为注重绩效薪酬。宽带薪酬模式中薪酬等级的提升通常根据个人能力、绩效、贡献或市场薪酬水平来确定。具体来说，就是企业将原来十几甚至二十几、三十几个薪酬等级压缩成几个级别（一般不超过十个），同时将每个薪酬级别所对应的薪酬浮动范围拉大，形成一种新的薪酬管理系统及操作流程。

【案例分析】

HXN 公司在对员工薪酬管理体系进行变革时，将传统的等级制薪酬模式转变成宽带薪酬体系，在这个过程中，工作组从岗位评价与定级开始划分出薪酬等级，总共设置了 5 个等级职位（G1～G5），普通职位设计为 3 档，中级职位设计为 4 档，高级职位设计为 5 档，整体来说就是 5 级 20 档的结构。在确定薪酬水平时，公司紧盯行业领头羊的薪酬水平，明确将薪酬水平定位在行业标杆 90 分，高于行业主要竞争对手的水平。

2. HXN 公司如何通过优化薪酬结构来解决不同岗位间薪酬差距问题？

【理论知识】

薪酬结构是指同一组织内不同职位或不同技能员工薪酬水平的排列形式，强调薪酬水平等级的多少、不同薪酬水平之间级差的大小，以及决定薪酬级差的标准，它反映了企业对不同职务和能力的重要性及其价值的看法。薪酬结构确定应注重两点：一是其制定过程要科学、合理，二是薪酬之间差异是否合理。其设计思路一般有两种：一种是趋于平等的薪酬结构，一种是趋于等级化的薪酬结构。薪酬结构必须满足公司经营对薪酬的基本要求——三个公平性和可操作性。薪酬公平性主要体现于三个方面——薪酬的对内公平、对外公平和个人公平。薪酬的可操作性是指薪酬在实际运行中，能够满足员工岗位调整、能力晋升、业绩认可等对薪酬调整的要求。

【案例分析】

王亚北作为研发部门的一位技术人员，他的薪酬主要由固定工资和少量项目奖金组成，绩效奖金占比低，不足以体现其技术贡献和努力成果。这种薪酬结构无法有效激励员工持续创新和提升工作积极性。销售部的赵晴也在吐槽：薪酬虽包含固定工资和销售提成，但提成比例低且限制条件多，导致收入与销售业绩之间的关联度不高，无法有效激励销售人员追求更高的业绩目标。薪酬分配方式存在"大锅饭"现象，业绩优秀的员工与业绩平平的员工在收入上差异不大，这严重挫伤了优秀员工的工作积极性，甚至可能导致人才流失。

HXN 公司采用了多种薪酬策略，包括调和型薪酬策略、高固定型薪酬策略及高浮动型薪酬策略，并且巧妙地将基本工资、员工福利、特殊津贴、短期激励与长期激励五大要素融入薪酬结构中。根据员工岗位特性的不同，灵活调整这五大薪酬组成部分的权重比例，旨在实现员工间薪酬分配的公正与合理。在构建薪酬体系时，首要任务是优化绩效考核制度，确保奖励机制紧密关联员工的实际工作绩效，而非简单地遵循平均主义原则分配奖金。此举旨在通过具体可见的奖励激发员工的内在动力，鼓励其追求卓越表现。

四、 关键要点

1. 理解什么是宽带薪酬

概念：通过将组织内多个薪酬级别及其较窄的薪酬浮动范围重新组合，形成薪酬等级较少但每一薪酬级别的浮动范围较宽的新型薪酬体系。在这种薪酬制度下，员工不是沿着唯一的职级层次垂直攀升，而是可以在同一薪酬宽带内通过技能提升、绩效改善和承担更多责任来获得更高薪酬。

2. 薪酬管理中经常存在的问题

问题一：缺乏公平性。薪酬管理中最常见的问题之一就是缺乏公平性。如果员工觉得薪酬制度不公平，会对组织产生负面影响，包括员工满意度降低和员工离职率提高。

解决方案：建立公平的薪酬制度，对于相同岗位的员工，薪酬应该是公平的；透明的薪酬制度有助于员工了解薪酬的结构和计算方式；定期进行薪酬调查，了解市场行情，确保薪酬水平与市场相符。

问题二：缺乏激励机制。薪酬管理应该能够激励员工的工作表现，但很多组织在薪酬激励方面存在问题，导致员工缺乏积极性和动力。

解决方案：建立激励机制，将薪酬与员工的工作表现和贡献相匹配；提供非金钱激励，如晋升机会、培训发展等；个性化激励，根据员工的需求和动机设计激励方案。

问题三：缺乏员工参与。薪酬管理应该是一个参与式的过程，但很多组织在薪酬管理中缺乏员工的参与。

解决方案：设立专门的委员会，由员工代表参与薪酬制定和调整；开展员工满意度调查，了解员工对薪酬管理的看法和建议；定期与员工沟通，解答员工对薪酬管理的疑问。

3. 注意适时进行薪酬调整

薪酬调整包括个别调整和普调，如果薪酬制度跟不上公司发展的步伐，一定要有所觉察并及时做出变革。

五、 课堂教学计划参考

本案例可以作为专门的案例讨论课来进行。以下是按照时间进度提供的课堂计划建议，仅供参考。整个案例课的课堂时间建议控制在 80~90 分钟，课堂参与人数建议控制在 40 人左右。

1. 课前计划

课前发放案例阅读资料，提出启发思考题，请同学们在课前完成案例阅读、资料收集并形成各自初步的分析结论。

2. 课堂计划

（1）简要的课堂前言，明确主题（2~5 分钟）。

（2）分组讨论（每组 5 人），并明确发言要求（20 分钟）。

（3）小组发言，每个小组选一名代表发言。（每组 5~8 分钟，控制在 45 分钟之内）

（4）归纳总结，引导全班进一步讨论，并进行归纳总结。（15~20 分钟）

3. 课后作业

（1）学生撰写一份结构清晰、分析深入的书面报告，应聚焦于 HXN 公司薪酬体系的优化措施、已取得的成效，同时识别出潜在的改进空间与具体策略。

（2）学生需阅读至少两篇与薪酬相关的案例材料，并撰写阅读笔记，总结每个案例的关键点、成功经验与启示。

案例二　力不从"薪"——PL公司薪酬困境下的员工动力缺失与应对策略

答案解析：

1. PL公司面临的主要薪酬问题是什么？员工对此有何反应？

【案例分析】

PL公司面临的主要薪酬问题是员工普遍反映薪酬与工作量不成正比，尤其是老员工感觉自己的付出没有得到应有的回报。员工们对此的反应是工作积极性大幅下降，士气低落，项目效率下滑，甚至出现了信任危机。

2. 薪酬改革小组采取了哪些具体措施来解决PL公司的薪酬问题？

【案例分析】

薪酬改革小组采取了以下具体措施：首先，成立专门的薪酬改革小组负责全面梳理薪酬体系；其次，通过问卷和访谈深入调研员工对薪酬的满意度和需求；然后，设计并实施了多元化薪酬体系，包括提高基本工资、设立绩效奖金、推出股权激励计划和加强职业培训；再次，注重公开透明原则，建立薪酬申诉机制；最后，强化与员工之间的沟通和交流，凝聚共识。

3. 相比旧体系，新的薪酬体系主要有哪些改进？

【案例分析】

相比旧体系，新的薪酬体系主要有以下几个方面的改进：一是提高了基本工资的竞争力，确保员工的基本生活需求得到满足；二是设立了更为科学合理的绩效奖金制度，将个人绩效与公司业绩紧密挂钩；三是推出了股权激励计划，让员工有机会成为公司股东；四是加大了职业培训的投入力度，帮助员工提升职业技能和综合素质。

4. PL公司如何确保新的薪酬体系得到员工的认可和支持？

【案例分析】

PL公司通过多种方式确保新的薪酬体系得到员工的认可和支持：一是

通过内部会议、邮件通知、公司网站等多种渠道向员工详细介绍新薪酬体系的设计思路和内容；二是建立薪酬申诉机制，鼓励员工提出意见和建议，并及时处理合理申诉；三是加强与员工之间的沟通和交流，通过员工大会、座谈会等形式听取员工的声音，凝聚共识；四是坚持公开透明原则，确保薪酬体系的公平性和透明度。

5. 薪酬改革后，PL公司发生了哪些积极的变化？

【案例分析】

薪酬改革后，PL公司发生了以下积极变化：一是员工的薪酬水平和满意度显著提高，工作积极性和创造力得到激发；二是公司业绩开始稳步回升，市场竞争力增强；三是建立了公司与员工之间的信任关系，彼此有命运共同体意识，员工更加珍惜工作机会和职业发展平台；四是公司内部氛围变得更加积极和充满活力，员工们更加投入地工作，共同为公司的发展贡献力量。

案例三　千"薪"　万苦——NH公司
员工流失引发的薪酬改革

答案解析：

1. NH公司员工流失的主要原因是什么？

【案例分析】

NH公司员工流失的主要原因在于薪酬水平低和工作量大。薪酬水平远低于行业平均水平，导致员工难以维持生活品质；同时，过高的工作量使员工感到疲惫不堪，缺乏工作动力和满意度，进而选择离职。

2. 在薪酬改革过程中，NH公司采取了哪些具体措施来提升薪酬水平？

【案例分析】

在薪酬改革过程中，NH公司采取了多项具体措施来提升薪酬水平。首先，他们根据市场薪酬数据调整了员工的底薪，确保底薪达到或超过行业平均水平；其次，完善了绩效考核体系，增加了绩效奖金的比重，使员工的收入与工作表现直接挂钩；最后，设立了年终奖制度，对年度表现突出的员工进行额外奖励。

3. NH 公司如何优化工作量分配以缓解员工压力？

【案例分析】

为了优化工作量分配并缓解员工压力，NH 公司引入了"工作量评估与调整机制"。他们定期对各部门、各岗位的工作量进行评估，确保工作量分配合理。对于工作量过大的岗位，公司采取了招聘新员工、调整工作流程或跨部门协作等措施来分担压力。同时，公司还加强了员工培训和发展计划，提升员工技能，提高工作效率，从而间接减轻工作量。

4. 薪酬改革实施后，NH 公司取得了哪些显著的成效？

【案例分析】

薪酬改革实施后，NH 公司取得了显著的成效。首先，员工流失率大幅下降，新员工入职率攀升，说明改革措施有效吸引和留住了人才；其次，员工的工作积极性和满意度显著提升，工作动力增强，促进了公司整体氛围的改善；最后，公司的整体业绩也实现了稳步增长，说明薪酬改革不仅改善了员工待遇，还促进了公司的发展。

5. 在薪酬改革过程中，NH 公司如何确保改革方案的公平性和透明度？

【案例分析】

在薪酬改革过程中，NH 公司采取了多项措施来确保改革方案的公平性和透明度。首先，他们进行了全面而深入的调研，收集了大量员工意见和市场数据，为制定改革方案提供了有力依据；其次，在制订方案时，他们充分考虑了员工的利益和公司的实际情况，力求方案既公平又可行；最后，在实施过程中，他们加强了与员工的沟通，及时解释改革方案的内容和意义，解答员工的疑问和关切，确保了改革的透明度和员工的参与度。

第七章　员工关系管理

案例一　DDH 公司员工关系管理实践

案例使用说明：

一、 教学目标与用途

1. 教学目标

知识目标：理解企业员工关系管理的概念和重要性；掌握不同发展阶段企业员工关系管理的特点和策略；了解新生代员工的特征及其对企业管理的影响；认识绩效管理系统（如 KPI）在企业管理中的作用和实施挑战。

能力目标：培养分析企业发展阶段与员工关系管理需求的能力；提高设计和实施员工关系管理策略的能力；增强识别和应对员工管理挑战的能力；发展沟通和团队协作的能力。

素质目标：培养学生的人本管理意识，重视员工需求和发展，提升学生的创新思维，能够根据企业实际情况调整管理策略；增强学生的责任感，理解管理者在员工关系中的重要角色。

2. 教学用途

让学习者全面了解企业员工关系管理的发展过程，认识到管理策略需要随着企业发展和员工特征的变化而调整。同时，案例也展示了在实施新管理措施时可能遇到的挑战，以及如何平衡制度化管理和人性化关怀，这对于培养未来的管理人才具有重要的实践指导意义。

二、 分析思路

本案例主要围绕 DDH 公司员工关系管理的演变过程展开，从公司背景和外部环境入手，依次探讨初创期、快速发展期和变革发展期三个阶段的管理特点和挑战；重点关注管理策略从"家文化"到制度化再到精细化的转变原因，特别是新生代员工带来的挑战及公司的应对措施；通过分析不同利益相关者的反应，评估新管理措施的效果，诊断存在的问题，并探讨未来可能的改进方向；最终将案例与相关理论结合，总结关键管理智慧，引导学生反思，从而全面理解现代企业员工关系管理的复杂性和重要性。

三、 理论知识与案例分析

1. DDH 公司在员工关系管理的三个发展阶段中，分别采取了哪些主要措施？每个阶段的特点是什么？

【理论知识】

DDH 公司员工关系管理的三个发展阶段涉及丰富的人力资源管理和组织行为学理论。初创阶段的"家文化"管理反映了领导理论中的魅力型领导和组织文化理论中的家族文化；快速发展阶段引入的制度化管理体现了科学管理理论、组织结构理论和绩效管理理论（如 KPI）；而变革发展阶段的精细化员工管理则融合了职业生涯管理、代际理论和员工参与理论等现代管理思想。贯穿整个过程的是权变理论、组织生命周期理论和人力资源管理模式的演变，展示了公司如何根据内外部环境变化调整管理策略。这些理论为分析 DDII 公司在不同阶段采取的管理措施及其特点提供了理论基础，有助于深入理解企业管理的复杂性和动态性。

【案例分析】

（1）初创阶段（2011—2014 年）：家文化的管理模式

主要措施：领导者与员工同吃同住，亲自参与一线工作；采用直线制管理方式，层级较少；鼓励员工参与讨论，集思广益；提供外出学习机会，鼓励员工考取资格证书。

特点：管理风格亲和，类似家庭氛围；沟通顺畅，工作效率高；领导者充分信任和尊重员工。

（2）快速发展阶段（2015—2019年）：制度化员工关系管理

主要措施：建立完善的规章制度，涵盖公司各个方面；引入KPI绩效考核机制；实施人性化管理制度，如月例会、合理建议奖金、总经理信箱等。

特点：管理更加规范化和制度化；注重绩效考核和激励；开始关注员工反馈和意见；在制度化基础上保持良好的员工关系。

（3）变革发展阶段（2020年至今）：精细化的员工管理

主要措施：为员工做职业生涯规划，打通晋升渠道；深入开展员工关怀，增强归属感；加强员工自我管理，鼓励自主学习；建立劳动关系促进委员会，协调员工关系。

特点：更加注重个性化和人性化管理；关注新生代员工的特点和需求；强调员工参与和自我管理；注重双向沟通和员工发展；管理者角色从"管理者"转变为"服务者"。

每个阶段的管理措施都反映了公司对员工关系管理认识的深化，以及对内外部环境变化的适应。从简单的家文化管理到制度化的规范管理，再到精细化的个性化管理，DDH公司的员工关系管理经历了一个不断完善和深化的过程。

2. 在公司快速发展阶段，DDH公司引入KPI绩效管理系统时遇到了哪些挑战？公司如何应对这些挑战并改善员工关系？

【理论知识】

员工关系管理（employee relations management，ERM），从广义上讲，是在企业人力资源体系中，各级管理人员和人力资源职能管理人员，通过拟定和实施各项人力资源政策，以及通过其他的管理沟通手段调节企业和员工、员工与员工之间的相互联系和影响，从而实现组织的目标并确保为员工、社会增值。从狭义上讲，员工关系管理就是企业和员工的沟通管理，这种沟通更多采用柔性的、激励性的、非强制的手段，从而提高员工满意度，支持组织其他管理目标的实现。

工作满意度理论：工作满意度是指个人对自己所从事的工作具有的一般态度。工作满意度最早由罗伯特·霍普克（Robert Hoppock）提出。一般来说，拥有较高工资、与同事关系好、对工作有兴趣，在这种条件下工作的员工比在不具备这些特征条件下工作的员工更容易产生较高的工作满意度。工作满意度是生活满意度的一个组成部分。员工工作之余的环境会间接地影响其对工作的情感，工作满意度会影响到员工日常生活的满意度。因此管理者不仅要关注员工的工作及工作环境，而且需要关注员工对其他生活部分的态度。

【案例分析】

（1）挑战

员工普遍持反对态度：大家对考核和业绩挂钩的方式表示担忧。

销售任务量设定问题：员工建议根据市场行情变化适度调整销售任务量。

员工关系可能紧张：单纯追求个人绩效可能导致员工关系紧张。

管理方式需要转变：传统的管理方式可能不适应新的绩效管理系统。

（2）应对措施

首先，试行期和意见征集，公司先进行了一个季度的试行，让员工体验KPI的效果；通过茶话会等方式征求员工意见，了解员工的担忧和建议。

其次，采用团队KPI和个人KPI相结合的做法，避免单纯追求个人绩效导致的问题；加强沟通和反馈机制，建立全场月例会制度，征求员工意见并汇总到人力资源部；推行合理建议奖金制度。

最后，转变管理方式：要求各级管理者转变管理方式，注重深入基层，倾听职工心声；加强对员工的培训、示范和沟通，避免"以罚代管"的情况。

通过这些措施，DDH公司不仅成功引入了KPI绩效管理系统，还在一定程度上维护了良好的员工关系。公司在制度化管理的基础上注重人性化关怀，通过加强沟通、鼓励参与和及时反馈，有效地改善了员工关系，提高了员工的接受度和满意度。

3. 在精细化员工管理阶段，DDH公司为了适应新生代员工的需求，采取了哪些具体措施？这些措施的效果如何，又带来了什么新的问题？

【理论知识】

代际理论：公司认识到新生代员工的特点和需求与前几代不同，需要调整管理策略。职业生涯管理理论：公司通过为员工制定职业生涯规划来提高员工的长期发展前景。员工关系管理理论：公司通过深入沟通和关怀来增强员工归属感。自我管理团队理论和员工参与理论在公司鼓励员工自主学习和成立员工管理委员会中得到应用。

【案例分析】

（1）具体措施

首先，职业生涯规划。为员工提供职业生涯规划指导，鼓励内部晋升；打通晋升渠道，实行民主评议，确保公平公正的晋升机会。

其次，深入开展员工关怀。总经理与新员工进行沟通会，宣讲企业文化；中层领导对新员工进行入职一个月内慰问；基层管理人员定期与员工进行单独沟通。

最后，加强员工自我管理。成立员工管理委员会，由员工自主管理食堂、住宿等事务；鼓励员工形成学习团队，促进不同工种员工交流；建立劳动关系促进委员会，作为劳企沟通的主管部门。

（2）措施的效果

员工满意度不断提高，整体队伍的稳定性增强；新生代员工与老员工之间形成了良好的互动关系；员工参与度提高，对公司活动表现出较高积极性。

（3）新的问题

管理者工作压力增大：需要花费更多时间和精力进行沟通和面谈。

管理成本增加：频繁的沟通和关怀活动增加了管理成本。

管理者角色转变的挑战：从传统的命令式管理转变为服务型管理，一些管理者可能难以适应。

平衡问题：如何在满足新生代员工需求和维持公司运营效率之间找到平衡点成为新的挑战。

总的来说，DDH公司的这些措施在改善员工关系和提高员工满意度方面取得了积极效果，但同时也给管理者带来了新的压力和挑战，公司需要进一步探索如何在满足员工需求和保持管理效率之间取得平衡。

四、 关键要点

1. 员工关系管理的内涵

员工关系管理关注的是企业和员工之间的关系，通过建立良好沟通、有效解决冲突、注重员工参与、平衡工作和生活等，不断提高员工满意度和忠诚度，进而营造积极、和谐的工作关系。

2. 员工关系管理常见的问题

在员工关系管理中，常见问题往往涉及领导风格、管理理论应用和员工满意度等多个方面。领导风格不当，如过于专制或过于放任，可能导致沟通障碍、信任缺失和员工参与度低。从员工关系管理理论来看，忽视人际关系理论中强调的社交需求可能降低工作满意度；员工满意度调查如果设计不当或结果未得到有效利用，也会影响管理效果。因此，有效的员工关系管理需要在理解不同理论的基础上，采用适当的领导风格，并通过持续的员工满意度评估和改进来创造积极的工作环境，提高组织效能。

3. DDH 案例的应用

识别并解决员工管理中的问题，实施有效的优化措施，持续改进公司存在的员工关系问题。

五、 课堂教学计划参考

1. 课前准备

（1）阅读材料：要求学生提前阅读 DDH 公司的案例及相关理论知识，包括员工管理的基本概念、原则和常见的问题等。

（2）预习思考题：提供案例中的思考题，让学生带着问题阅读案例，思考如何解答。

2. 课堂安排

（1）导入：简要介绍员工关系管理在企业管理中的重要性；概述 DDH 公司的发展历程和企业文化。

（2）案例讲解：分析 DDH 公司不同发展阶段的员工关系管理存在的特点以及转变的原因；讲解在不同阶段的员工关系管理的成效；突出强调如何根据不同阶段进行员工关系的管理。

（3）小组讨论：将学生分成小组，每组围绕一个思考题进行讨论；每组选出一位发言人，准备在班级分享讨论结果。

（4）班级分享：每组发言人分享讨论结果，其他同学可以提问或补充；教师根据学生的回答进行点评和补充。

（5）总结与反思：总结 DDH 公司员工关系管理的经验；强调领导风格、员工满意度等多方面因素如何影响员工关系；引导学生思考如何将这些经验和成效应用于其他情境。

3. 课后作业

（1）书面报告：要求学生提交一份关于"如何在满足新生代员工需求和维持公司运营效率之间找到平衡点成为新的挑战"的书面报告。

（2）拓展阅读：推荐学生阅读其他关于员工关系管理的最佳实践案例，以便更全面地理解绩效管理的重要性。

案例二　员工至上，利润共享——胖东来集团的经营哲学

答案解析：

1. 结合案例，胖东来的企业文化包含哪些方面？胖东来的企业文化对员工关系有哪些影响？

【案例分析】

（1）胖东来的企业文化

①开放创新：胖东来鼓励员工保持开放的心态，勇于接受新事物和新思想，胖东来首先提出每个门店在周二统一闭店休息。

②客户至上：胖东来将客户需求放在首位，致力于提供超越客户期望的产品和服务。每盒水果都按照甜度贴上标签，买海鲜时一定控干水分后再称重，每一个商品都会标明产地与进货价，利润透明。

③自由快乐：胖东来倡导自由快乐的工作氛围，让员工在轻松愉悦的环境中工作。这种文化有助于减轻员工的工作压力，提高员工的工作满意度和幸福感。胖东来像学校一样量力而行地分享、传播与践行先进的文化理念和先进的生活方法。

④公平公正：胖东来坚持公平公正的原则，在处理"尝面"风波时采取民主合议庭解决。这种透明化管理让员工感受到企业的公正和诚信，增强了员工对企业的信任感和归属感。

（2）胖东来的企业文化对员工关系的影响

①增强员工凝聚力：胖东来的企业文化通过强调开放创新、客户至上、自由快乐和公平公正等方面，增强了员工之间的凝聚力和向心力。员工在共同的文化背景下工作，更容易形成共识，协作更顺畅，从而推动企业的整体

发展。

②提升员工满意度和忠诚度：胖东来通过提供自由快乐的工作氛围、公平公正的管理机制，以及关注员工成长和发展的机会，提升员工的满意度和忠诚度。员工感受到企业的关怀和尊重，更加愿意为企业付出努力并长期留在企业工作。

③促进员工个人成长：胖东来鼓励员工创新、挑战自我，并提供培训和发展机会，促进了员工的个人成长和职业发展。员工在工作中不断学习和进步，不仅提升了自身的专业能力和素质，也为企业的发展注入了新的活力和动力。

④构建和谐的员工关系：胖东来的企业文化倡导公平公正、尊重差异和包容多元，有助于构建和谐的员工关系。员工之间能够相互理解、相互支持，共同面对工作中的挑战和困难，形成了一支团结向上、充满活力的团队。

2. 结合案例，胖东来的员工关系管理运用了马斯洛需求理论的哪些层面？除了薪酬和福利待遇，你还建议胖东来通过哪些激励举措提高员工的积极性？

【案例分析】

（1）马斯洛需求理论

①生理需求：胖东来设立了高于同行业水平的薪酬，确保了员工的基本生活需求得到满足，使员工能够安心工作，无后顾之忧。

②安全需求：胖东来关注员工的身体健康和生命安全，为员工提供完善的保险制度，如养老保险、医疗保险和失业保险等，以增强员工的安全感。

③归属与爱的需求：胖东来关注员工的生活和情感需求，如设置"委屈奖"、组织员工参与社会公益活动、关怀员工的家庭和亲人等，让员工感受到企业的温暖和关怀。

④尊重需求：胖东来尊重顾客，但绝不是以贬低员工人格为代价。顾客如果不满可以通过特有的渠道投诉，但不能现场对员工大声呵斥，让员工感受到自己的价值和地位得到了认可。对于在工作中表现突出的员工，胖东来会给予适当的荣誉和赞美。

（2）激励措施

①职业发展机会：为员工提供明确的职业晋升路径和个性化的职业发展

规划。这包括设立多样化的培训项目，如专业技能培训、领导力培训、跨部门轮岗等，帮助员工提升自我，拓宽职业视野。同时，建立公平透明的晋升机制，让员工看到自己在企业中的成长空间和未来发展方向。

②绩效奖励制度：除了基本的薪酬体系外，可以设立更加灵活多样的绩效奖励制度。这包括绩效奖金、年终奖、股权激励等，将员工的绩效表现与奖励直接挂钩，激发员工的工作动力和创造力。同时，确保奖励制度的公平性和透明度，让员工对奖励结果信服。

③认可与表扬：及时给予员工正面的反馈和认可，对于员工的优秀表现给予公开表扬或私下赞美。这种精神上的激励能够极大地提升员工的自信心和归属感，让员工感受到自己的价值和贡献被企业重视。

④工作环境优化：创造一个舒适、安全、健康的工作环境，包括提供现代化的办公设施、良好的通风采光条件、舒适的休息区等。同时，注重企业文化的建设，营造积极向上的工作氛围，让员工在愉悦的环境中工作，提高工作效率和满意度。

案例三　心系兄弟，人和企兴
——京东集团助力员工与组织契合发展

答案解析：

1. 结合案例分析，京东集团企业文化对员工与组织的契合发展有何影响？员工关系管理的价值有哪些？

【案例分析】

（1）影响

①坚持实用主义，将以人为本落到实处，关注员工的需求与成长，重视员工的感受与权益。京东在为快递员缴纳"五险一金"的基础上，增加了商业险，快递员"六险一金"的保障措施树立了行业标杆。

②关注员工个人成长，提供发展机会，明确各岗位的晋升标准和流程，让员工看到自己在公司内的发展前景，近50%应届生获得晋升，近25%应届生年内连续两次晋升。在技术人才上，刘强东更是不吝啬，应届博士生年薪最高可达两百万元。

③重视精神回馈，创造归属感，让员工参与企业战略规划，参与产品开发等，让员工感受到自己为企业做了有意义的事情，让他们感受到自己的价值被公司所重视。

④搭建开放平台，员工如果有自己的创新想法，可以得到相应的支持和资金，让员工有机会参与到公司的重大项目中，赋予他们更多的责任和权力，让他们在实践中成长和实现自我。

⑤开展文化建设活动，充实员工的业余生活，提升公司的文化氛围。公司组织各种员工活动，如团建、员工聚餐和庆祝活动等，为员工提供交流和互动的机会，增强员工之间的归属感和凝聚力。

（2）价值

①提升员工满意度：京东通过提供有竞争力的薪酬福利、完善的培训体系、明确的职业发展路径，以及良好的工作环境等，有效提升了员工的满意度。员工满意了更有可能投入更多的热情和努力到工作中，从而提高工作质量和效率。

②增强员工贡献度：当员工感到被重视和认可时，他们更愿意为企业的发展贡献自己的力量。京东通过设立激励机制，如绩效奖金、股权激励等，鼓励员工积极参与公司的各项活动和项目，为企业的创新和发展贡献力量。

③增强员工忠诚度：良好的员工关系管理有助于增强员工对企业的忠诚度。京东通过营造公平、公正的工作氛围，关注员工的个人成长和职业发展，让员工感受到企业的关怀和支持，从而增强他们对企业的认同感和归属感。

④增进员工敬业度：敬业的员工是企业最宝贵的财富。京东通过提供有意义的工作、有挑战性的任务，以及充分的自主权，激发了员工的敬业精神。员工在工作中找到了成就感和价值感，从而更加努力地投入到工作中。

⑤提升客户满意度：员工是企业与客户之间的桥梁。当员工对企业满意并充满热情时，他们会把这种积极的态度传递给客户，从而提升客户的满意度和忠诚度。京东深知这一点，因此始终将员工关系管理放在首位，以确保为客户提供优质的服务。

2. 结合案例分析，京东集团员工关系管理对其他企业来说有哪些可以借鉴的经验？

【案例分析】

①以人为本，关注员工需求。京东集团一直强调员工价值，认为员工是企业最宝贵的财富。在员工关系管理中，京东始终将员工的需求和利益放在首位，通过提供完善的薪酬福利体系、灵活的工作时间和远程工作机会等，确保员工工作与生活的平衡。

②注重员工成长与发展。京东重视员工的职业发展规划，为员工提供丰富的晋升渠道和培训机会。通过新员工入职培训、专业技能培训、领导力培训等，京东助力员工在职业生涯中不断发展和提升。

③建立公平竞争的机制。京东倡导内部公平竞争，提倡按贡献奖励、按能力晋升。这种机制有助于激发员工的积极性和创造力，促进企业内部的良性竞争。

④强化企业文化建设。京东注重企业文化建设，通过丰富的企业活动、内部期刊、企业网站等渠道，积极宣传企业的文化理念和优秀员工的事迹。这种文化建设有助于增强员工的凝聚力和向心力，提高员工的归属感和认同感。

⑤完善沟通机制。京东建立了多种沟通渠道，如员工建议箱、定期员工座谈会、内部社交平台等，鼓励员工提出意见和建议。这种沟通机制有助于及时了解员工的诉求和关切，解决员工的问题和困难，增强员工的满意度和忠诚度。

第八章　国际人力资源管理

案例一　G公司员工福利制度：从吸引到激励的全方位影响

案例使用说明：

一、 教学目标与用途

1. 教学目标

知识目标：理解企业员工福利制度的基本概念及其在企业管理中的重要性；掌握员工福利制度的设计原理与实施方法；了解员工福利制度中常见的问题及其产生的原因。

能力目标：培养学生分析和解决员工福利制度问题的能力；提升学生在团队中协作解决问题的能力；锻炼学生批判性思维和创造性思维。

素质目标：增强学生的责任感和职业道德观念；培养学生的团队精神和社会责任感；培养学生树立"以人为本"的管理思想，关注员工需求，实现共同发展。

2. 教学用途

本案例适用于人力资源管理相关课程，如人力资源管理概论、激励理论等，也可用于工商管理类课程中的相关模块。

二、 分析思路

第一，从各个维度全面剖析 G 公司的员工福利制度，如全面的医疗保健、免费或补贴的高质量员工餐饮、丰富的健身和休闲设施、弹性的工作制度，以及多样化的员工活动和社区。

第二，深入研究 G 公司员工福利制度对公司和员工的影响。对公司的影响：丰厚的福利待遇和富有吸引力的工作环境使得公司能够吸引全球顶尖人才，降低员工流失率，使公司能够留住关键员工，从而维护团队的稳定性和连续性。对员工的影响：福利政策极大地改善了员工的生活质量，公司提供的免费餐饮和高质量的健康保险能够减少员工的经济负担，提升他们的生活舒适度。

第三，综合整个过程，总结出具有普适性的福利制度要点和策略，为其他企业提供可参考的经验。

三、 理论知识与案例分析

1. 结合材料分析，G 公司的员工福利制度包括哪些主要内容？

【理论知识】

激励理论——马斯洛的需求层次理论：G 公司的福利制度满足了员工基础生理需求（如健康和财务安全）和更高层次的需求（如职业发展和自我实现）。全面的福利制度帮助员工在各个层次的需求上得到满足，从而提高工作动机和满意度。

赫茨伯格的双因素理论：G 公司的福利制度中的保健因素（如薪资、工作环境、福利等）和激励因素（如职业发展机会、工作成就感等）都得到很好的体现，从而提升员工的满意度和激励水平。

人力资本理论——投资于员工：G 公司在员工身上进行投资，通过提供培训和发展机会，提高了他们的技能和知识水平。这不仅有助于员工个人的发展，也增加了公司的整体人力资本价值。

【案例分析】

G 公司的员工福利制度包括以下主要内容：

（1）全面医疗保健：提供综合医疗计划，涵盖基本医疗、牙科、视力、心理健康等服务，并支持健康储蓄账户（HSA）和灵活支出账户（FSA），还可注重医疗和健康管理。

（2）免费或补贴餐饮：办公场所内设有多个餐厅，提供免费或补贴的高质量餐饮，满足多样化饮食需求。借助餐厅为员工搭建社交和团队建设平台。

（3）健身和休闲设施：配备现代化健身设施，提供健身课程和健康讲座，促进员工身心健康。

（4）弹性工作制度：支持弹性工作时间和远程办公，帮助员工平衡工作与生活。

（5）员工活动和社区支持：定期组织团队建设、健康活动、职业发展讲座，并通过教育支持、环保项目和社会公益增强企业社会责任感。

2. G公司的福利制度对公司的市场竞争力有何影响？

【理论知识】

（1）组织行为学——工作与生活平衡理论。工作与生活平衡理论关注员工在工作和个人生活之间的平衡，认为工作和个人生活平衡良好的员工在工作中更有动力和效率。社会交换理论认为，员工和公司之间的关系类似于一种社会交换，员工对公司的付出（如努力工作）与公司对员工的回报（如福利待遇）之间的平衡影响员工的满意度和忠诚度。

（2）品牌管理。品牌管理涉及建立和维护品牌的声誉和形象，以吸引客户和人才，提升市场竞争力。

（3）战略管理。战略管理涉及公司制定和实施战略以获得竞争优势，并实现长期成功。

【案例分析】

（1）吸引顶尖人才。丰厚的福利待遇和优越的工作环境帮助G公司吸引全球顶尖人才，降低员工流失率，保持团队稳定性。

（2）提高员工满意度和工作效率。福利制度显著提高了员工的工作满意度，良好的工作环境也能减少员工的缺勤率和病假，从而进一步提高生产力。

（3）塑造创新和包容的企业文化。通过福利政策，G公司塑造了开放、创新的企业文化，增强了员工的归属感，吸引更多认同该文化的人才。

（4）提升品牌形象和市场声誉。G公司被视为"最佳雇主"之一，良好的品牌形象提升了市场声誉，吸引了客户、合作伙伴和投资者，增强了公司的长期竞争力。

通过完善的福利制度，G 公司不仅提升了员工的生活质量，还显著增强了公司的市场竞争力。

四、 关键要点

1. 福利制度设计的重要维度

福利制度设计的重要维度有：健康与医疗福利、餐饮服务、工作环境、家庭平衡支持等。

2. G 公司案例的应用

充分了解 G 公司福利制度设计的底层逻辑，以人为本的管理导向，自然会带来良好的影响。

五、 课堂教学计划参考

1. 课前准备

（1）阅读材料：要求学生提前阅读 G 公司的案例及相关理论知识，包括激励理论、人力资本理论等。

（2）预习思考题：提供案例中的思考题，让学生带着问题阅读案例，思考如何解答。

2. 课堂安排

（1）导入：简要介绍公司福利制度在企业管理中的重要性；概述 G 公司的发展历程和面临的挑战。

（2）案例讲解：分析 G 公司福利制度设计的原则和内容，以及该制度对于公司和员工的影响。

（3）小组讨论：将学生分成小组，每组围绕一个思考题进行讨论；每组选出一位发言人，准备在班级分享讨论结果。

（4）班级分享：每组发言人分享讨论结果，其他同学可以提问或补充；教师根据学生的回答进行补充和点评。

（5）总结与反思：总结 G 公司福利制度设计涉及的相关理论知识；引导学生思考如何将该福利制度设计的经验和原则应用于其他情境。

3. 课后作业

（1）书面报告：要求学生提交一份关于其他科技企业福利制度设计的

总体架构。

（2）拓展阅读：推荐学生阅读其他关于福利制度设计的最佳实践案例，以便更全面地理解福利制度的重要性。

案例二 HF 公司在日本的国际派遣：全球视野下的本地成功

答案解析：

1. HF 公司在日本实施国际派遣的策略是什么？

【案例分析】

HF 公司在日本实施国际派遣的策略包括：精选合适的人才（先进行严格的筛选，确保选拔的员工具备跨文化适应能力、专业技能和管理经验）；提供全面的培训（在派遣之前，提供全面的跨文化培训和语言培训，提高员工的适应能力）；开展本地化管理（在日本设立本地管理团队，负责与派遣员工的日常工作联系并建立反馈机制，及时调整管理策略）；注重绩效评估与优化（制定了明确的绩效评估标准，根据评估结果和员工反馈，识别管理中的不足并不断地优化）；开展跨文化交流与整合（组织跨文化交流活动，促进派遣员工与本地员工之间的互动与理解）。

2. HF 公司在派遣员工到日本时，面临哪些文化适应和跨文化管理的挑战？

【案例分析】

HF 公司在派遣员工到日本时，面临的主要挑战包括文化差异、语言障碍、法律合规、员工适应和跨文化团队管理。日本独特的文化传统和商业礼仪要求派遣员工适应新的沟通风格和工作方式，而语言障碍则增加了与本地客户和同事交流的难度。此外，日本复杂的法律体系要求派遣员工严格遵守当地法规，增加了合规管理的复杂性。员工在适应新的工作环境和社会文化时也可能面临心理压力。跨文化团队管理中的沟通障碍和协作问题也是 HF 公司需要持续应对的挑战。通过文化适应培训、语言支持和跨文化交流活动，HF 公司帮助员工克服这些挑战，确保国际派遣的成功。

案例三　HR公司：　全球培训与发展新纪元

答案解析：

1.HR公司如何利用数字化技术来增强培训与发展的效果？

【案例分析】

HR公司利用数字化技术来增强培训与发展的效果主要体现在两个方面。一方面，公司引入了先进的数字化培训平台，如在线学习平台和虚拟现实技术，提供灵活多样的培训方式。这些平台不仅能够实现培训资源的高效分配和管理，还能提升培训的覆盖面和效果。另一方面，HR公司加强了员工的数字化技能培训，引入了数据分析、编程、数字营销等方面的课程，帮助员工掌握新技术的应用。通过数字化培训平台和课程，HR公司能够更灵活地响应员工的学习需求，提升培训的个性化和实效性，从而增强员工的数字化素养和能力，适应数字化转型的大趋势。

2.HR公司在中国市场推行的培训与发展策略如何与其全球战略保持一致？

【案例分析】

HR公司在中国市场推行的培训与发展策略与其全球战略保持一致，主要体现在以下几个方面。首先，HR公司通过系统化的培训体系，如新员工培训、专业技能培训和领导力发展项目，确保员工的专业能力和管理水平与全球标准接轨。其次，HR公司积极引入全球最佳实践经验，通过海外培训和交流项目，拓展员工的国际化视野，提升员工的跨文化沟通能力。最后，HR公司还通过跨部门合作项目和国际化培训，培养具有全球视野的管理人才。这些举措不仅符合HR公司全球战略中对员工素质的高要求，也为其在中国市场的持续发展提供了有力的人才支持。

第九章　人力资源管理信息化与外包

案例一　信息不对称背景下
EG 公司的人力资源外包困境

案例使用说明：

一、　教学目标与用途

1. 教学目标

知识目标：理解人力资源外包的基本概念、动机及其在现代企业管理中的作用和意义。通过 EG 公司的人力资源外包案例，学生能深入了解人力资源外包作为一种现代企业管理策略的基本概念和动因。

能力目标：培养学生能够利用所学知识分析 EG 公司在外包过程中面临的风险和挑战，以及公司采取的应对策略，培养学生的风险识别、评估和管理能力，以及基于复杂信息的决策能力。

素质目标：引导学生树立正确的职业道德观念，培养学生的团队协作能力、沟通能力和批判性思维能力。激发学生在人力资源管理领域持续学习的兴趣，鼓励学生在实践中不断总结经验，提升自我。

2. 教学用途

该案例适用于人力资源管理、企业管理、战略管理等相关专业的课堂教学，通过案例分析，帮助学生理解和掌握理论知识，提高学习兴趣和参与度。

二、 分析思路

在这个案例中，分析思路主要围绕 EG 公司在信息不对称背景下进行人力资源外包所面临的困境展开。首先，通过背景描述了解 EG 公司外包的动机、目标及选择供应商的过程；其次，深入剖析信息不对称导致的具体问题，如供应商评估不力、合同条款样本化、沟通与信息传递障碍、监控和评价机制缺失等；再次，分析这些问题对 EG 公司管理效率、服务质量、成本及战略实施等方面的影响；最后，提出解决策略，强调加强供应商管理、明确合同条款、优化沟通机制及建立有效的监控和评价机制，以减轻信息不对称的影响，确保外包活动能够支持 EG 公司的长期战略目标。整个分析体现了从现象到问题、从问题到影响、再到解决方案的逻辑推理过程，为 EG 公司及其他企业提供了类似情境下有价值的参考。

三、 理论知识与案例分析

1. 什么是人力资源管理外包？结合材料，分析 EG 公司选择人力资源外包的初衷是什么。

【理论知识】

人力资源外包（human resource outsourcing，HRO），指企业根据需要将某一项或几项人力资源管理工作或职能外包出去，交由其他企业或组织进行管理，以降低人力成本，实现效率最大化。总体而言，人力资源管理外包渗透到企业内部的所有人事业务，包括人力资源规划、制度设计与创新、流程整合、员工满意度调查、薪资调查及方案设计、培训工作、劳动仲裁、员工关系、企业文化设计等方方面面。

【案例分析】

EG 公司选择人力资源外包的初衷是为了应对公司规模扩大所带来的管理压力，通过优化资源配置提升业务运作效率。随着科技行业竞争的加剧和公司业务的快速发展，EG 公司急需高效、专业的人力资源管理来支持其业务拓展和技术创新。原有的人力资源管理模式在公司规模扩大后显得力不从心，人员配置不足成为关键问题。因此，EG 公司决定通过外包部分人力资源功能给具有专业能力的第三方，以期望借助专业化、标准化的人力资源服务来提升公司内部整体人力资源管理效率，同时降低成本，使公司能够更专注于核心业务的发展。

2. 什么是信息不对称？结合材料分析 EG 公司所选择的外包供应商为什么会出现大量的问题。

【理论知识】

信息不对称是指在信息不完全的市场上，交易双方所掌握的与交易相关的信息是不对称的，一方可能比另一方掌握更多信息，或一方掌握着另一方没有的信息，具有不对称信息优势的一方易采取损人利己的行为，对处于信息劣势一方的决策造成不利影响。该理论认为：市场中卖方比买方更了解有关商品的各种信息；掌握更多信息的一方可以通过向信息贫乏的一方传递可靠信息而在市场中获益；买卖双方中拥有信息较少的一方会努力从另一方获取信息；市场信号显示在一定程度上可以解决信息不对称的问题；信息不对称是市场经济的弊病，要想减少信息不对称对经济产生的危害，政府应在市场体系中发挥强有力的作用。

【案例分析】

EG 公司所选择的外包供应商出现大量问题主要源于信息不对称。EG 公司在选择供应商时缺乏对市场的深入了解，过分依赖短期成功案例，未能全面评估供应商的长期表现、行业经验和服务可靠性。这导致供应商在实际操作中服务质量不稳定，响应迟缓，无法满足 EG 公司的预期需求。此外，合同条款的模糊性也增加了管理难度，使得双方在服务交付过程中产生分歧，影响了监督和评估的有效性。同时，沟通与信息传递的障碍，以及监控和评价机制的缺失，进一步加剧了服务质量的不可控性，使得 EG 公司难以及时发现和解决服务过程中的问题。

综上所述，EG 公司在选择外包供应商时未能充分克服信息不对称的障碍，是导致后续出现大量问题的主要原因。

3. 人力资源管理外包的注意事项有哪些？结合 EG 公司的案例，分析如何避免人力资源外包中的合同纠纷。

【理论知识】

人力资源管理外包作为一种现代企业管理策略，旨在通过引入外部专业服务商来优化人力资源流程，降低成本，提高效率。然而，在实施过程中，企业需特别注意潜在冲突风险、技术人员短缺与组织稳定发展的冲突，以及员工多元化的冲突。例如：在潜在冲突风险方面，企业与外包服务商之间存在信息不对称问题，企业难以全面了解服务商的真实情况；外包过程中，服务商可能因缺乏对企业具体需求和目标的深入理解，导致实施效果不佳；外包商与企业之间可能存在文化和价值观的差异，导致管理理念、工作方式等方面的冲突等。

【案例分析】

EG 公司在人力资源外包过程中遭遇的合同纠纷主要源于信息不对称导致的合同条款模糊和双方沟通不畅。为避免此类纠纷，EG 公司应采取以下措施：首先，加强合同管理，明确服务范围、质量标准、服务期限及违约责任等关键条款，确保合同条款详尽、具体、无歧义；其次，建立有效的沟通机制，定期与外包供应商进行会议，确保信息传递的及时性和准确性，并共享战略目标和业务需求，增强双方的协同性；最后，完善监控与评价机制，定期对外包服务质量进行评估，及时发现并解决问题，确保外包服务符合合同要求和公司期望。通过这些措施，EG 公司能够有效降低合同纠纷的风险，提升外包项目的成功率。

4. 提升人力资源管理外包质量的措施有哪些？通过此案例，分析 EG 公司如何提升对外包项目的监控和管理能力。

【理论知识】

提升人力资源管理外包质量的措施有以下几点：①深化对人力资源管理外包的认识，一些组织对于人力资源管理外包的需求不强，在很大程度上不是组织不需要，而是管理者对人力资源管理外包的认识不够全面。大量的调查表明，很多组织管理者都缺乏人力资源管理外包相关知识，导致组织在管理变革中很少主动选择人力资源管理外包。②推进人力资源管理外包企业发展升级，鼓励人力资源管理外包企业发展，推动人力资源管理外包企业转型升级。③构建有利于人力资源管理外包发展的环境，政府应推动跨地区、跨所有制的资产重组和资源整合，培育若干集团化、规模化、品牌化运作的人力资源管理外包企业集团，优化资源配置；建立有效的管理和协调机制，解决多头管理和部门分割问题；适应人力资源服务业改革与发展的新形势，加快推进行业协会和非营利性机构转型，完善人力资源市场监管体系，加强监督，维护公平竞争的市场秩序。

【案例分析】

EG 公司在人力资源外包项目中，为了提升监控和管理能力，需采取多方面措施。首先，应加强供应商选择阶段的详细评审，不仅评估其资质和成功案例，还应通过模拟测试验证其服务能力和技术水平。其次，明确合同条款，确保服务标准、质量要求和结果预期具体化，以减少执行过程中的分歧。再次，建立有效的沟通机制，包括定期会议和信息共享平台，确保双方需求及时反馈并准确理解。最后，构建系统化的监控和评价机制，对服务过程进行定期审查，并设定明确的绩效评估指标，以便及时发现并纠正服务中的问题。通过这些措施，EG 公司能够显著提升外包项目的监控和管理能力，确保外包服务的质量与效率符合预期，从而支持公司的长期发展战略。

四、 关键要点

1. 人力资源外包：企业根据需要将某一项或几项人力资源管理工作或职能外包出去，交由其他企业或组织进行管理，以降低人力成本，实现效率最大化。

2. 信息不对称：指在信息不完全市场上，交易双方所掌握的与交易相关的信息是不对称的，一方可能比另一方掌握更多信息，或一方掌握着另一方没有的信息。

3. 人力资源管理外包的注意事项：潜在冲突风险、技术人员短缺与组织稳定发展的冲突，以及员工多元化的冲突。

4. 提升人力资源管理外包质量的措施：深化对人力资源管理外包的认识；推进人力资源管理外包企业发展升级；构建有利于人力资源管理外包发展的环境。

五、 课堂教学计划参考

本案例可以作为辅助课堂教学的案例使用。下面是课堂教学计划，仅供参考。整个案例教学的时间可以控制在 45 分钟。

1. 课前计划：提供案例正文和思考题，让学生在上课前完成预习和初步思考。

2. 课中计划：简单介绍案例的主要内容，明确本案例教学的目的和要求（45 分钟）。

（1）分组讨论（10 分钟）。按照班级学生人数，将学生以 6~8 人一组分为若干组，告知学生发言要求。

（2）小组发言（每组 5 分钟，控制在 25 分钟）。每个小组选一位代表进行发言。

（3）归纳总结（10 分钟）。通过分析问题和相关理论知识，加深学生对决策的任务、影响因素和原则等知识点的理解和思考。

3. 课后计划：让学生根据课堂上讨论的情况，以作业的形式给出更加具体的分析方案，使学生加深对知识点的理解，为后续章节内容的学习打好基础。

案例二　美的集团人力资源信息化与数字化转型的深度剖析

答案解析：

1. 美的集团在人力资源信息化与数字化转型的四个阶段中，每个阶段的主要任务和成就是什么？

【案例分析】

美的集团在人力资源信息化与数字化转型过程中，经历了四个阶段，每个阶段的主要任务和成就如下：

（1）基础事务支撑阶段（2005 年以前）。

主要任务：聚焦于基础事务性工作，如员工关系管理、员工入离职手续、劳动合同签订、工资发放及社保购买等。

成就：建立了 C/S 架构的人事与工资系统，为后续的数字化转型奠定了基础。

（2）专业体系运作阶段（2005—2012 年）。

主要任务：全面推广新的 HR 系统，巩固组织、职位、薪酬体系，深化绩效管理和人才管理。

成就：成功更换系统，实现全面矩阵式考核体系，招聘系统线上化，启动 HR-BI 项目，提升了人力资源管理的专业化和规范化水平。

（3）人才与员工服务阶段（2013—2016 年）。

主要任务：重点实施人才管理系统和在线学习系统（"美课"），加强员工服务方面的移动互联网应用。

成就：实施了"航系列"人才分层培养，推出"美课"在线学习平台，提升员工学习成效；通过美信、"美+"等移动应用提升员工体验和满意度。

（4）全球一体化支撑阶段（2017年至今）。

主要任务：全面重新梳理HR业务流程、机制，自研建设HR数字化产品，实现与业务系统的深度集成和数据共享。

成就：自研了招聘管理系统、绩效管理系统等多个模块，优化了HR业务流程和机制，提升了员工体验和HR专业能力。

2. 美的集团在实施HR-BI项目时面临了哪些挑战，又是如何克服的？

【案例分析】

美的集团在实施HR-BI项目时面临了以下挑战：

数据整合与标准化：确保数据的完整性和准确性是实施HR-BI项目的关键。美的集团需要整合多个数据源，并建立统一的数据标准。

克服方法：通过前期形成的完善的基础数据标准，进行彻底的数据迁移及初始化整理，确保新系统上线后数据的完整性和准确性。

指标体系梳理：需要建立一套科学合理的指标体系，以支持后续的数据分析和决策支持。

克服方法：对指标体系进行了详细梳理，形成了内部劳动力市场、人力资本管理、人力资源运营管理、信息与知识管理四大类别的分析体系。

3. 美的集团自研HR数字化产品对其全球一体化运营有何影响？

【案例分析】

美的集团自研HR数字化产品对其全球一体化运营产生了深远影响：

提升运营效率：自研的数字化产品覆盖了人力资源管理的各个方面，实现了流程的标准化、自动化和智能化，显著提升了运营效率。

决策支持：通过大数据分析和BI工具，管理层能够实时获取人力资源的各项指标变化情况，为决策提供更加精准、有价值的信息支持。

员工体验与满意度：员工可以通过数字化平台轻松完成各类HR事务的办理和查询，提升了员工的满意度和忠诚度，为公司的全球一体化运营提供了坚实的人才保障。

综上所述，美的集团自研HR数字化产品不仅提升了全球一体化运营的效率和协同能力，还为公司的持续发展奠定了坚实的基础。

案例三 "浴火重生" —— CW 公司校园招聘信息化的变革之路

答案解析:

1. CW 公司为何决定启动"智慧招聘"计划?

【案例分析】

CW 公司决定启动"智慧招聘"计划,主要是因为在数字化转型的浪潮下,传统的校园招聘方式已经难以满足企业高效、精准地招聘人才的需求。传统方式存在简历投递渠道分散、筛选过程耗时费力、面试安排繁琐,以及人才评估主观性强等痛点,导致招聘效率低下、精准度不高。CW 公司作为行业内的领军企业,为了在激烈的市场竞争中脱颖而出,提升招聘效率和精准度,同时增强雇主品牌形象,决定利用信息化手段对校园招聘流程进行全面改造。

2. CW 公司的"智慧招聘"计划主要包括哪些方面的内容?

【案例分析】

CW 公司的"智慧招聘"计划主要包括以下四个方面的内容:

构建数字化招聘平台:实现简历的集中收集、自动筛选与匹配,提供便捷的用户界面和流畅的交互体验。平台包含简历投递、在线测评、视频面试、进度追踪、智能推荐等多个功能模块。

优化面试流程:引入在线面试技术,打破地域限制,实现远程面试;利用智能调度系统自动安排面试时间、分配面试官;通过 AI 辅助评估技术为面试官提供客观、全面的候选人评估报告。

强化雇主品牌宣传:通过社交媒体营销、高校合作、线上线下活动等多渠道、多形式的宣传手段,提升 CW 公司的雇主品牌形象和知名度。同时,打造沉浸式企业体验环境,让候选人深入了解企业文化和工作环境。

提高招聘精准度:利用大数据分析技术深入挖掘候选人的能力、兴趣、价值观等信息,结合岗位需求进行精准匹配,通过智能推荐算法为 HR 推荐合适的候选人。

3. 在实施"智慧招聘"计划的过程中,CW 公司遇到了哪些挑战?采取了哪些应对策略？

【案例分析】

（1）技术集成与数据安全挑战：技术集成复杂、数据安全风险高。

应对策略：选择成熟可靠的技术供应商和合作伙伴，加强内部技术团队建设，建立完善的数据安全管理体系，采取加密传输、访问控制、定期审计等措施保障数据安全。

（2）用户习惯与接受度挑战：部分用户可能由于习惯问题或对新技术的担忧而持观望态度。

应对策略：加大宣传推广力度，提供详尽的使用指南和操作视频帮助用户快速上手，设置在线客服和反馈机制及时解决用户问题。

（3）人才评估的客观性与公正性挑战：需要避免 AI 评估技术中的算法偏见和误判。

应对策略：不断优化算法模型，引入更多元化的数据源和评估维度；建立人工审核机制对 AI 评估结果进行复核和校验；加强面试官的培训和管理，确保面试过程的客观公正。

参考文献

［1］曹江莉.航空公司中层管理者的自我定位和管理［J］.民航管理，2013（9）：32-35.

［2］曾翔.关于人力资源管理中现代企业文化的激励机制［J］.中国集体经济，2024（1）：109-112.

［3］陈静.XK集团任职资格体系优化与胜任力提升策略［J］.经济论坛，2021（7）：89-95.

［4］邓航.中小企业薪酬管理体系的优化策略探析［J］.现代商业，2023（22）：105-108.

［5］邓浩宇，丁梦伟，张军，等.基于企业战略管理视角下的可持续人力资源管理研究［J］.经营与管理，2024（5）：147-152.

［6］高明明.MK公司绩效薪酬问题与对策研究［D］.哈尔滨：黑龙江大学，2023.

［7］谷歌.大部分员工在2021年之前都将居家办公［EB/OL］.（2020-05-12）［2024-08-07］.http：//www.chnihc.com.cn/research-center/research-library/library-hotlist/38139.html.

［8］韩彤，吕永卫.基于AHP的煤矿企业中层管理人员胜任素质评价模型构建［J］.煤炭工程，2014，46（11）：144-146.

［9］华恒智信顾问团队.多元化集团公司绩效管理体系诊断项目纪实［EB/OL］.（2024-01-21）［2024-08-05］.http：//www.chnihc.com.cn/successful-case/success-performancelist/15363.html

［10］黄靖淳.数字化转型下现代企业财务管理的创新策略与实践［J］.

老字号品牌营销，2024（13）：132-134.

[11] 李凯，薛鹤. K 保险公司销售人员薪酬管理问题及对策研究 [J].大众科技，2023，25（10）：157-160.

[12] 李晓红. 任职资格体系与胜任力模型在 XK 集团的应用研究 [J].企业经济，2023（10）：98-104.

[13] 李颖芳. 论企业中层管理者能力素质提升 [J]. 中国金属通报，2019（2）：234-235.

[14] 梁堃. 快速成长型中小企业培训体系构建：以广西大庸投资有限公司为例 [J]. 品牌，2014（12）：86.

[15] 令箭. 佰鸿集团中层管理人员培训体系优化研究 [D]. 兰州：兰州大学，2021.

[16] 刘丽国. 销售型企业薪酬激励存在的问题及其对策探究 [J]. 中国管理信息化，2024，27（10）：133-135.

[17] 刘琳琳. 企业中层管理人员的选拔与培养 [J]. 商讯，2020（11）：195-196.

[18] 刘旭. 用人单位调查求职者背景的边界在哪里？[N]. 工人日报，2023-09-19（6）.

[19] 罗宇. 优秀中层管理者必备的"五能" [J]. 北方牧业，2019（16）：30-31.

[20] 马翔云. 基于胜任力模型的 A 餐饮连锁公司店面管理者培训体系构建研究 [D]. 保定：河北大学，2020.

[21] 明晓. 一日京东人，一生京东情[EB/OL].（2023-01-17）[2024-08-07].https://www.sohu.com/a/631221650_121197595.

[22] 史仲伟. 企业人力资源管理中员工培训的创新 [J]. 中国场，2023（31）：86-89.

[23] 宋佼佼. 企业战略管理与人力资源管理的融合关系分析 [J]. 中国集体经济，2024（17）：120-123.

[24] 孙琳. 刘强东：我的青春不迷茫 [M]. 北京：中国言实出版社，2019.

[25] 王明辉. XK 集团任职资格体系与胜任力素质模型的融合实践 [J]. 人力资源管理，2024（5）：34-40.

［26］王平. 品质服务成就流量商超［N］. 河南日报. 2024-02-27（2）.

［27］肖彬. 如何做一名优秀的中层管理者［J］. 当代电力文化, 2017（1）: 68-69.

［28］徐照朋. 胖东来试吃被开除女员工复工［EB/OL］.（2024-02-19）［2024-07-08］.https://baike.baidu.com/

［29］于东来. 胖东来: 向善而生［M］. 北京: 台海出版社, 2024.

［30］张茂华. 关于提升企业中层管理者执行力的思考［J］. 中国盐业, 2019（1）: 42-45.

［31］张伟强. 胜任力素质模型构建及其在 XK 集团中层管理中的应用［J］. 管理学, 2022（3）: 67-75.

［32］张文超. 企业人力资源战略规划与实施策略探析［J］. 营销界, 2024（5）: 32-34.

［33］张新晖. 企业工商管理的重要意义及优化路径探究［J］. 老字号品牌营销, 2024（10）: 179-181.

［34］赵丽. 从任职资格到胜任力: XK 集团人才管理的转型与升级［J］. 中国人力资源开发, 2020（12）: 45-52.

［35］中化环境. 破局工业环保, OKR 打造管理驾驶舱［EB/OL］.（2023-06-05）［2024-08-05］.https://www.okr.com/practice/zhonghua.

［36］周轩千. 汇丰成为首家服务日本 RQFII 的托管行［EB/OL］.（2018-11-04）［2024-08-07］.https://baijiahao.baidu.com/s? id=1616193798808463130&wfr=spider&for=pc.

［37］邹锐, 莫山农. 中小企业人力资源外包模型分析与改进［J］. 统计与决策, 2010（9）: 186-188.

后 记

《人力资源管理案例集》分上下两篇，共 27 个案例，这些案例不仅展示了人力资源管理的理论如何在实践中应用，更重要的是，它们揭示了在面对各种棘手问题时，组织管理者如何运用智慧和创新来寻找解决方案。

本书共有 12 位教师参与编写，其中常志军和李晓连负责本书总体内容设计和编写，包括制定全书编写大纲、确定书稿体例格式，李鸽负责审稿和统稿工作。其中第一章人力资源战略与规划及其所对应的案例使用说明由刘畅撰写，第二章职位分析与胜任力素质模型及其所对应的案例使用说明由李晓艳撰写，第三章人员招聘及其所对应的案例使用说明由陈明新撰写，第四章员工培训与开发及其所对应的案例使用说明由陈丹蕾撰写，第五章绩效管理及其所对应的案例使用说明由齐泽轩撰写，第六章薪酬管理及其所对应的案例使用说明由胡贺飞撰写，第七章员工关系管理及其所对应的案例使用说明由张洁、李晓连撰写，第八章国际人力资源管理及其所对应的案例使用说明由孙文雷撰写，第九章人力资源管理信息化与外包及其所对应的案例使用说明由庄沛伦撰写。

2024 年 8 月 20 日